쓰레기 사전

안지훈 지음

지속가능한 지구를 지키는 유일한 방법

정독

타이타닉호와 지구

타이타닉호의 비극에서

한 세기 전 타이타닉호의 침몰은 세계를 경악하게 했다. 길이가 270m, 그 높이가 아파트만큼 높았던 불침선, 타이타닉은 약 천오백 명 생명과 함께 4천 미터 심해로 가라앉았다. 그리고 여전히 타이타닉호는 대중문화의 소재로 활용되고 있다.

타이타닉호는 왜 침몰했을까? 여러 분석과 연구가 있지만, 결국 배가 안전하게 목적지에 도착할 수 있게 하는 기술적 고려가 부족했고, 안전과 위험을 가르는 법적 기준을 지키지 않았기 때문이다. 비록 빙하에 부딪혔더라도 모든 승객을 태울 수 있는 구명보트를 싣고 있었더라면 결과는 달랐을 것이다.

오늘, 지구는 어쩌면 타이타닉호의 비극을 향해 치닫고 있는지 모르겠다. 1960년대 '침묵의 봄'이라는 선구적 저작 이후 환경오염에 대처해야 한다는 양심의 목소리가 점차 확산되었다. 다시 반세기가 흐른 지금 환경오염뿐 아니라 기후위기, 자원고갈, 자연재해, 에너지 문제 등 인류가 대처해야 할 위기는 훨씬 커졌다.

세계경제포럼(WEF)의 세계 위험 보고서에서도 지난 5년간 '극

단적인 기상이변'이 5년 연속 세계의 위험요소 1위를 차지했고, 2위 '기후변화 완화 실패', 3위 '자연재해', 4위 '생물 다양성 손실', 5위 '인위적 환경 재앙' 등 환경 문제가 지구를 위협하는 위험이라 보고하고 있다.

과연 우리는, 우리가 살아가는 터전인 이 지구가 타이타닉호와 같은 비극을 피하기 위해 제대로 대비하고 있는가? 18세 환경운동가 그레타 툰베리의 외침처럼 우리는 지금 불타고 있는 지구를 향해 부채질하며 불을 지피고 있지는 않은가?

쓰레기 제로(0) 시대로

2018년 기준 하루에 발생하는 우리나라 쓰레기 양은 43만 톤이다. 1년에 1억5700만 톤의 쓰레기가 우리나라 곳곳에 버려진다. 쓰레기 소각시설은 점점 줄고, 매립시설은 이제 28%의 용량만 남았다. 지금처럼 쓰레기가 쌓이면 수도권 매립지는 2024년에 문을 닫을 수 밖에 없다. 타이타닉호의 비극보다, 지구의 상황은 훨씬 심각하다.

환경오염, 자원고갈, 자연재해는 이 시대가 직면한 핵심적인 환경문제이다. 지속가능한 환경을 위한 노력은 비영리부문(NGO)을 넘어선지 오래다. 중앙정부와 지방자치단체를 비롯한 공공부문, 사회적 책임 실현을 함께 고민하기 시작한 기업 부문의 기본 활동이자 주요 활동이 되었다.

2015년 이후, UN에서 범세계적으로 추진 중인 지속가능개발목표(SDGs)를 실현하기 위해 국가적 차원에서도 다양한 노력이 진행되고 있다. 쓰레기를 그저 쓰레기로 보지 않고 자원으로 보는 인식 전환을 위해 자원순환기본법이 제정되었고, 2021년 8월 31일에는 탄소중립기본법을 제정, 기후 위기에 대한 범국가적인 대응을 법제화했다. 정부는 그린뉴딜과 같은 적극적인 정책도 추진 중이다.

그렇지만 아직도 가야 할 길은 멀기만 하다. "당신들은 자녀들을 사랑한다고 말하지만 기후변화에 적극적으로 대처하지 않는 것은 자녀들의 미래를 훔치고 있는 것입니다." 2019년 툰베리가 유엔 기후행동정상회의에서 한 연설이다. 그녀의 말이 폐부(肺腑)를 찌르지만 우리의 생활과 행동 변화로 이어지지 않는다.

그렇다. 문제는 실천이다. 우리에게는 더 많은 실천이 필요하다. 가장 손쉽게 오늘 당장 시작할 수 있는 실천은 쓰레기 분리배출이다. 이미 열심히 해온 사람들에게는 주마가편이 필요하다. 이런

저런 이유로 외면한 사람들에게는 실천의지가 필요하다.

기후위기의 위험성과 적극적인 대응의 필요성에 대해서는 이미 공감대가 형성되어 있지만, 알면서도 실천하지 않는 이유는 무엇일까? 각자가 실천을 하지 않는 이유야 다양하지만 크게 구분해 보면 귀찮아서거나 어려워서다.

귀찮아서 하지 않는다는 핑계는 더 이상 통하지 않는다. 빙하가 녹아 서식지를 잃어가는 북극곰의 모습은 곧 우리 인류에게 닥칠 가까운 미래다. 기후위기 해결이 중요하지만 구체적으로 어떻게 실천해야 하는지 그 방법을 모르는 것이 문제다.

이 책은 쓰레기 분리배출 방법을 설명하고 있는, 말 그대로 쓰레기 사전이다. 지금까지 분리배출을 하고 싶어도 방법을 모르겠다고했던 사람들에게 더 이상 변명이 통할 수 없게 하는 책이다.

쓰레기 분리배출을 잘 하고 있는 사람들에게도 공부가 필요하다. 재활용이라고 생각하고 배출했던 쓰레기 중 상당수가 자원으로 순환되지 않는다. 잘못된 분리배출법으로 버린 쓰레기는 우리의 시간만 낭비하는 것만 아니라 자원으로 쓰일 쓰레기 마저 오염시킨다. 쓰레기는 눈덩이처럼 불어나고 누군가의 시간은 버려진다.

4R의 실천으로

쓰레기 제로(0), 궁극적으로 탄소 중립과 기후위기 해결을 위해 과연 어떻게 실천해야 할까? 4R이 그 해답이다. 4R은 감량(reduce), 재사용(reuse), 재활용(recycle), 에너지회수(recovery)의 앞 글자를 딴 말이다.

우선 쓰레기가 나오지 않도록 생산과 소비습관을 바꿔야 한다. 소비를 통해 스스로의 존재와 정체성을 드러내는 소비문화시대에 소비를 줄이는 일은 어렵다. 기업과 대중매체는 소비를 부추기고, 입소문을 타면서 형성된 유행은 대중을 유혹한다. 유행에 민감한 대중은 소비하며 밑 빠진 독을 채운다. 생산과 소비의 악순환은 세대와 공간을 초월해 반복된다. 소비문화의 악순환을 끊는 전지구적 대전환이 시급하다.

감량이 국가와 사회의 변혁을 통해 이루어진다면 재사용과 재활용은 개인과 지방정부의 영역에 가깝다. 물론 최초의 상품을 만드는 단계를 고려해야한다는 점에서 더 큰 고민이 필요하지만 현실적이고 실천적인 관점으로 문제를 해결하려면 해답은 개인의 행동에서 시작된다.

재사용과 재활용은 비슷해 보이지만 다르다. 재사용은 이미 사용한 물건을 본래의 의도와 목적으로 사용하는 것이고, 재활용은 본래의 의도와 목적에 용도를 더하거나, 손질을 가해 활용하는 것을 말한다. 즉, 재사용은 물건을 더 많이 사용할 방법과 더 사용할 사람을 찾는 일이고, 재활용은 본래 용도를 넘어선 다양하고 획기적인 물건의 용도를 찾고, 손질 방법을 적극적으로 개발하는 것이 중요하다. 지구를 위한 개개인의 작은 실천은 큰 변화를 만든다.

마지막으로 에너지회수다. 에너지회수란 분리배출, 유용자원 매립의 최소화, 폐자원의 에너지화를 의미한다. 에너지회수는 자원순환계획에서 규정한 4단계(생산-소비-관리-재생) 중 관리단계와 재생단계에 해당한다. 우리가 소비한 제품을 어떻게 분리배출해야 매립과 소각을 최소화하고 재활용률과 에너지화를 높일 수 있을지 고민한다면 그 답은 또 다시 개인으로 귀결된다.

한정된 천연자원 사용을 줄이고, 쓰레기를 매립하거나 태우지 않고 지속가능한 발전을 이루기 위해 환경에 대한 영향을 최소화하려면 정부, 기업, 개인 모두의 역할이 중요하지만, 지금 바로 우리가 당면한 빙하 앞에 선 타이타닉호를 멈춰 세우려면 우리 개개인의 일상의 전환만이 해답이다. 꼼꼼하게 따져하는 바른 분리배출만이 쓰레기 제로(0) 시대를 앞당길 수 있다.

나비 효과를

환경오염과 생태계 파괴, 자원고갈과 에너지문제, 지구온난화와 기후 위기는 우리 목전에 와있다. 거창한 정부 정책도, 학계의 관심과 이론도 차고 넘친다. 그럼에도 우리가 쓰레기 문제를 고민하고 있는 이유는, 그 무엇보다 시민 각자의 자발적이고 헌신적인 실천이 없으면 불가능한 일이기 때문이다.

나 한 사람 빠진다고 무슨 문제가 있겠는가? 오늘 하루 쓰레기 분리배출을 한다고 환경이 얼마나 개선되겠는가? 이제 더 이상 이런 의문에 빠지지 말자. 나비 효과는 학자들의 관념 속에서만 존재하지 않는다. 오늘 하루 잘못 버린 쓰레기는 북극곰의 생명을 위협하고 나에겐 독이 되어 돌아온다. 한 사람이 지금보다 제대로 분리배출을 한다면, 몸무게의 7배나 되는 쓰레기를 줄일 수 있다. 한 사람의 열 걸음보다 열 사람의 한 걸음이 절실한 때다.

이 사전은 쓰레기 제로를 달성하여 궁극적으로 기후 위기에 대응하고, 탄소 중립 시대를 열어가는 실천의 매뉴얼이자 행동 지침서다. 지금 여기 나비의 날갯짓으로 지구반대편 태풍을 만들어 보자. 어쩌면 우리의 실천이 지속가능한 지구의 가장 강력한 원동력이 될지도 모른다.

쓰레기 사전은

쓰레기 사전은 우리 일상의 전환을 돕는 지침서이다. 일상생활에서 흔히 사용하는 300가지 물건을 뽑아 그 물건의 사용 후 처리 방법 즉, 분리배출 방법을 모아 엮었다. 분리배출 방법을 쉽게 인지하도록 모든 단계를 이미지로 표현했다. 5~6살 어린아이도 쉽게 이해하고 따라할 수 있도록 직관적으로 구성했다.

쓰레기 사전은 가나다순 정리, 분야별 정리 등 사전형식을 준용했고, 제품명을 알거나, 제품의 종류를 알면 소비자가 필요한 분리배출 방법을 찾을 수 있다. 지구환경을 위해 분리배출법을 제대로 알고 실천하려는 독자라면 앞에서부터 차례로 읽으면 좋다. 우리의 성찰과 상상이 한 세대 뒤 우리 사회의 미래를 좌우한다. 바쁜 일상 속 복잡하고 어려운 삶으로 힘들겠지만 결국 지구환경의 문제는 사회의 문제이고, 마을의 문제 그리고 나의 문제로 귀결된다.

혹시 아이를 기르는 부모라면 자녀와 함께 읽으며 일주일에 한 개의 실천과제를 해결하며 읽는 방식도 좋다. 예컨대 이번 주는 왕만두 스티로폼 분리배출법을 같이 읽고, 아이와 함께 실천하는 방식이다. 하루라도 빨리 제대로 된 분리배출을 실천하고 싶다면 하루 1개의 실천과제를 설정하는 것도 좋다.

어린 시절 왕성한 호기심은 아이에게 하여금 세상을 이해하고, 미래를 만들어가는 원동력이 된다. 어릴 적부터 분리배출을 실천한다면 그들이 맞이할 미래는 생각만 해도 멋지다. 어린이집이나 유치원에서 교재로 사용하기를 원한다면 책의 내용을 수준에 맞추어 제공할 예정이다.

혹 작은 관심으로 시작했다면 시급하다고 생각하는 물건부터 살펴보고 분리배출하면 충분하다. 지자체에서는 해당 지역의 주민들에게 분리배출 요령을 안내하는 홍보용으로 사용하면 좋을 것이고, 기업에서는 노동조합과의 협력을 통해 분리배출을 기업의 새로운 사회적 가치 실현 수단으로 활용하면 좋겠다.

쓰레기 사전은 현재 진행형이다. 분리배출 방법은 너무 많고 복잡하다. 광역정부마다, 기초지자체마다 미세한 차이가 있다. 또한 기술의 발전으로 동일한 물건의 소재가 바뀌면 분리배출 방법은 변하고, 더 나은 분리배출법의 개발로 분리배출 방식의 근본적인 변화가 일어날 수도 있다. 그래서 우리는 지속적으로 분리배출 방법을 찾고, 연구하고, 개발할 것이다. 그 과정을 독자들과 함께 하고 싶다.

간절하고 절박한 심정으로

지난 3년간 사회적 가치를 연구하고, 사회적 가치 교육과정을 개발하며 우리가 외면했던 아니 덜 중요하게 생각했던 환경에 대한 고민을 시작했다. 이미 유엔은 지속가능발전목표를 통해, 과거 15년 전 새천년발전목표에서 수립했던 환경에 대한 문제의식을 뛰어넘었다. 더 이상의 자원고갈, 자연파괴, 환경오염은 허용할 수 없다는 결단을 보였다.

그러나 우리는 아직이다. 지속가능한 환경의 보존, ESG(환경-사회-지배구조)경영, 필환경의 시대 등 환경의 중요성을 표현하는 단어와 이미지는 넘쳐나지만 기업의 생색내기와 정부의 정책적 수사에 지나지 않는다.

툰베리의 말처럼, 집이 불타고 있다. 마을에 큰 불이 났다. 그리고 그 불은 금세 우리 집에 옮겨 붙어 마을을, 도시를, 그리고 지구를 태워 없애버릴 것이다. 간절하고 절박한 심정으로 우리 함께 작은 실천으로 시작하자. 이 작은 실천은 전지구적 실천 방향인 지속가능발전목표를 이루는 지구 반대편 나비의 날갯짓이 될 것이다.

그리고

쓰레기 사전의 발간에 많은 이들의 노고가 있었다. 크라우드 펀딩에 참여해준 107분의 최초 독자가 있었고, 책의 영감을 준 후배도 있었다. 그러나 무엇보다 2년간 소셜혁신연구소에서 함께 고민하며, 기획, 구성, 촬영, 제작에 힘써 준 연구원들에게 깊은 감사의 마음을 전하고 싶다. 특히 총괄기획자의 열정이 빛났다. 소셜혁신연구소의 연구원들이 없었다면 아마 쓰레기 사전이 출판되기는 어려웠을 것이다.

차례

1 가전/전자 제품

2 인테리어

3 생활용품

4 문구

5 건강 스포츠

6 방역

7 뷰티

8 조리용품

9 식기/주방잡화

가전/전자 제품

Home Appliances / Electronis

1

001

폐가전 제품

UHD TV 스탠드형

LG전자

다양한 프로그램을 시청할 수 있는 TV. 최근 각종 기능들이 추가되고 넷플릭스나 왓챠 같은 OTT 서비스도 TV로 볼 수 있어 그 활용도가 높아지고 있다. TV의 올바른 분리배출 방법은 무엇일까?

분리배출 요약

❶ 스탠드형 TV	폐가전제품

더 자세히 보기
분리배출 A to Z

벽에 설치(고정)된 제품은 수거 서비스 이용 전 벽과 분리가 되어 있어야 배출이 가능합니다. 설치된 폐가전제품은 신제품 구입 시 판매자에게 폐제품 무상 수거 요구를 요청할 수 있습니다. 폐가전제품 배출예약시스템이나 무상수거를 이용하지 않는다면 대형폐기물로 배출해야 합니다.

1 동주민센터에서 배출신고를 접수하고 수수료 납부 후 폐가전제품 스티커를 받습니다.

2 발급받은 폐가전제품 스티커를 배출할 제품에 부착한 후 배출합니다.

LED TV 벽걸이형
LG전자

벽걸이형 TV는 슬림하고 고급스러운 디자인 덕분에 공간의 활용도와 멋을 높여준다. 가정, 사무실, 매장에서 쉽게 볼 수 있는 벽걸이형 TV의 올바른 분리배출 방법은 무엇일까?

분리배출 요약

❶ 벽걸이형 TV 폐가전제품

더 자세히 보기

분리배출 A to Z

벽에 설치(고정)된 제품은 수거 서비스 이용 전 벽과 분리가 되어 있어야 배출이 가능합니다. 설치된 폐가전제품은 신제품 구입 시 판매자에게 폐제품 무상 수거 요구를 요청할 수 있습니다. 폐가전제품 배출예약시스템이나 무상수거를 이용하지 않는다면 대형폐기물로 배출해야 합니다.

1. 동주민센터에서 배출신고를 접수하고 수수료 납부 후 폐가전제품 스티커를 받습니다.

2. 발급받은 폐가전제품 스티커를 배출할 제품에 부착한 후 배출합니다.

003

폐소형 가전

LED TV 리모컨

LG전자

TV를 시청하기 위해서 꼭 필요한 TV 리모컨. 간편하게 TV의 여러 기능을 선택하기 위해 만들어진 TV 리모컨의 올바른 분리배출 방법은 무엇일까?

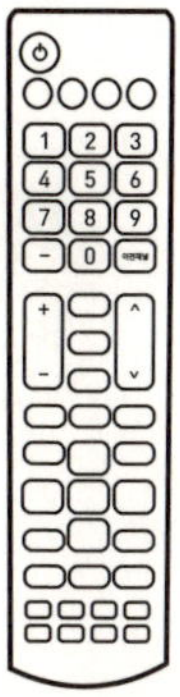

분리배출 요약

❶ TV 리모컨 폐소형 가전

동주민센터, 구청 등에 설치된 폐소형 가전 수거함에 배출 가능하며, 지자체별로 다를 수 있으니 문의 후 배출해야 합니다.

더 자세히 보기

분리배출 A to Z

1

폐소형 가전 수거함으로 배출합니다.

폐소형 가전

휘센 에어컨 리모컨
LG전자

여름철에 절대 없어서는 안 될 필수품 에어컨. 더위를 식혀줄 에어컨을 작동시키려면 리모컨이 필요하다. 에어컨 리모컨의 올바른 분리배출 방법은 무엇일까?

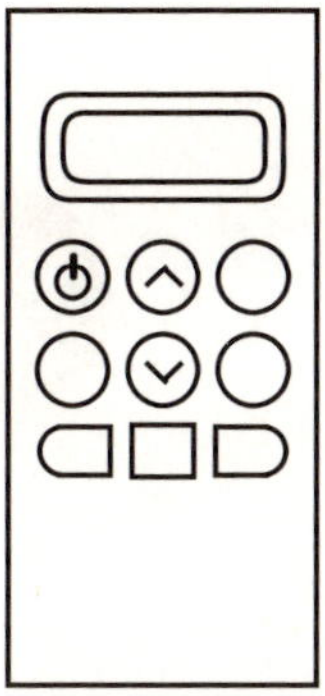

분리배출 요약

❶ 에어컨 리모컨 폐소형 가전

더 자세히 보기

분리배출 A to Z

동주민센터, 구청 등에 설치된 폐소형 가전 수거함에 배출 가능하며, 지자체별로 다를 수 있으니 문의 후 배출해야 합니다.

1

폐소형 가전 수거함으로 배출합니다.

폐소형 가전

듀얼미스트 무선 가습기 오아

적절한 공기의 습도를 유지하는 것은 건강에 중요하다. 적당한 습도를 유지시켜 호흡기 질환을 예방하고 쾌적한 환경을 만드는 가습기의 올바른 분리배출 방법은 무엇일까?

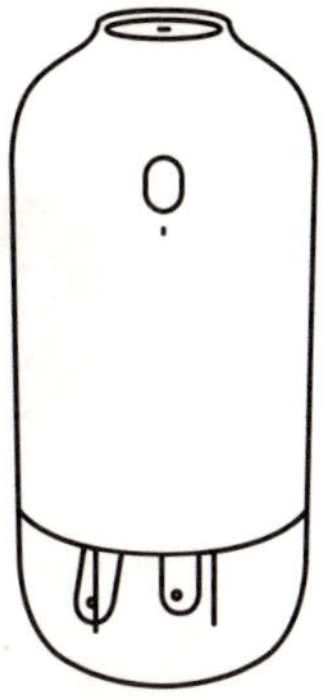

분리배출 요약

❶ 무선 가습기	폐소형 가전

더 자세히 보기

분리배출 A to Z

동주민센터, 구청 등에 설치된 폐소형 가전 수거함에 배출 가능하며, 지자체별로 다를 수 있으니 문의 후 배출해야 합니다.

1

폐소형 가전 수거함으로 배출합니다.

아로마 디퓨져
무인양품

아로마 디퓨져는 습도 조절은 물론 아로마 향으로 테라피도 가능하다. 실용성도 높아 힐링과 건강에 관심이 많은 현대인의 수면 아이템으로 자리 잡고 있는 아로마 디퓨져의 올바른 분리배출 방법은 무엇일까?

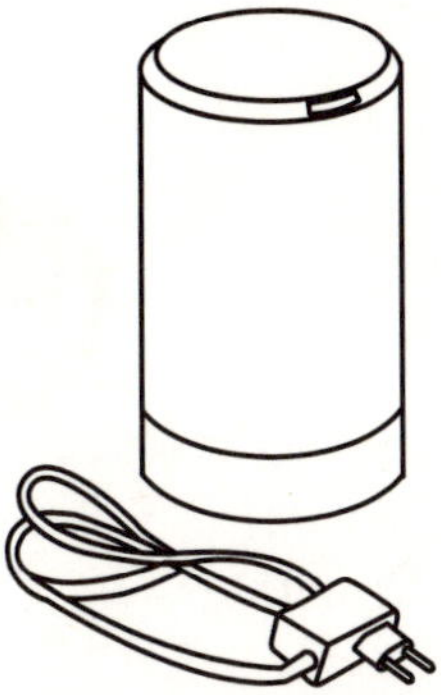

분리배출 요약

❶ 아로마 디퓨져	폐소형 가전

더 자세히 보기
분리배출 A to Z

동주민센터, 구청 등에 설치된 폐소형 가전 수거함에 배출 가능하며, 지자체별로 다를 수 있으니 문의 후 배출해야 합니다.

1 폐소형 가전 수거함으로 배출합니다.

007

MI 에어 공기청정기

샤오미

황사와 미세먼지와 더불어 찾아온 코로나19로 수요가 늘어난 공기청정기는 가정마다 필수 아이템이 되었다. 공기청정기의 올바른 분리배출 방법은 무엇일까?

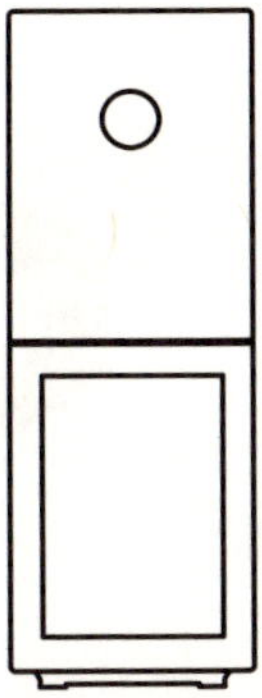

분리배출 요약

❶ 공기청정기	폐가전제품

더 자세히 보기

분리배출 A to Z

폐가전제품 배출예약시스템이나 무상수거하는 방법을 이용하지 않을 시에는 대형폐기물로 배출해야 합니다.

1

동주민센터에서 배출신고를 접수하고 수수료 납부 후 폐가전제품 스티커를 받습니다.

2

발급받은 폐가전제품 스티커를 배출할 제품에 부착한 후 배출합니다.

008

폐소형 가전

MI 스마트 선풍기
샤오미

에어컨이 보급되기 전, 무더운 여름을 견디게 해주었던 선풍기는 여전히 집, 회사, 식당 등 우리주변 곳곳에서 쉽게 볼수 있다. 선풍기의 올바른 분리배출 방법은 무엇일까?

분리배출 요약

❶ 선풍기 | 폐소형 가전

동주민센터, 구청 등에 설치된 폐소형 가전 수거함에 배출 가능하며, 지자체별로 다를 수 있으니 문의 후 배출해야 합니다.
5개 이상 배출할 경우에는 폐가전제품 무상 방문수거 서비스 이용이 가능합니다.

더 자세히 보기

분리배출 A to Z

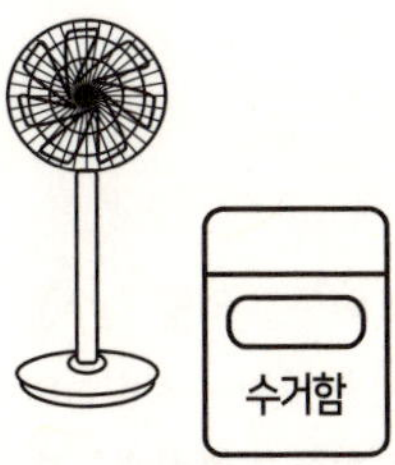

1
폐소형 가전 수거함으로 배출합니다.

FAN PRO 무선 선풍기
루메나

작고 가벼워 휴대하기 좋아 여름철 외출 필수품이 된 휴대용 선풍기. 거리에서 마주치는 사람들마다 하나씩 들고 다니는 휴대용 선풍기 분리배출 방법은 무엇일까?

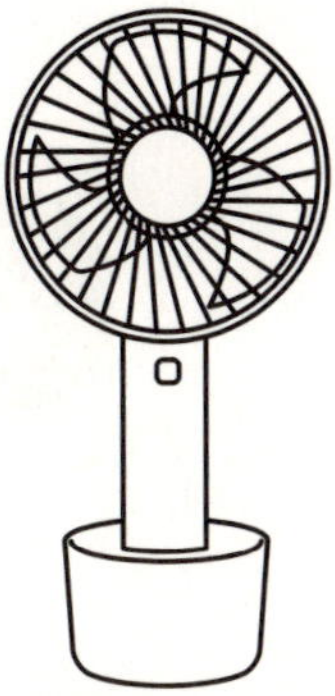

분리배출 요약

❶ 휴대용 선풍기	폐소형 가전

더 자세히 보기
분리배출 A to Z

동주민센터, 구청 등에 설치된 폐소형 가전 수거함에 배출 가능하며, 지자체별로 다를 수 있으니 문의 후 배출해야 합니다.
5개 이상 배출할 경우에는 폐가전제품 무상 방문수거 서비스 이용이 가능합니다.

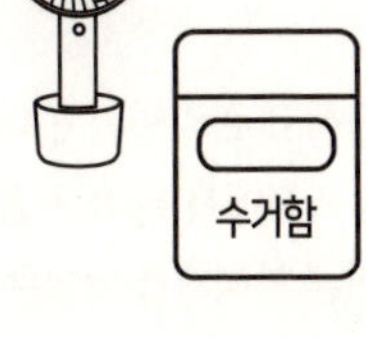

1
폐소형 가전 수거함으로 배출합니다.

010

폐소형 가전

퓨어 핫앤쿨
다이슨코리아

선풍기에 날개가 없어 안전하고 관리하기 편해서 어린아이나 어르신이 있는 가정에서 많이 사용한다. 날개 없는 선풍기의 올바른 분리배출 방법은 무엇일까?

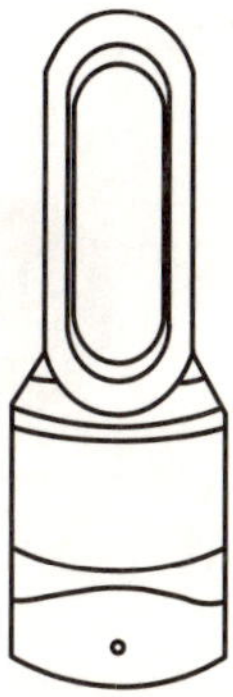

분리배출 요약

❶ 날개없는 선풍기	폐소형 가전

더 자세히 보기
분리배출 A to Z

동주민센터, 구청 등에 설치된 폐소형 가전 수거함에 배출 가능하며, 지자체별로 다를 수 있으니 문의 후 배출해야 합니다.
5개 이상 배출할 경우에는 폐가전제품 무상 방문수거 서비스 이용이 가능합니다.

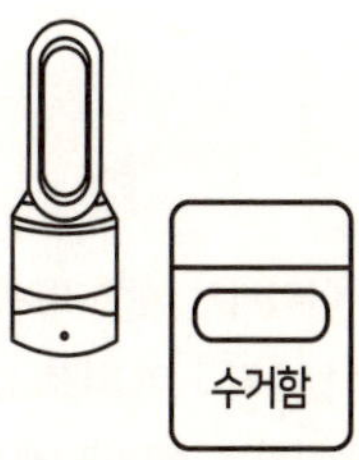

1
폐소형 가전 수거함으로 배출합니다.

011

폐가전 제품

휘센 에어컨 스탠드형

LG전자

지구온난화로 해가 갈수록 더워지는 여름, 이제 여름철 에어컨은 선택이 아닌 필수가 되어 버렸다. 여름철 사람들의 사랑을 독차지하는 스탠드 에어컨의 올바른 분리배출 방법은 무엇일까?

분리배출 요약

❶ 스탠드형 에어컨 | 폐가전제품

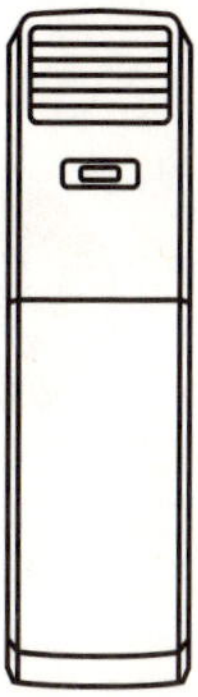

더 자세히 보기

분리배출 A to Z

벽에 설치(고정)된 제품은 수거 서비스 이용 전 벽과 분리가 되어 있어야 배출이 가능합니다. 설치된 폐가전제품은 신제품 구입 시 판매자에게 폐제품 무상 수거 요구를 요청할 수 있습니다. 폐가전제품 배출예약시스템이나 무상수거를 이용하지 않는다면 대형폐기물로 배출해야 합니다.

1 동주민센터에서 배출신고를 접수하고 수수료 납부 후 폐가전제품 스티커를 받습니다.

2 발급받은 폐가전제품 스티커를 배출할 제품에 부착한 후 배출합니다.

폐가전 제품

휘센 에어컨 벽걸이형

LG전자

기후위기로 여름 최고온도가 점점 높아져 에어컨이 없으면 버틸 수 없어진 요즘, 에어컨은 필수 가전제품이 되었다. 크기가 작아 좁은 공간에도 설치할 수 있는 벽걸이형 에어컨의 올바른 분리배출 방법은 무엇일까?

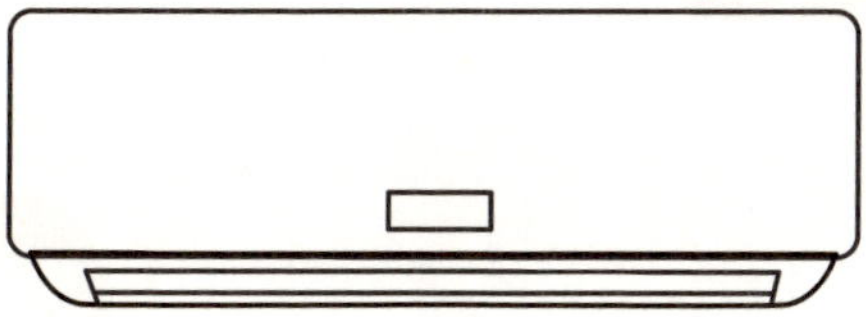

분리배출 요약

❶ 벽걸이형 에어컨	폐가전제품

더 자세히 보기

분리배출 A to Z

벽에 설치(고정)된 제품은 수거 서비스 이용 전 벽과 분리가 되어 있어야 배출이 가능합니다. 설치된 폐가전제품은 신제품 구입 시 판매자에게 폐제품 무상 수거 요구를 요청할 수 있습니다. 폐가전제품 배출예약시스템이나 무상수거를 이용하지 않는다면 대형폐기물로 배출해야 합니다.

1 동주민센터에서 배출신고를 접수하고 수수료 납부 후 폐가전제품 스티커를 받습니다.

2 발급받은 폐가전제품 스티커를 배출할 제품에 부착한 후 배출합니다.

013

Cyclemax 유선 청소기

삼성전자

강한 흡인력과 높은 가성비를 자랑하는 유선 청소기. 디자인과 휴대성은 무선 청소기보다 못하지만 여전히 가정과 사무실에서 많이 사용하는 유선 청소기의 올바른 분리배출 방법은 무엇일까?

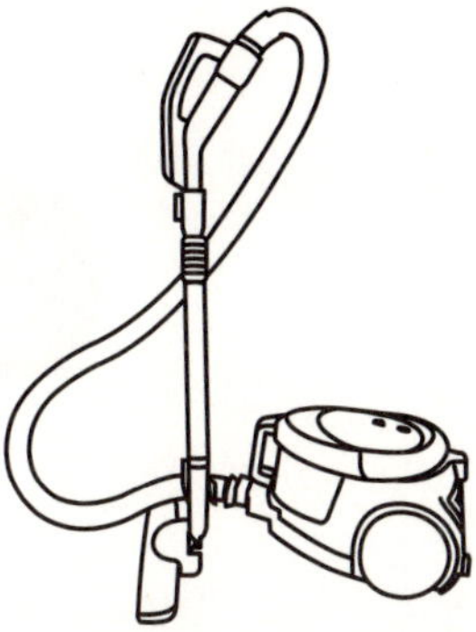

분리배출 요약

❶ 유선 청소기 폐소형 가전

더 자세히 보기
분리배출 A to Z

동주민센터, 구청 등에 설치된 폐소형 가전 수거함에 배출 가능하며, 지자체별로 다를 수 있으니 문의 후 배출해야 합니다.
5개 이상 배출할 경우에는 폐가전제품 무상 방문수거 서비스 이용이 가능합니다.

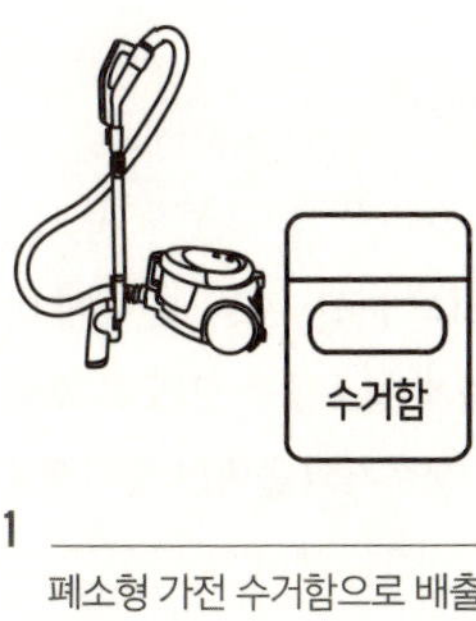

1
폐소형 가전 수거함으로 배출합니다.

014

폐소형 가전

플러스 마이너스제로 무선 청소기

시코코리아

가볍고 선이 없어 접근하기 어려운 공간도 쉽게 이동하여 구석구석 깨끗하게 청소할 수 있도록 도와주는 무선 청소기. 무선 청소기의 올바른 분리배출 방법은 무엇일까?

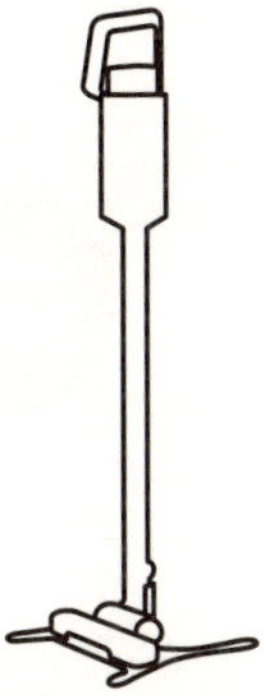

분리배출 요약

❶ 무선 청소기 폐소형 가전

동주민센터, 구청 등에 설치된 폐소형 가전 수거함에 배출 가능하며, 지자체별로 다를 수 있으니 문의 후 배출해야 합니다.
5개 이상 배출할 경우에는 폐가전제품 무상 방문수거 서비스 이용이 가능합니다.

더 자세히 보기
분리배출 A to Z

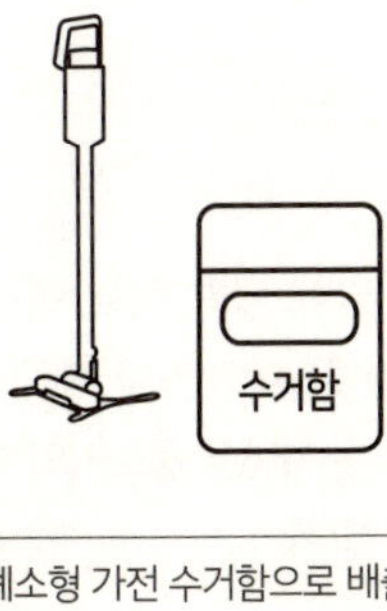

1
폐소형 가전 수거함으로 배출합니다.

015

트리플블랙 Z5 휴대용 청소기

티피오스

자동차는 이동의 수단을 넘어, 대화, 식사, 여가 등 제2의 생활공간으로 자리매김하고 있다. 깨끗하고 쾌적한 차안을 유지해 주는 차량용 청소기의 올바른 분리배출 방법은 무엇일까?

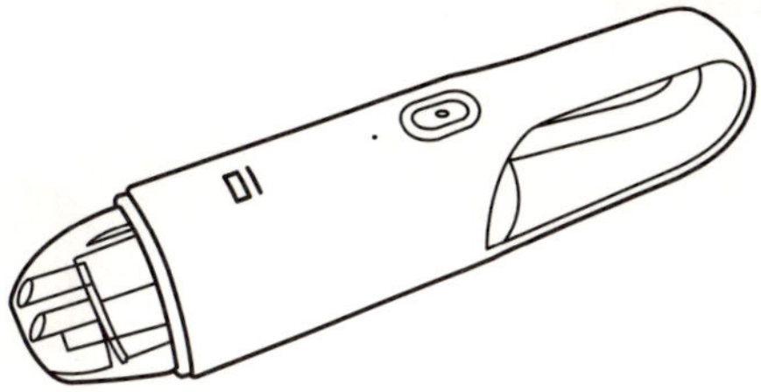

분리배출 요약

❶ 무선 청소기	폐소형 가전

더 자세히 보기

분리배출 A to Z

동주민센터, 구청 등에 설치된 폐소형 가전 수거함에 배출 가능하며, 지자체별로 다를 수 있으니 문의 후 배출해야 합니다.

5개 이상 배출할 경우에는 폐가전제품 무상 방문수거 서비스 이용이 가능합니다.

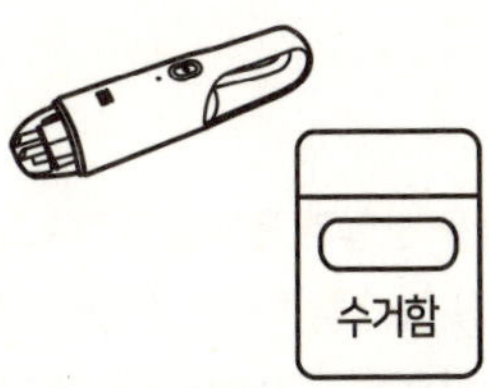

1 폐소형 가전 수거함으로 배출합니다.

016

폐소형 가전

구글 홈미니 블루투스 스피커

알파벳

휴대폰 소리에 비해 좋은 음질과 음색을 들려주고 언제 어디서든 휴대하기 편한 블루투스 스피커. 최근 인공지능 기술의 도입으로 그 기능이 날로 좋아지고 있는 블루투스 스피커의 올바른 분리배출 방법은 무엇일까?

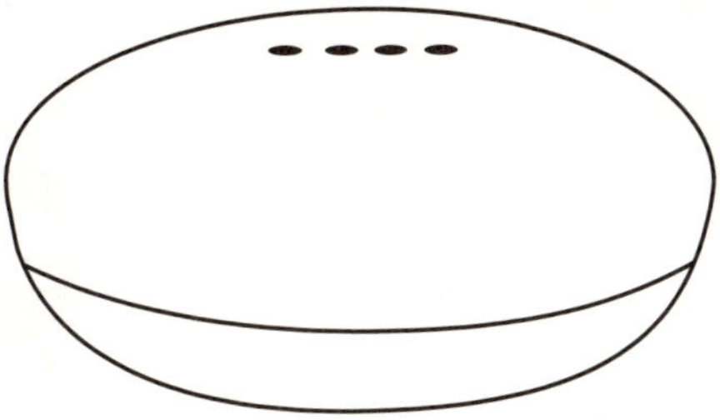

분리배출 요약

❶ 블루투스 스피커	폐소형 가전

동주민센터, 구청 등에 설치된 폐소형 가전 수거함에 배출 가능하며, 지자체별로 다를 수 있으니 문의 후 배출해야 합니다.
5개 이상 배출할 경우에는 폐가전제품 무상 방문수거 서비스 이용이 가능합니다.

더 자세히 보기
분리배출 A to Z

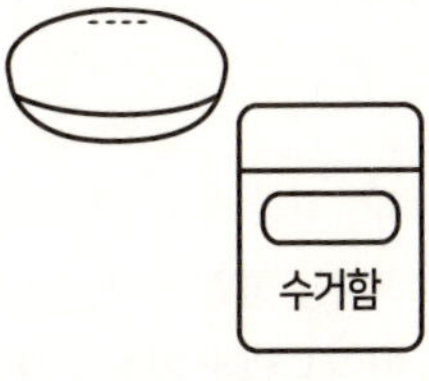

1
폐소형 가전 수거함으로 배출합니다.

017

CURVED 모니터

래안텍

모니터는 컴퓨터를 사용하기 위한 장치이지만 소형 TV나 디지털 액자 등 그 사용 범위가 나날이 증가하고 있다. 사용 목적에 따라 다양한 기능과 크기로 출시되는 모니터의 올바른 분리배출 방법은 무엇일까?

분리배출 요약

❶ 모니터	폐소형 가전

더 자세히 보기
분리배출 A to Z

동주민센터, 구청 등에 설치된 폐소형 가전 수거함에 배출 가능하며, 지자체별로 다를 수 있으니 문의 후 배출해야 합니다.
5개 이상 배출할 경우에는 폐가전제품 무상 방문수거 서비스 이용이 가능합니다.

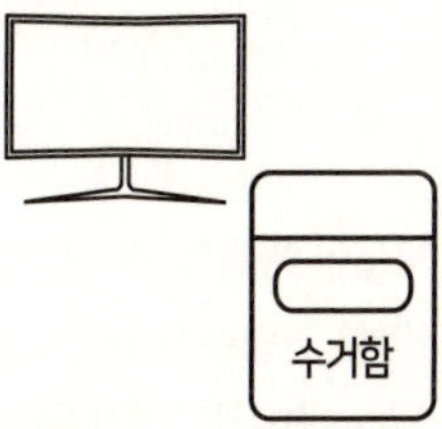

1 폐소형 가전 수거함으로 배출합니다.

폐소형 가전

아이맥
애플

일체형 데스크톱의 대표 제품인 애플의 아이맥. 전 세계적으로 많은 나라, 다양한 연령층의 충성고객을 안정적으로 확보하고 있는 아이맥의 올바른 분리배출 방법은 무엇일까?

분리배출 요약

❶ 일체형 PC 폐소형 가전

더 자세히 보기
분리배출 A to Z

동주민센터, 구청 등에 설치된 폐소형 가전 수거함에 배출 가능하며, 지자체별로 다를 수 있으니 문의 후 배출해야 합니다.
5개 이상 배출할 경우에는 폐가전제품 무상 방문수거 서비스 이용이 가능합니다.

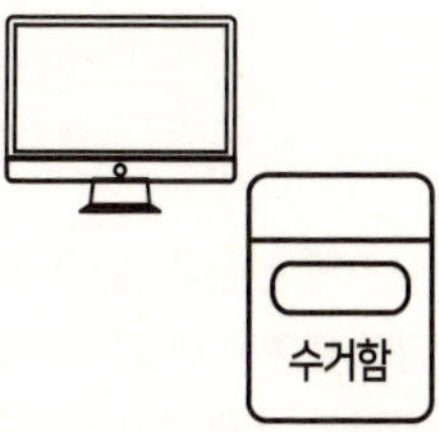

1
폐소형 가전 수거함으로 배출합니다.

019

폐소형 가전

NETmate 유선 마우스

강원전자

마우스는 주먹만한 나무상자에 전선을 늘어뜨린 모양이 마치 생쥐를 닮았다고 붙여진 이름이다. 무선 마우스의 등장으로 사용하지 않고 방치하는 유선 마우스가 늘어가고 있다. 유선 마우스의 올바른 분리배출 방법은 무엇일까?

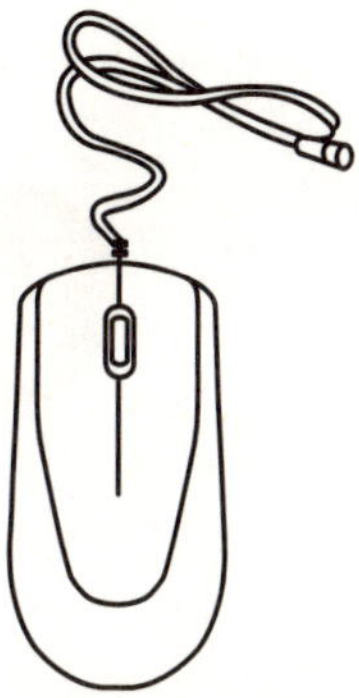

분리배출 요약

❶ 유선 마우스	폐소형 가전

더 자세히 보기

분리배출 A to Z

동주민센터, 구청 등에 설치된 폐소형 가전 수거함에 배출 가능하며, 지자체별로 다를 수 있으니 문의 후 배출해야 합니다.

컴퓨터 및 다른 폐가전제품과 함께 5개 이상 배출할 경우에는 폐가전제품 무상 방문수거 서비스 이용이 가능합니다.

1 폐소형 가전 수거함으로 배출합니다.

M170 무선 마우스

로지텍 코리아

무선 마우스는 선이 없어 휴대성이 좋고 사용법도 간편하다. 최근에는 각종 프린팅을 입혀 사용자의 개성을 표현하는 아이템으로도 쓰인다. 작고 편한 무선 마우스의 분리배출 방법은 무엇일까?

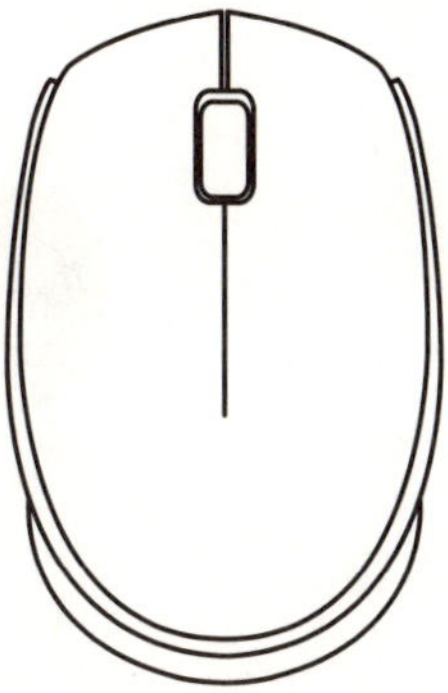

분리배출 요약

❶ 무선 마우스	폐소형 가전

더 자세히 보기

분리배출 A to Z

동주민센터, 구청 등에 설치된 폐소형 가전 수거함에 배출 가능하며, 지자체별로 다를 수 있으니 문의 후 배출해야 합니다.
컴퓨터 및 다른 폐가전제품과 함께 5개 이상 배출할 경우에는 폐가전제품 무상 방문수거 서비스 이용이 가능합니다.

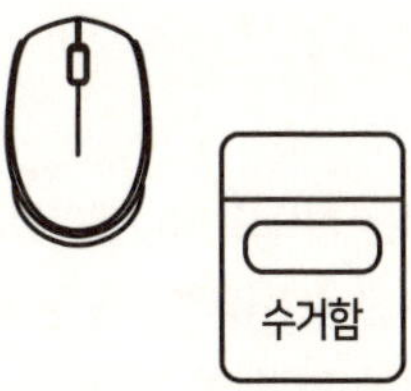

1 폐소형 가전 수거함으로 배출합니다.

021

폐소형 가전

SKG-3000UB 유선 키보드

삼성전자

초기 컴퓨터의 입력장치는 키보드 하나뿐이었고, 기술이 발전한 지금도 여전히 컴퓨터에 꼭 필요한 장치다. 가정, 학교, 사무실, PC방 등 어디서나 쉽게 접하고 사용하는 키보드의 분리배출 방법은 무엇일까?

분리배출 요약

❶ 유선 키보드	폐소형 가전

더 자세히 보기

분리배출 A to Z

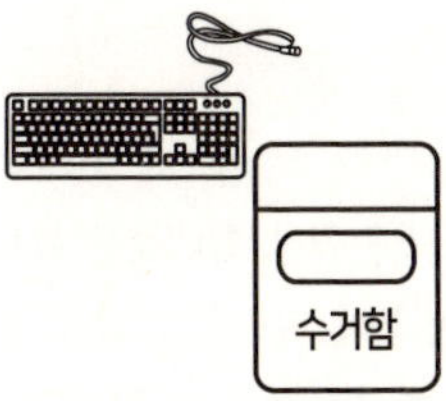

1

폐소형 가전 수거함으로 배출합니다.

동주민센터, 구청 등에 설치된 폐소형 가전 수거함에 배출 가능하며, 지자체별로 다를 수 있으니 문의 후 배출해야 합니다.

컴퓨터 및 다른 폐가전제품과 함께 5개 이상 배출할 경우에는 폐가전제품 무상 방문수거 서비스 이용이 가능합니다.

022

폐소형 가전

K235 무선 키보드
로지텍 코리아

컴퓨터의 수요가 급증하고 편리성, 휴대성을 중시하는 요즘, 무선 키보드는 많은 사랑을 받고 있다. 그만큼 사용자 수가 증가하고 있는 무선 키보드의 올바른 분리배출 방법은 무엇일까?

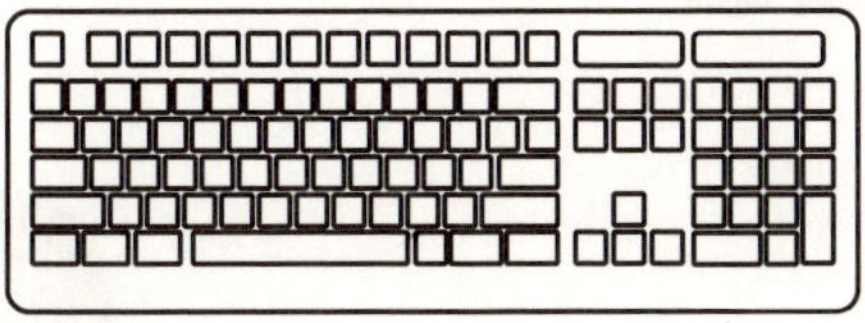

분리배출 요약

❶ 무선 키보드	폐소형 가전

더 자세히 보기
분리배출 A to Z

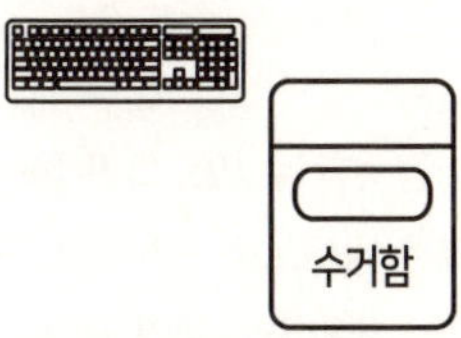

1 폐소형 가전 수거함으로 배출합니다.

동주민센터, 구청 등에 설치된 폐소형 가전 수거함에 배출 가능하며, 지자체별로 다를 수 있으니 문의 후 배출해야 합니다.
컴퓨터 및 다른 폐가전제품과 함께 5개 이상 배출할 경우에는 폐가전제품 무상 방문수거 서비스 이용이 가능합니다.

폐소형 가전

Legion Y520 노트북

한국레노버

언제 어디서든 인터넷에 접속할 수 있도록 만들어진 작은 컴퓨터인 노트북은 남녀노소 모두에게 꾸준한 인기를 누리며 이제는 생활 필수품이 되었다. 노트북의 올바른 분리배출 방법은 무엇일까?

분리배출 요약

❶ 노트북 | 폐소형 가전

더 자세히 보기
분리배출 A to Z

동주민센터, 구청 등에 설치된 폐소형 가전 수거함에 배출 가능하며, 지자체별로 다를 수 있으니 문의 후 배출해야 합니다.
컴퓨터 및 다른 폐가전제품과 함께 5개 이상 배출할 경우에는 폐가전제품 무상 방문수거 서비스 이용이 가능합니다.

1
폐소형 가전 수거함으로 배출합니다.

024

폐소형 가전

서피스
마이크로소프트

태블릿 PC는 노트북보다 가볍고 얇아 휴대하기 편리하고 화면을 터치하여 사용할 수 있어 학생, 직장인, 전문직 종사자 등에게 꾸준한 인기를 얻고 있는 제품이다. 큰 편리함을 주는 태블릿 PC의 올바른 분리배출 방법은 무엇일까?

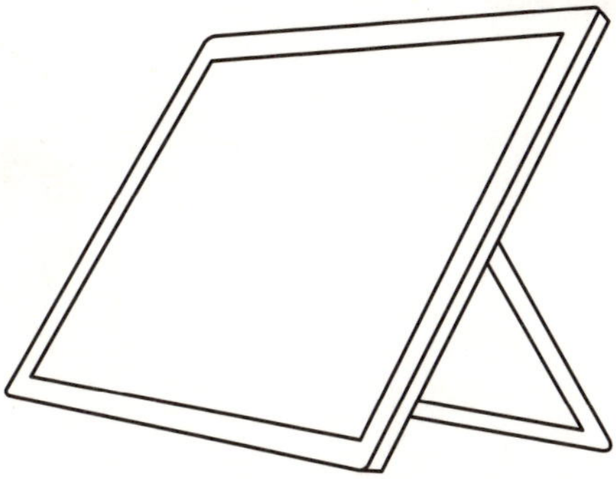

분리배출 요약

❶ 태블릿 PC	폐소형 가전

동주민센터, 구청 등에 설치된 폐소형 가전 수거함에 배출 가능하며, 지자체별로 다를 수 있으니 문의 후 배출해야 합니다.
컴퓨터 및 다른 폐가전제품과 함께 5개 이상 배출할 경우에는 폐가전제품 무상 방문수거 서비스 이용이 가능합니다.

더 자세히 보기
분리배출 A to Z

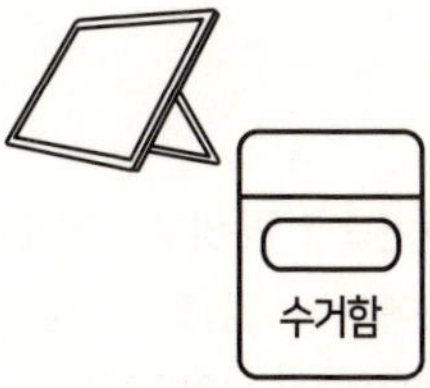

1 폐소형 가전 수거함으로 배출합니다.

WM-0641 전기보온밥솥

쿠첸

맛있는 밥을 짓고, 따뜻한 온도로 밥 맛을 유지해주는 전기밥솥. 용도와 목적에 따라 종류도 다양한 전기밥솥의 올바른 분리배출 방법은 무엇일까?

분리배출 요약

❶ 전기밥솥	폐소형 가전

더 자세히 보기

분리배출 A to Z

동주민센터, 구청 등에 설치된 폐소형 가전 수거함에 배출 가능하며, 지자체별로 다를 수 있으니 문의 후 배출해야 합니다.
5개 이상 배출할 경우에는 폐가전제품 무상 방문수거 서비스 이용이 가능합니다.

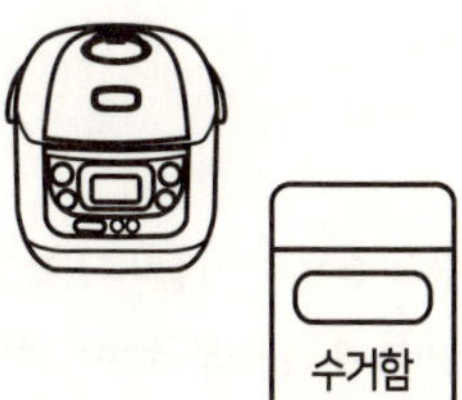

1 폐소형 가전 수거함으로 배출합니다.

026

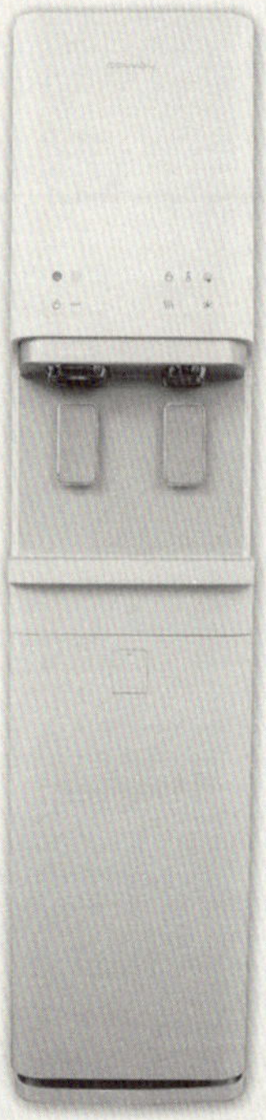

폐가전 제품

아이스 스탠드 슬림 냉온정수기

코웨이

깨끗하게 정수된 물을 마실 수 있어 가정이나 학교, 사무실이나 백화점, 공항 등에 널리 보급되어 쓰이는 정수기. 물뿐만 아니라 얼음, 탄산수까지 만들 수 있는 정수기의 올바른 분리배출 방법은 무엇일까?

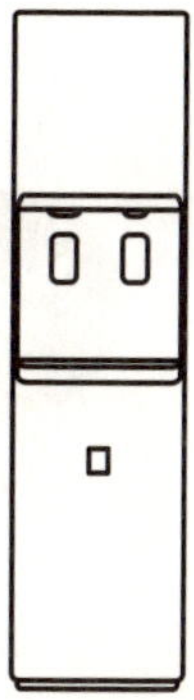

분리배출 요약

❶ 정수기	폐가전제품

더 자세히 보기

분리배출 A to Z

폐가전제품 배출예약시스템이나 무상수거를 이용하지 않는다면 대형폐기물로 배출해야 합니다.

1

동주민센터에서 배출신고를 접수하고 수수료 납부 후 폐가전제품 스티커를 받습니다.

2

발급받은 폐가전제품 스티커를 배출할 제품에 부착한 후 배출합니다.

027

폐소형 가전

믹스앤드링크
테팔

아침에 간단히 주스나 선식 등을 만들 때 용이한 믹서기는 내부에 칼날이 있어 안전에 유의해야 한다. 간단한 간식 음료나 다진 재료가 필요할 때 유용하게 사용되는 믹서기의 올바른 분리배출 방법은 무엇일까?

분리배출 요약

❶ 믹서기	폐소형 가전

더 자세히 보기
분리배출 A to Z

동주민센터, 구청 등에 설치된 폐소형 가전 수거함에 배출 가능하며, 지자체별로 다를 수 있으니 문의 후 배출해야 합니다.
5개 이상 배출할 경우에는 폐가전제품 무상 방문수거 서비스 이용이 가능합니다.

1
폐소형 가전 수거함으로 배출합니다.

핸드믹서
OFM-309
오펠

핸드믹서기는 주로 베이킹을 할 때 사용되는 제품으로, 머랭이나 생크림, 반죽 등을 섞을 때 사용한다. 손으로 할 때보다 훨씬 더 빠르고 고르게 섞이는 장점이 있는 핸드믹서기의 올바른 분리배출 방법은 무엇일까?

분리배출 요약

❶ 핸드믹서기 | 폐소형 가전

동주민센터, 구청 등에 설치된 폐소형 가전 수거함에 배출 가능하며, 지자체별로 다를 수 있으니 문의 후 배출해야 합니다.
5개 이상 배출할 경우에는 폐가전제품 무상 방문수거 서비스 이용이 가능합니다.

더 자세히 보기

분리배출 A to Z

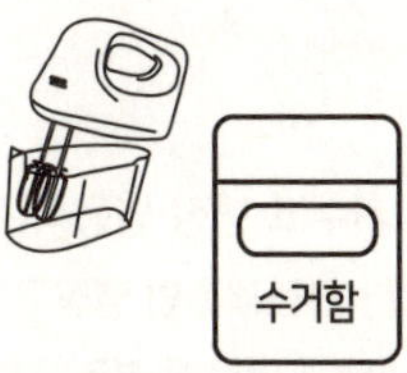

1

폐소형 가전 수거함으로 배출합니다.

029

냉장고 B180DSM
LG전자

음식의 신선도를 유지시켜주고 냉장·냉동식품을 보관하기 위하여 꼭 필요한 가전제품인 냉장고. 냉장고는 큰 부피와 무게 때문에 어떻게 분리배출해야 하나 막막하기만 하다. 냉장고의 올바른 분리배출 방법은 무엇일까?

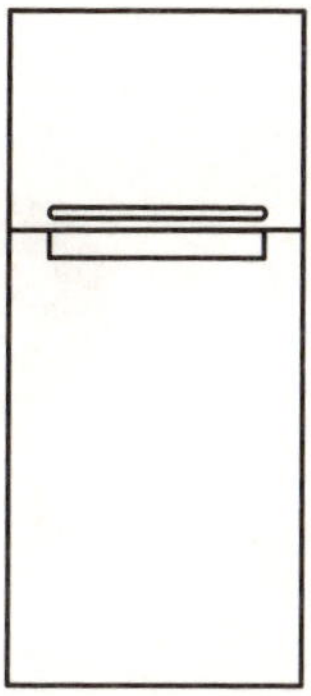

분리배출 요약

❶ 냉장고 | 폐가전제품

더 자세히 보기
분리배출 A to Z

폐가전제품 배출예약시스템이나 무상수거를 이용하지 않는다면 대형폐기물로 배출해야 합니다.

1 동주민센터에서 배출신고를 접수하고 수수료 납부 후 폐가전제품 스티커를 받습니다.

2 발급받은 폐가전제품 스티커를 배출할 제품에 부착한 후 배출합니다.

030

비스포크 김치플러스 삼성전자

김장 후, 김치를 최적의 온도로 보관하여 1년 내내 맛좋은 김장 김치를 먹게 해주는 김치냉장고. 배추 김치뿐 아니라 깍두기, 동치미, 묵은지 등 각종 김치를 보관하는 데 안성맞춤이다. 김치냉장고의 올바른 분리배출 방법은 무엇일까?

분리배출 요약

❶ 김치 냉장고	폐가전제품

더 자세히 보기
분리배출 A to Z

폐가전제품 배출예약시스템이나 무상수거를 이용하지 않는다면 대형폐기물로 배출해야 합니다.

1 동주민센터에서 배출신고를 접수하고 수수료 납부 후 폐가전제품 스티커를 받습니다.

2 발급받은 폐가전제품 스티커를 배출할 제품에 부착한 후 배출합니다.

031

폐가전 제품

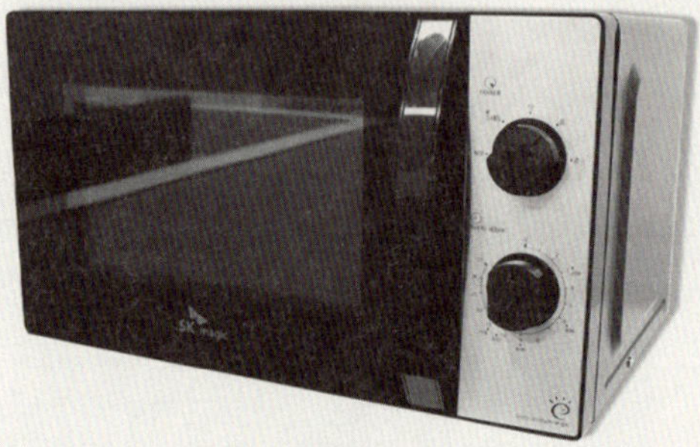

전자레인지 MW0HD02M
SK매직

급격하게 늘고 있는 1인 가구의 필수품 전자레인지. 김밥, 만두, 즉석밥 등 간편식을 데워 먹을 수 있고, 전자레인지 전용 레시피도 많이 소개되고 있다. 우리에게 편리함을 주는 전자레인지의 올바른 분리배출 방법은 무엇일까?

분리배출 요약

❶ 전자레인지	폐가전제품

더 자세히 보기

분리배출 A to Z

폐가전제품 배출예약시스템이나 무상수거를 이용하지 않는다면 대형폐기물로 배출해야 합니다.

1

동주민센터에서 배출신고를 접수하고 수수료 납부 후 폐가전제품 스티커를 받습니다.

2

발급받은 폐가전제품 스티커를 배출할 제품에 부착한 후 배출합니다.

032

폐소형 가전

아토만 에어프라이어
홍진테크

최근 갑작스럽게 많은 이들의 관심을 끈 가전제품을 손꼽아 보라면 단연 에어프라이어다. 팬을 통해 뜨거운 공기의 대류현상으로 음식을 조리하는 에어프라이어의 올바른 분리배출 방법은 무엇일까?

더 자세히 보기

분리배출 A to Z

분리배출 요약

❶ 에어프라이어	폐소형 가전

동주민센터, 구청 등에 설치된 폐소형 가전 수거함에 배출 가능하며, 지자체별로 다를 수 있으니 문의 후 배출해야 합니다.
5개 이상 배출할 경우에는 폐가전제품 무상 방문수거 서비스 이용이 가능합니다.

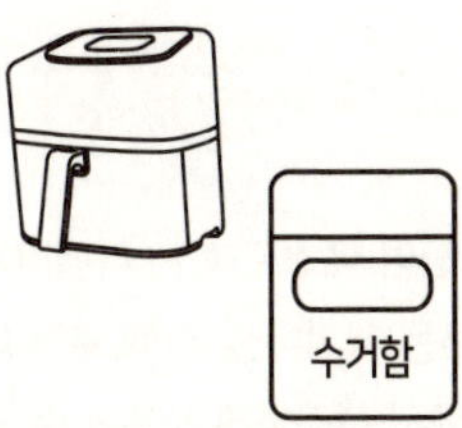

1
폐소형 가전 수거함으로 배출합니다.

033

폐소형
가전

전자동 에스프레소 머신

필립스

원두에서 원액를 추출하여 에스프레소, 아메리카노를 마실 수 있게 해주는 커피머신. 카페 뿐만 아니라 사무실이나 가정에서 편리하게 사용할 수 있는 제품도 쉽게 찾아볼 수 있다. 커피머신의 올바른 분리 배출 방법은 무엇일까?

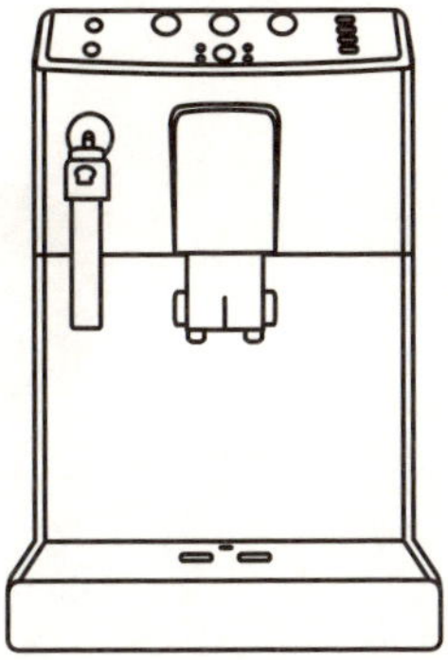

분리배출 요약

❶ 커피머신	폐소형 가전

더 자세히 보기

분리배출 A to Z

동주민센터, 구청 등에 설치된 폐소형 가전 수거함에 배출 가능하며, 지자체별로 다를 수 있으니 문의 후 배출해야 합니다.
5개 이상 배출할 경우에는 폐가전제품 무상 방문수거 서비스 이용이 가능합니다.

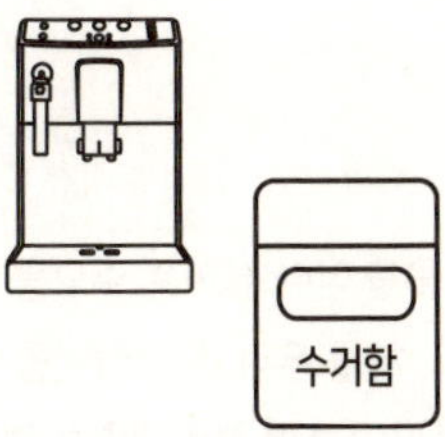

1 폐소형 가전 수거함으로 배출합니다.

034

폐소형 가전

MI 포트
샤오미

전기 포트는 주전자에 물을 담아 끓이는 수고를 덜어 준다. 커피를 내리고, 차를 우리고, 컵라면을 먹을 때 너무나 유용한 전기 포트의 분리배출 방법은 무엇일까?

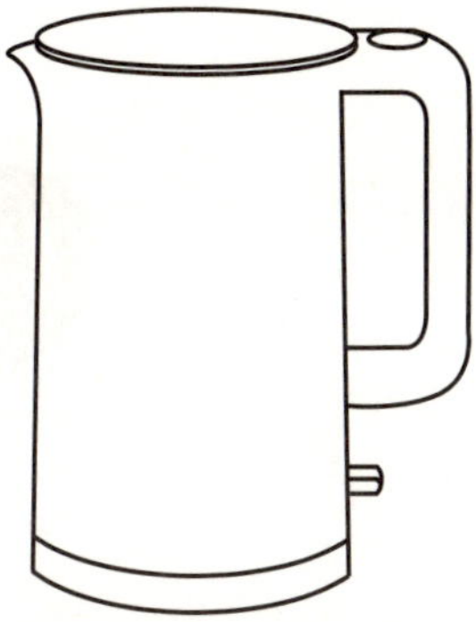

분리배출 요약

❶ 전기 포트 | 폐소형 가전

동주민센터, 구청 등에 설치된 폐소형 가전 수거함에 배출 가능하며, 지자체별로 다를 수 있으니 문의 후 배출해야 합니다.
5개 이상 배출할 경우에는 폐가전제품 무상 방문수거 서비스 이용이 가능합니다.

더 자세히 보기
분리배출 A to Z

1
폐소형 가전 수거함으로 배출합니다.

035

폐소형 가전

EOS 80D
캐논

아름다운 풍경을 찍고, 소중한 사람과의 순간을 담아 간직할 수 있는 DSLR 카메라는 다양한 기능과 뛰어난 성능으로 많은 전문가들이 애용하고 있다. DSLR 카메라의 올바른 분리배출 방법은 무엇일까?

분리배출 요약

❶ DSLR 카메라 폐소형 가전

더 자세히 보기

분리배출 A to Z

동주민센터, 구청 등에 설치된 폐소형 가전 수거함에 배출 가능하며, 지자체별로 다를 수 있으니 문의 후 배출해야 합니다.
5개 이상 배출할 경우에는 폐가전제품 무상 방문수거 서비스 이용이 가능합니다.

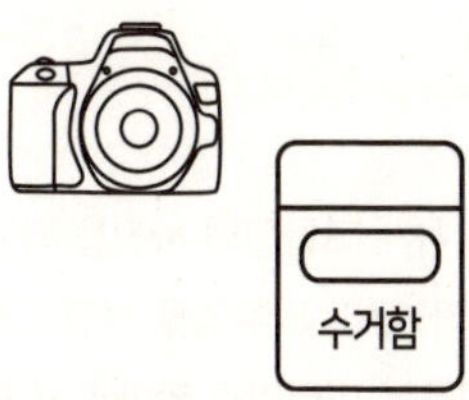

1 폐소형 가전 수거함으로 배출합니다.

036

폐소형 가전

루믹스 DMC-GX1
파나소닉

DSLR보다 가볍고 편리하게 고화질의 사진을 찍을 수 있는 미러리스 카메라. 우리의 추억을 사진으로 담아 되새길 수 있게 해주는 미러리스 카메라의 올바른 분리배출 방법은 무엇일까?

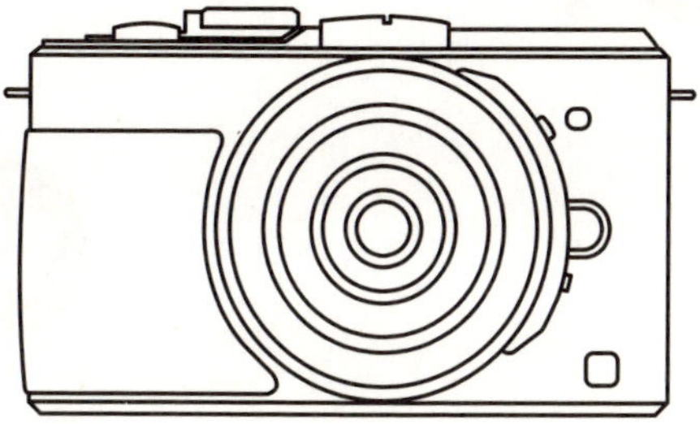

분리배출 요약

❶ 미러리스 카메라	폐소형 가전

더 자세히 보기

분리배출 A to Z

동주민센터, 구청 등에 설치된 폐소형 가전 수거함에 배출 가능하며, 지자체별로 다를 수 있으니 문의 후 배출해야 합니다.

5개 이상 배출할 경우에는 폐가전제품 무상 방문수거 서비스 이용이 가능합니다.

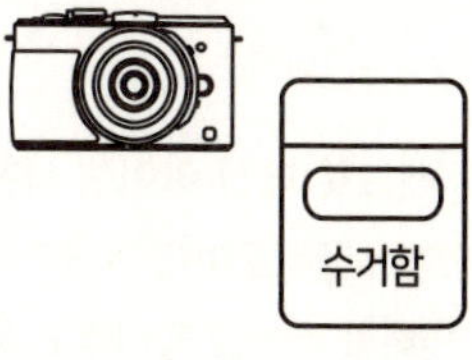

1 폐소형 가전 수거함으로 배출합니다.

인스탁스 스퀘어

한국후지필름

아날로그 감성이 돋고, 레트로 패션·아이템·사진 등이 유행으로 자리잡으면서 폴라로이드 카메라에 대한 관심이 높아졌다. 인화할 수고를 덜어주고 사진을 바로 확인할 수 있는 폴라로이드 카메라의 올바른 분리배출 방법은 무엇일까?

분리배출 요약

❶ 폴라로이드 카메라	폐소형 가전

더 자세히 보기

분리배출 A to Z

동주민센터, 구청 등에 설치된 폐소형 가전 수거함에 배출 가능하며, 지자체별로 다를 수 있으니 문의 후 배출해야 합니다.

5개 이상 배출할 경우에는 폐가전제품 무상 방문수거 서비스 이용이 가능합니다.

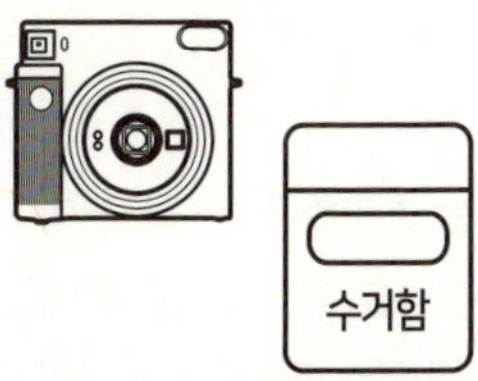

1 폐소형 가전 수거함으로 배출합니다.

038

아이폰
애플

24시간 우리와 함께하는 스마트폰. 스마트폰의 사용으로 우리의 일상은 상상할 수 없는 변화와 혁신을 맞이했다. 그런데 스마트폰 분리배출 방법에 대해서 아는 사람은 적다. 스마트폰의 올바른 분리배출 방법은 무엇일까?

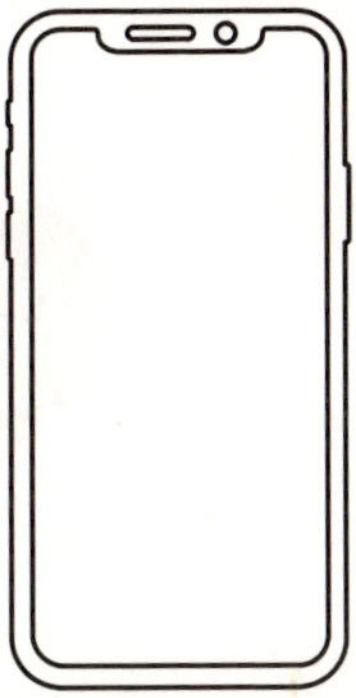

분리배출 요약

❶ 스마트폰 | 폐소형 가전

더 자세히 보기
분리배출 A to Z

동주민센터, 구청 등에 설치된 폐소형 가전 수거함에 배출 가능하며, 지자체별로 다를 수 있으니 문의 후 배출해야 합니다.
5개 이상 배출할 경우에는 폐가전제품 무상 방문수거 서비스 이용이 가능합니다.

1
폐소형 가전 수거함으로 배출합니다.

039

폐소형 가전

이어팟
애플

휴대폰, 음향기기 등을 선으로 연결해 노래를 듣고, 영상을 즐기는데 사용하는 유선 이어폰은 아직도 많은 사람이 즐겨 사용하는 소형 장치다. 유선 이어폰의 올바른 분리배출 방법은 무엇일까?

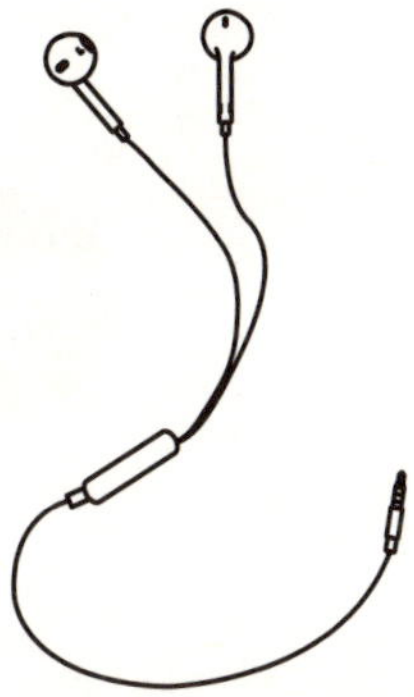

분리배출 요약

❶ 유선 이어폰	폐소형 가전

더 자세히 보기
분리배출 A to Z

동주민센터, 구청 등에 설치된 폐소형 가전 수거함에 배출 가능하며, 지자체별로 다를 수 있으니 문의 후 배출해야 합니다.
휴대폰 및 다른 폐가전제품과 함께 5개 이상 배출할 경우에는 폐가전제품 무상 방문수거 서비스 이용이 가능합니다.

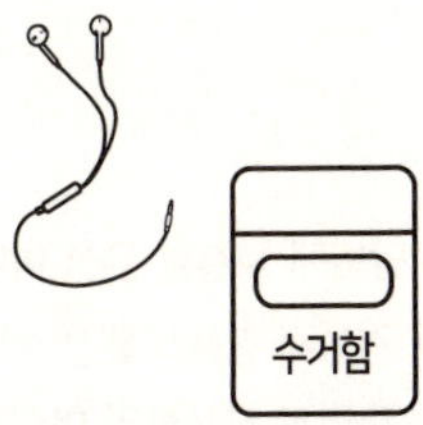

1 폐소형 가전 수거함으로 배출합니다.

폐소형 가전

에어팟
애플

유선 이어폰의 불편함을 단번에 해결한 무선 이어폰은 에어팟의 출시로 그 기능과 활용도를 인정받기 시작했다. 디자인적인 측면과 사용상의 어려움을 호소하는 소비자도 더러 있지만 여전히 많은 사람이 애용하고 있다. 편리한 무선 이어폰의 올바른 분리배출 방법은 무엇일까?

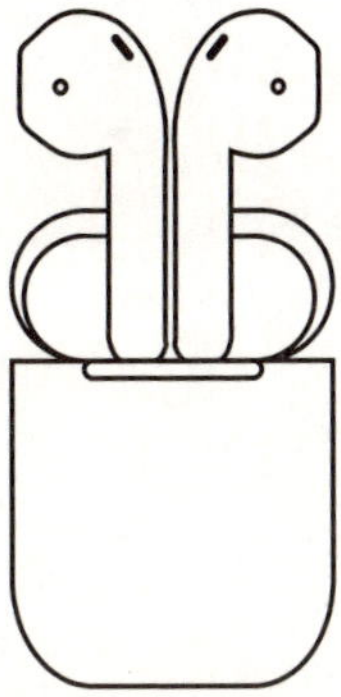

분리배출 요약

❶ 무선 이어폰	폐소형 가전

동주민센터, 구청 등에 설치된 폐소형 가전 수거함에 배출 가능하며, 지자체별로 다를 수 있으니 문의 후 배출해야 합니다.
휴대폰 및 다른 폐가전제품과 함께 5개 이상 배출할 경우에는 폐가전제품 무상 방문수거 서비스 이용이 가능합니다.

더 자세히 보기
분리배출 A to Z

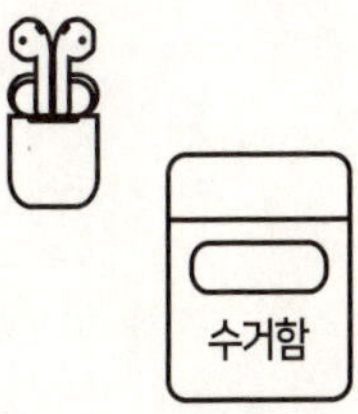

1

폐소형 가전 수거함으로 배출합니다.

인테리어

Interior

2

041

대형 폐기물

소파

거실에 크게 자리 잡고 있는 소파는 사용 기간이 오래되었거나, 스크래치 등 다양한 이유로 망가지게 되면 새로운 소파를 장만하게 된다. 소파의 올바른 분리배출 방법은 무엇일까?

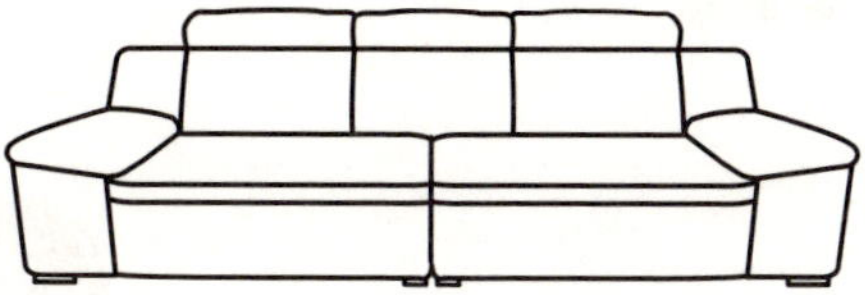

분리배출 요약

❶ 소파	대형 폐기물

더 자세히 보기

분리배출 A to Z

종량제 봉투 지정판매소(마트, 슈퍼 등)에서 대형 폐기물 스티커를 구입하거나 관할 구청 홈페이지에 접속하여 신고 후 필증을 출력하고 폐기물에 부착하여 배출한 후 수집운반업체로 수거요청(전화)을 해야 합니다. 단, 지자체별로 다를 수 있으니 문의 후 배출해야 합니다.

1 지정판매소(마트, 슈퍼)에서 대형 폐기물 스티커를 구매합니다.

2 구매한 대형 폐기물 스티커를 배출할 제품에 부착합니다.

3 수집 운반업체에 수거요청을 합니다.

042

대형 폐기물

라운드테이블 TB015
듀오백라이트오피스

우리는 일상에서 테이블에 앉아 식사를 하고, 차를 마치고, 대화를 나눈다. 또 각종 업무를 보며 정신 없이 시간을 보내기도 한다. 많은 용도로 사용하는 테이블의 올바른 분리배출 방법은 무엇일까?

분리배출 요약

❶ 테이블	대형 폐기물

더 자세히 보기
분리배출 A to Z

종량제 봉투 지정판매소(마트, 슈퍼 등)에서 대형 폐기물 스티커를 구입하거나 관할 구청 홈페이지에 접속하여 신고 후 필증을 출력하고 폐기물에 부착하여 배출한 후 수집운반업체로 수거요청(전화)을 해야 합니다. 단, 지자체별로 다를 수 있으니 문의 후 배출해야 합니다.

1 지정판매소(마트, 슈퍼)에서 대형 폐기물 스티커를 구매합니다.

2 구매한 대형 폐기물 스티커를 배출할 제품에 부착합니다.

3 수집 운반업체에 수거요청을 합니다.

043

스퀘어 티 테이블 CL830R

퍼시스

카페에서 주로 사용되었던 티 테이블은 최근 셀프 인테리어를 즐기는 사람의 증가로 가정에서 쓰는 경우도 많아졌다. 소파나 침대 옆 협탁으로도 활용 가능한 티 테이블의 올바른 분리배출 방법은 무엇일까?

분리배출 요약

❶ 티 테이블	대형 폐기물

더 자세히 보기

분리배출 A to Z

종량제 봉투 지정판매소(마트, 슈퍼 등)에서 대형 폐기물 스티커를 구입하거나 관할 구청 홈페이지에 접속하여 신고 후 필증을 출력하고 폐기물에 부착하여 배출한 후 수집운반업체로 수거요청(전화)을 해야 합니다. 단, 지자체별로 다를 수 있으니 문의 후 배출해야 합니다.

1 지정판매소(마트, 슈퍼)에서 대형 폐기물 스티커를 구매합니다.

2 구매한 대형 폐기물 스티커를 배출할 제품에 부착합니다.

3 수집 운반업체에 수거요청을 합니다.

044

침대

질 좋은 수면을 위해 우리는 침대를 많이 사용한다. 부피가 크고 무거워 혼자 옮길 수 없어, 버리기 힘든 침대의 올바른 분리배출 방법은 무엇일까?

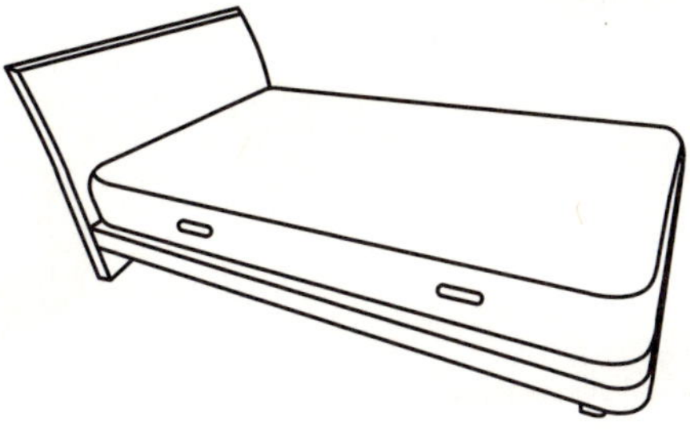

분리배출 요약

❶ 침대	대형 폐기물

더 자세히 보기

분리배출 A to Z

종량제 봉투 지정판매소(마트, 슈퍼 등)에서 대형 폐기물 스티커를 구입하거나 관할 구청 홈페이지에 접속하여 신고 후 필증을 출력하고 폐기물에 부착하여 배출한 후 수집운반업체로 수거요청(전화)을 해야 합니다. 단, 지자체별로 다를 수 있으니 문의 후 배출해야 합니다.

1 지정판매소(마트, 슈퍼)에서 대형 폐기물 스티커를 구매합니다.

2 구매한 대형 폐기물 스티커를 배출할 제품에 부착합니다.

3 수집 운반업체에 수거요청을 합니다.

045

옷장

옷을 보관하는 옷장은 공간의 크기에 따라 다양한 모양과 형태로 제작한다. 그래서 재질도 너무 달라 처리하기 골칫거리가 되기 쉽다. 가정마다 하나씩은 있는 옷장의 올바른 분리배출 방법은 무엇일까?

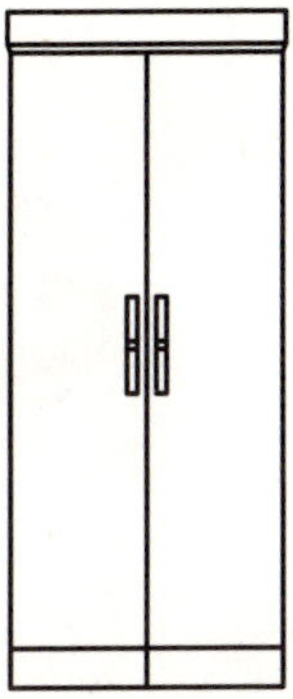

분리배출 요약

❶ 옷장 대형 폐기물

더 자세히 보기
분리배출 A to Z

종량제 봉투 지정판매소(마트, 슈퍼 등)에서 대형 폐기물 스티커를 구입하거나 관할 구청 홈페이지에 접속하여 신고 후 필증을 출력하고 폐기물에 부착하여 배출한 후 수집운반업체로 수거요청(전화)을 해야 합니다. 단, 지자체별로 다를 수 있으니 문의 후 배출해야 합니다.

1 지정판매소(마트, 슈퍼)에서 대형 폐기물 스티커를 구매합니다.

2 구매한 대형 폐기물 스티커를 배출할 제품에 부착합니다.

3 수집 운반업체에 수거요청을 합니다.

행거

행거가 1인 가구의 필수품으로 자리잡은지 오래다. 설치도 간편하고, 사용하기도 편한 행거는 좁은 공간의 활용도를 높인다는 장점이 있다. 생활필수품 행거의 올바른 분리배출 방법은 무엇일까?

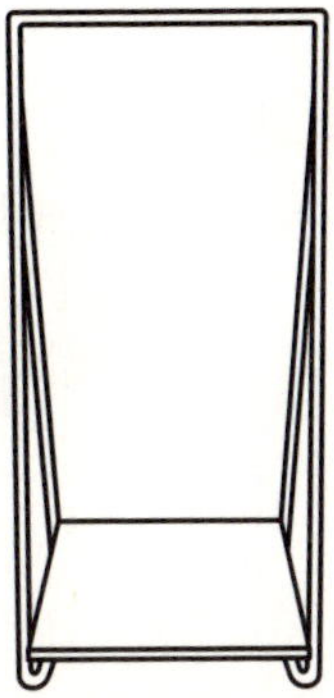

분리배출 요약

❶ 행거	대형 폐기물

더 자세히 보기

분리배출 A to Z

종량제 봉투 지정판매소(마트, 슈퍼 등)에서 대형 폐기물 스티커를 구입하거나 관할 구청 홈페이지에 접속하여 신고 후 필증을 출력하고 폐기물에 부착하여 배출한 후 수집운반업체로 수거요청(전화)을 해야 합니다. 단, 지자체별로 다를 수 있으니 문의 후 배출해야 합니다.

1 지정판매소(마트, 슈퍼)에서 대형 폐기물 스티커를 구매합니다.

2 구매한 대형 폐기물 스티커를 배출할 제품에 부착합니다.

3 수집 운반업체에 수거요청을 합니다.

047

대형 폐기물

스탠드 행거

잠옷, 점퍼, 바지 등 간편하게 입는 옷을 걸어두는 스탠드 행거는 모양에 따라 재질도 천차만별이다. 누구나 일상에서 편리하게 사용하는 스탠드 행거의 올바른 분리배출 방법은 무엇일까?

분리배출 요약

❶ 스탠드 행거 | 대형 폐기물

더 자세히 보기
분리배출 A to Z

종량제 봉투 지정판매소(마트, 슈퍼 등)에서 대형 폐기물 스티커를 구입하거나 관할 구청 홈페이지에 접속하여 신고 후 필증을 출력하고 폐기물에 부착하여 배출한 후 수집운반업체로 수거요청(전화)을 해야 합니다. 단, 지자체별로 다를 수 있으니 문의 후 배출해야 합니다.

1 지정판매소(마트, 슈퍼)에서 대형 폐기물 스티커를 구매합니다.

2 구매한 대형 폐기물 스티커를 배출할 제품에 부착합니다.

3 수집 운반업체에 수거요청을 합니다.

말름 서랍장
이케아

물품을 보관하기 위해 사용되는 가구인 서랍장은 공간 인테리어 목적으로도 활용도가 높다. 가정과 사무실 등 다양한 공간을 차지하고 있는 서랍장의 올바른 분리배출 방법은 무엇일까?

분리배출 요약

❶ 서랍장 | 대형 폐기물

더 자세히 보기
분리배출 A to Z

종량제 봉투 지정판매소(마트, 슈퍼 등)에서 대형 폐기물 스티커를 구입하거나 관할 구청 홈페이지에 접속하여 신고 후 필증을 출력하고 폐기물에 부착하여 배출한 후 수집운반업체로 수거요청(전화)을 해야 합니다. 단, 지자체별로 다를 수 있으니 문의 후 배출해야 합니다.

1 지정판매소(마트, 슈퍼)에서 대형 폐기물 스티커를 구매합니다.

2 구매한 대형 폐기물 스티커를 배출할 제품에 부착합니다.

3 수집 운반업체에 수거요청을 합니다.

049

SPOON 의자
시디즈

의자는 현대인이 가장 많이 사용하는 가구 중 하나이다. 사용도가 높은 만큼 디자인과 소재 또한 다양하다. 이렇게 우리 일상 속 필수품 중 하나인 의자의 올바른 분리배출 방법은 무엇일까?

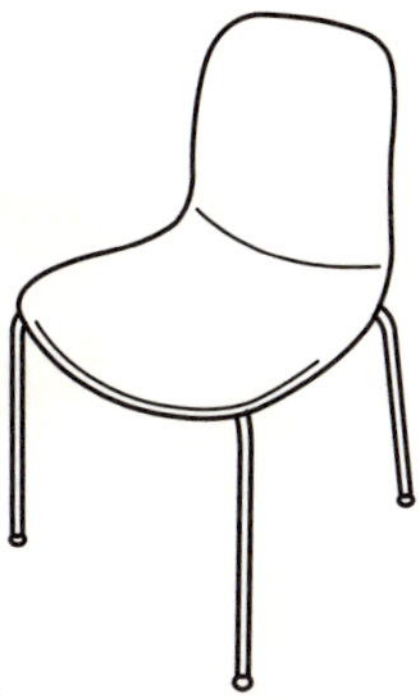

분리배출 요약

❶ 의자 대형 폐기물

더 자세히 보기
분리배출 A to Z

종량제 봉투 지정판매소(마트, 슈퍼 등)에서 대형 폐기물 스티커를 구입하거나 관할 구청 홈페이지에 접속하여 신고 후 필증을 출력하고 폐기물에 부착하여 배출한 후 수집운반업체로 수거요청(전화)을 해야 합니다. 단, 지자체별로 다를 수 있으니 문의 후 배출해야 합니다.

1 지정판매소(마트, 슈퍼)에서 대형 폐기물 스티커를 구매합니다.

2 구매한 대형 폐기물 스티커를 배출할 제품에 부착합니다.

3 수집 운반업체에 수거요청을 합니다.

T40 의자
시디즈

사무용 의자는 사무실 외에도 서재나 공부방 등 활용도가 높다. 오랜 업무 시간 동안 허리나 목에 무리가 되지 않도록 인체공학적인 설계로 만들어지는 사무용 의자의 올바른 분리배출 방법은 무엇일까?

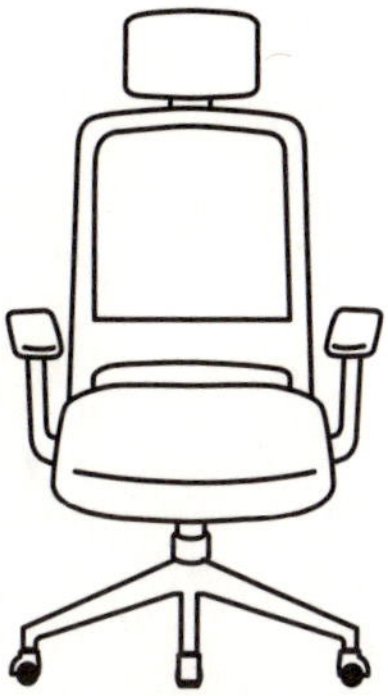

분리배출 요약

❶ 사무용 의자	대형 폐기물

더 자세히 보기
분리배출 A to Z

종량제 봉투 지정판매소(마트, 슈퍼 등)에서 대형 폐기물 스티커를 구입하거나 관할 구청 홈페이지에 접속하여 신고 후 필증을 출력하고 폐기물에 부착하여 배출한 후 수집운반업체로 수거요청(전화)을 해야 합니다. 단, 지자체별로 다를 수 있으니 문의 후 배출해야 합니다.

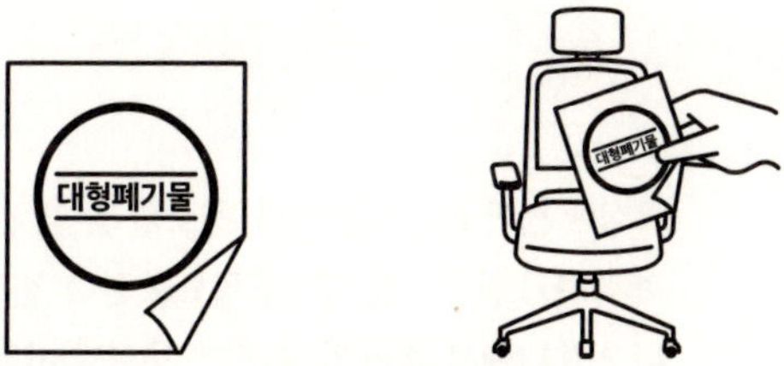

1 지정판매소(마트, 슈퍼)에서 대형 폐기물 스티커를 구매합니다.

2 구매한 대형 폐기물 스티커를 배출할 제품에 부착합니다.

3 수집 운반업체에 수거요청을 합니다.

051

종량제 봉투

플라스틱 PP

데일리블룸 욕실 의자
아이에스리빙

욕실에 앉아 손빨래할 때나, 청소를 할 때 편히 앉아서 하기 위해 욕실 의자를 필요로 한다. 찜질방이나 사우나에서 흔히 볼 수 있는 욕실 의자의 올바른 분리배출 방법은 무엇일까?

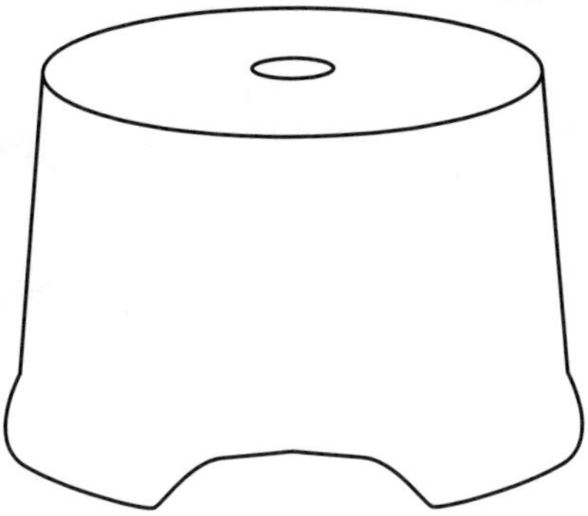

분리배출 요약

❶ 욕실 의자	플라스틱
❷ 미끄럼 방지 패드	종량제 봉투

1

욕실 의자 하단에 붙어 있는 미끄럼 방지 패드를 떼어냅니다.

2

떼어낸 미끄럼 방지 패드는 종량제 봉투에 담아 배출합니다.

3

욕실 의자는 플라스틱으로 배출합니다.

052

대형 폐기물

책상

학습과 여가, 취미 등의 목적으로 쓰이는 책상은 다양한 크기, 재질 그리고 형태로 만든다. 인테리어용으로도 사용하는 책상의 올바른 분리배출 방법은 무엇일까?

분리배출 요약

❶ 책상	대형 폐기물

더 자세히 보기

분리배출 A to Z

종량제 봉투 지정판매소(마트, 슈퍼 등)에서 대형 폐기물 스티커를 구입하거나 관할 구청 홈페이지에 접속하여 신고 후 필증을 출력하고 폐기물에 부착하여 배출한 후 수집운반업체로 수거요청(전화)을 해야 합니다. 단, 지자체별로 다를 수 있으니 문의 후 배출해야 합니다.

1 지정판매소(마트, 슈퍼)에서 대형 폐기물 스티커를 구매합니다.

2 구매한 대형 폐기물 스티커를 배출할 제품에 부착합니다.

3 수집 운반업체에 수거요청을 합니다.

053

강의 책상

강의 책상은 학교나 학원 등에서 흔히 볼 수 있다. 간단한 필기구와 교재 때로는 노트북까지 올려 사용할 수 있는 강의 책상의 올바른 분리배출 방법은 무엇일까?

분리배출 요약

❶ 강의 책상 | 대형 폐기물

종량제 봉투 지정판매소(마트, 슈퍼 등)에서 대형 폐기물 스티커를 구입하거나 관할 구청 홈페이지에 접속하여 신고 후 필증을 출력하고 폐기물에 부착하여 배출한 후 수집운반업체로 수거요청(전화)을 해야 합니다. 단, 지자체별로 다를 수 있으니 문의 후 배출해야 합니다.

더 자세히 보기

분리배출 A to Z

1 지정판매소(마트, 슈퍼)에서 대형 폐기물 스티커를 구매합니다.

2 구매한 대형 폐기물 스티커를 배출할 제품에 부착합니다.

3 수집 운반업체에 수거요청을 합니다.

054

종량제 봉투

캔류 철

커튼

창문으로 들어오는 햇빛을 막아주는 커튼은 햇살을 은은하게 비춰주는 반투명한 커튼부터 완전히 차단해 주는 암막 커튼까지 다양한 종류가 있다. 커튼의 올바른 분리배출 방법은 무엇일까?

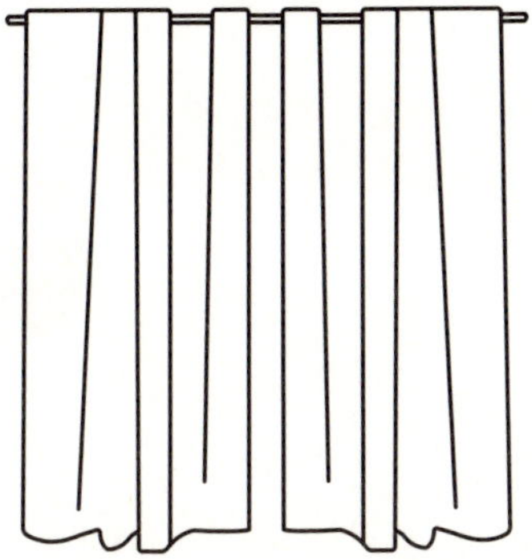

분리배출 요약

❶ 커튼	종량제 봉투
❷ 커튼 봉	캔류

더 자세히 보기

분리배출 A to Z

제품의 부피가 커서 종량제 봉투에 담기지 않을 경우에는 특수마대(불연성 쓰레기 봉투)에 담아 배출해야 하며, 특수마대의 명칭과 판매처는 지자체별로 차이가 있어 꼭 문의 후 배출해야 합니다.

제품별로 재질이 다를 수 있으니 제품에 표시되어 있는 분리배출표시를 확인하여 그에 맞는 분리배출을 해야 합니다.

1 커튼과 커튼봉을 분리합니다.

2 커튼은 종량제 봉투에 담아 배출합니다.

3 커튼봉은 캔류로 배출합니다.

055

블라인드
덱스터블라인드

햇빛을 가리거나 사생활 보호를 위해 설치하는 블라인드는 가정뿐만 아니라 사무실, 매장 등에서도 많이 쓰인다. 공간을 멋지게 만들거나 분위기를 바꾸기 위하여 구매하는 경우도 많은 블라인드의 올바른 분리배출 방법은 무엇일까?

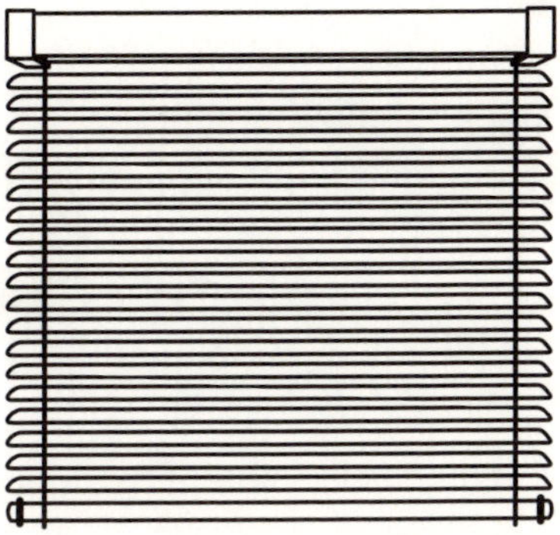

분리배출 요약

❶ 블라인드 | 대형 폐기물

더 자세히 보기

분리배출 A to Z

종량제 봉투 지정판매소(마트, 슈퍼 등)에서 대형 폐기물 스티커를 구입하거나 관할 구청 홈페이지에 접속하여 신고 후 필증을 출력하고 폐기물에 부착하여 배출한 후 수집운반업체로 수거요청(전화)을 해야 합니다. 단, 지자체별로 다를 수 있으니 문의 후 배출해야 합니다.

1 지정판매소(마트, 슈퍼)에서 대형 폐기물 스티커를 구매합니다.

2 구매한 대형 폐기물 스티커를 배출할 제품에 부착합니다.

3 수집 운반업체에 수거요청을 합니다.

플랫우드 벽시계

무아스

과거 시간을 정확하게 알려주는 용도로 벽시계를 찾았지만, 최근에는 수면을 방해하지 않는 저소음, 무소음 시계를 많이 찾고 있다. 다양한 부품으로 이루어져 있는 벽시계의 올바른 분리배출 방법은 무엇일까?

분리배출 요약

❶ 벽시계 종량제 봉투

더 자세히 보기

분리배출 A to Z

부피가 크고 무거운 벽시계나 괘종시계같은 경우에는 종량제 봉투 지정판매소(마트, 슈퍼 등)에서 대형 폐기물 스티커를 구입하거나 관할 구청 홈페이지에 접속하여 신고 후 필증을 출력하고 폐기물에 부착하여 배출한 후 수집 운반업체로 수거요청(전화)을 해야 합니다. 단, 지자체별로 다를 수 있으니 문의 후 배출해야 합니다.

1 종량제 봉투에 담아 배출합니다.

057

컴팩트 스톱워치
모닝글로리

촌각을 다투는 일을 하거나, 정확한 시각을 요하는 작업을 할 때 우리는 스톱워치를 많이 쓴다. 특히 입시생들이나 수험생들이 자주 사용한다. 많은 학생이 사용하고 있는 스톱워치의 올바른 분리배출 방법은 무엇일까?

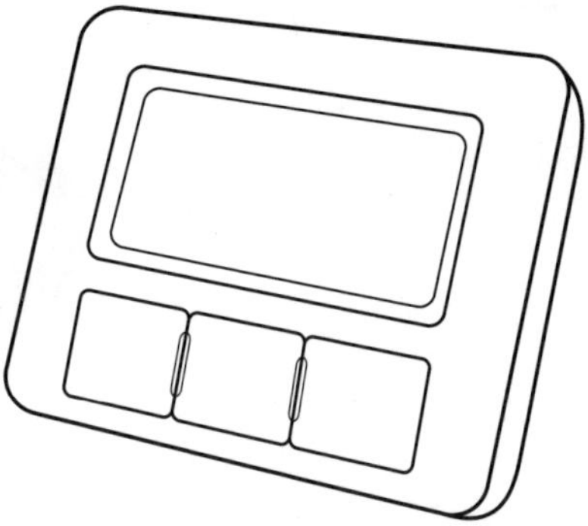

분리배출 요약

❶ 스톱워치	종량제 봉투

1

종량제 봉투에 담아 배출합니다.

전기장판

찬 바람이 불고 공기도 차가워지는 겨울, 전기장판은 우리를 따뜻하게 감싸준다. 우리에게 안락한 공간을 만들어주는 전기장판의 올바른 분리배출 방법은 무엇일까?

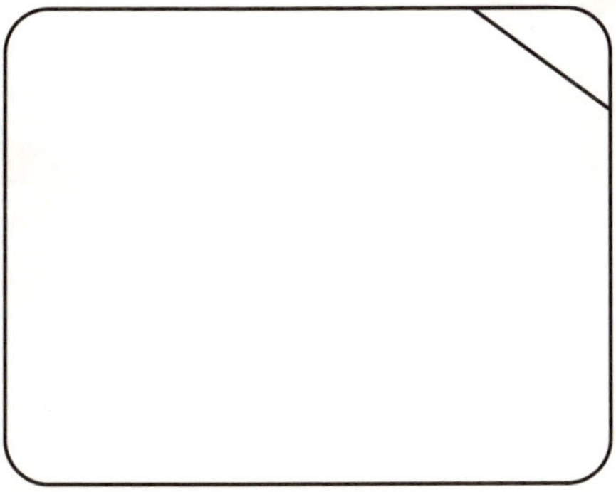

분리배출 요약

❶ 전기장판 대형 폐기물

더 자세히 보기

분리배출 A to Z

종량제 봉투 지정판매소(마트, 슈퍼 등)에서 대형 폐기물 스티커를 구입하거나 관할 구청 홈페이지에 접속하여 신고 후 필증을 출력하고 폐기물에 부착하여 배출한 후 수집운반업체로 수거요청(전화)을 해야 합니다. 단, 지자체별로 다를 수 있으니 문의 후 배출해야 합니다.

1 지정판매소(마트, 슈퍼)에서 대형 폐기물 스티커를 구매합니다.

2 구매한 대형 폐기물 스티커를 배출할 제품에 부착합니다.

3 수집 운반업체에 수거요청을 합니다.

059

종량제 봉투

병아리 LED무드등

더숨코리아

무드등이 유행하기 시작하면서 저렴한 가격에 안전하고 손쉽게 사용할 수 있는 실리콘 무드등이 인기를 끌기 시작했다. 저렴한 가격과 귀여운 디자인 덕분에 선물용으로도 많이 쓰는 무드등의 올바른 분리배출 방법은 무엇일까?

분리배출 요약

❶ 무드등	종량제 봉투

제품의 부피가 커서 종량제 봉투에 담기지 않을 경우에는 특수마대(불연성 쓰레기 봉투)에 담아 배출해야 하며, 특수마대의 명칭과 판매처는 지자체별로 차이가 있어 꼭 문의 후 배출해야 합니다.

더 자세히 보기
분리배출 A to Z

1
종량제 봉투에 담아 배출합니다.

생활용품

Daily necessities

3

060

형광등

형광등은 집, 사무실, 음식점 등을 밝혀주는 불빛이다. 형광등은 유리 소재로 되어 있어서 분리배출에 더욱 유의해야 한다. 형광등의 올바른 분리배출 방법은 무엇일까?

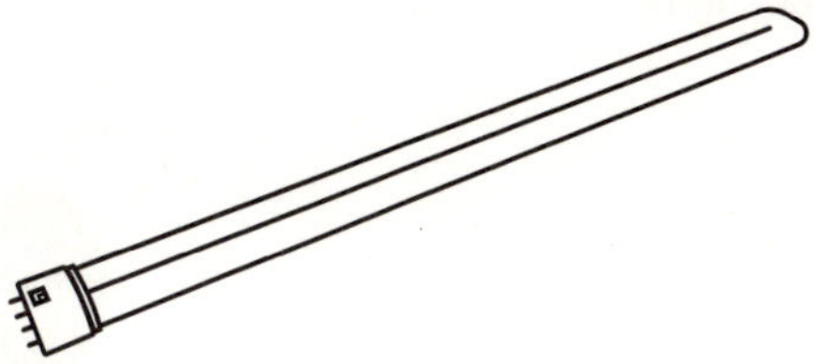

분리배출 요약

❶ 형광등	폐형광등 수거함

더 자세히 보기
분리배출 A to Z

폐형광등은 유해물질을 포함하고 있으므로 깨지지 않도록 주의해야 합니다.
깨진 폐형광등의 경우 신문지 등으로 감싸 다치지 않도록 하여 특수마대(불연성 쓰레기 봉투)로 배출합니다.
백열전구는 재활용이 불가능하고 불에 타지 않기 때문에 특수마대에 담아 배출해야 하며, LED 전구는 종량제 봉투에 담아 배출해야 합니다.

1
폐형광등 수거함으로 배출합니다

061

대형 폐기물

전신 거울

최근 집 인테리어 소품으로 많이 사용되는 전신 거울은 놓이는 장소에 따라 그 목적과 기능이 달라진다. 크기도 크고 유리로 만들어진 전신 거울의 올바른 분리배출 방법은 무엇일까?

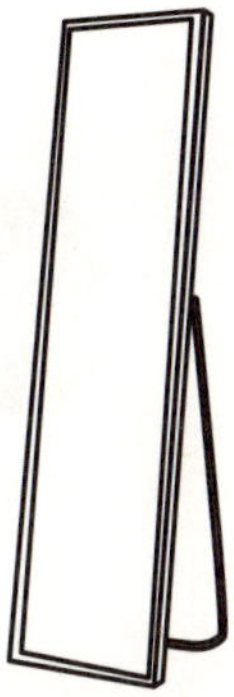

분리배출 요약

❶ 전신 거울 | 대형 폐기물

종량제 봉투 지정판매소(마트, 슈퍼 등)에서 대형 폐기물 스티커를 구입하거나 관할 구청 홈페이지에 접속하여 신고 후 필증을 출력하고 폐기물에 부착하여 배출한 후 수집운반업체로 수거요청(전화)을 해야 합니다. 단, 지자체별로 다를 수 있으니 문의 후 배출해야 합니다.

더 자세히 보기
분리배출 A to Z

1 지정판매소(마트, 슈퍼)에서 대형 폐기물 스티커를 구매합니다.

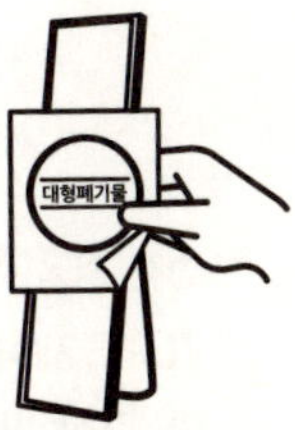

2 구매한 대형 폐기물 스티커를 배출할 제품에 부착합니다.

3 수집 운반업체에 수거요청을 합니다.

062

특수 마대

탁상 거울

전신 거울에 비해 사이즈가 작고 휴대하기 좋은 크기로도 제작된 탁상 거울은 작고 가벼워 깨지기 쉽다. 탁상 거울의 올바른 분리배출 방법은 무엇일까?

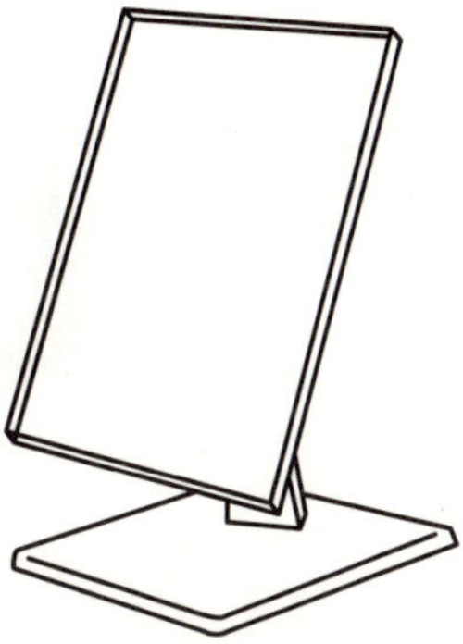

분리배출 요약

❶ 탁상 거울	특수마대

더 자세히 보기
분리배출 A to Z

특수마대(불연성 쓰레기 봉투)의 명칭과 판매처는 지자체별로 차이가 있어 꼭 문의 후 배출해야 합니다.

1
마트, 철물점, 동주민센터 등에서 특수마대를 구입합니다.

2
구매한 특수마대에 담아 배출합니다.

철제 옷걸이

철제 옷걸이는 얇고 가벼워 부피를 많이 차지하지 않아 세탁소에서 많이 사용한다. 세탁소를 이용하는 집에는 항상 쌓여 있는 철제 옷걸이의 올바른 분리배출 방법은 무엇일까?

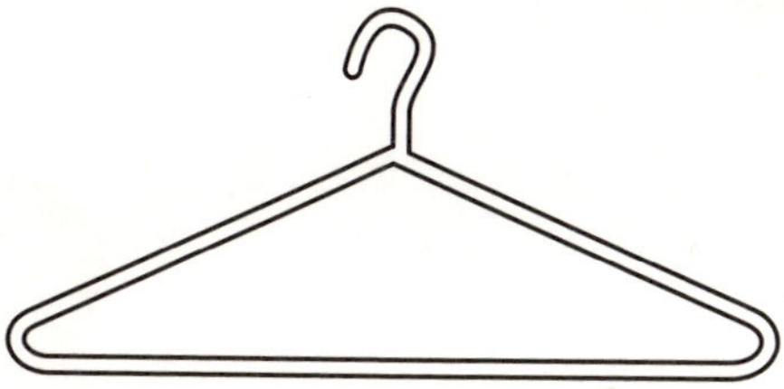

분리배출 요약

❶ 철제 옷걸이	캔류

더 자세히 보기

분리배출 A to Z

고철로 배출이 가능하지만 겉을 감싸고 있는 피복을 녹이는 과정에서 많은 비용이 소모되기 때문에 철사부분과 피복을 분리해서 배출하는 것이 가장 좋습니다. 혹은 근처 세탁소에 문의 후 반납이 가능합니다.

1

캔류로 배출합니다.

064

플라스틱
PP

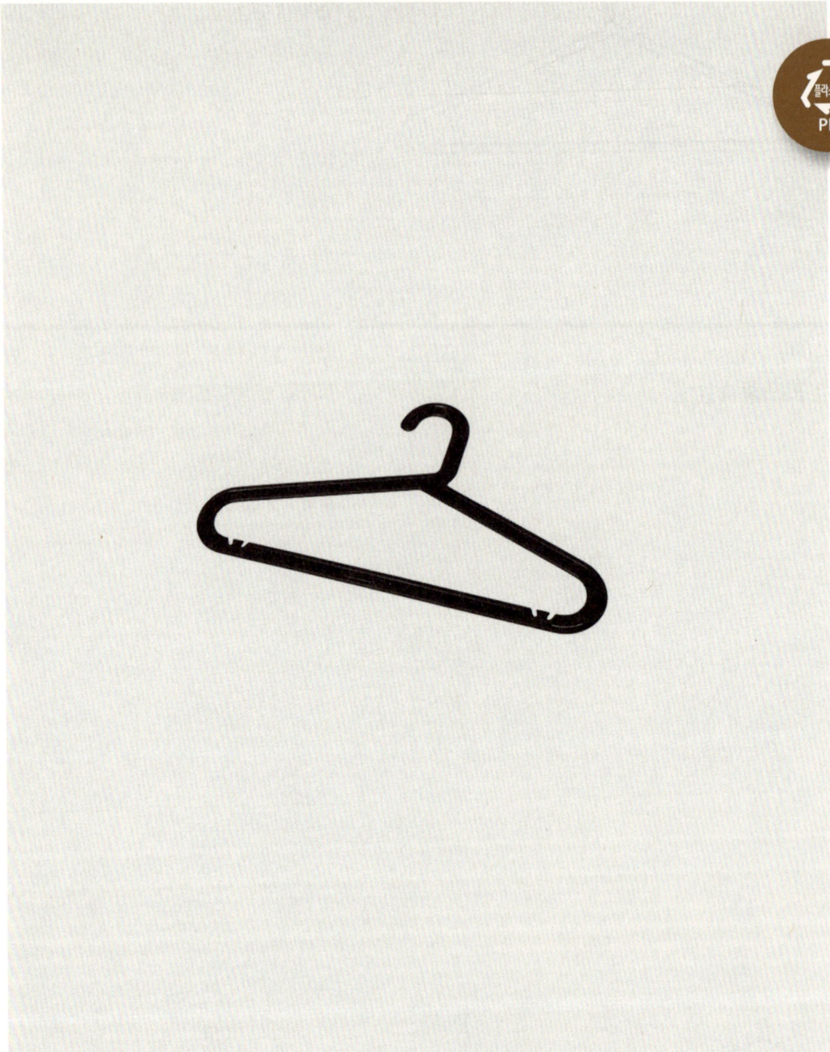

플라스틱 옷걸이

옷을 보관할 때 구겨지지 않게 하기 위해서는 옷걸이가 필요하다. 옷을 옷걸이에 거는 부분과 옷걸이를 옷장에 거는 부분으로 구성된 옷걸이의 올바른 분리배출 방법은 무엇일까?

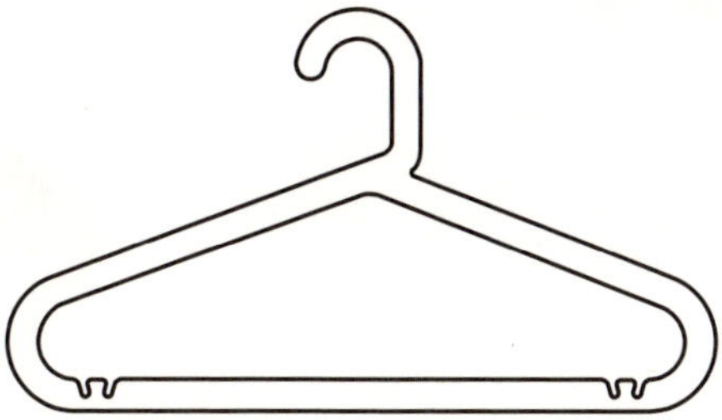

분리배출 요약

❶ 플라스틱 옷걸이	플라스틱

더 자세히 보기

분리배출 A to Z

옷걸이나 손잡이에 다른 재질이 섞여 있는 경우 재질별 분리하여 배출해야 하며, 재질별 분리가 어려울 경우에는 종량제 봉투에 담아 배출해야 합니다.

1 플라스틱으로 배출합니다.

065

페브리즈 섬유탈취제

한국피앤지

매일 세탁할 수 없는 빨래나 냄새가 많이 밴 옷에 뿌리는 섬유 탈취제는 최근 세균 박멸 효과가 추가되면서 구매율이 나날이 증가하고 있다. 섬유 탈취제의 올바른 분리배출 방법은 무엇일까?

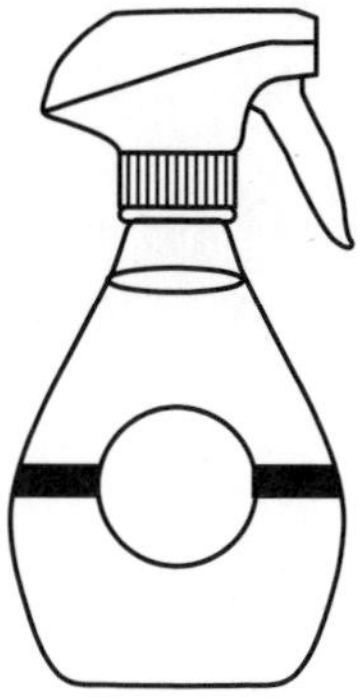

분리배출 요약

❶ 섬유탈취제 용기	플라스틱
❷ 라벨	비닐류
❸ 스프레이형 뚜껑	종량제 봉투

1
섬유탈취제 용기와 스프레이형 뚜껑을 분리합니다.

2
분리한 뚜껑은 종량제 봉투에 담아 배출합니다.

3
용기 내부에 내용물이 없도록 비웁니다.

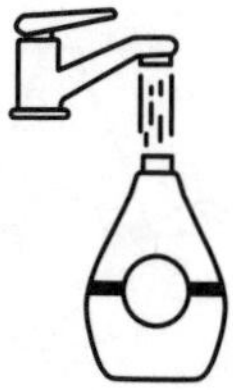

4
용기에 오염된 부분이 없도록 세척합니다.

스프레이형 뚜껑의 부품이 분리가 가능할 때는 모두 분리하여 재질에 맞게 분리배출 해야 합니다.
페트는 투명색일 경우에만 무색 페트로 배출이 가능하며, 유색 페트의 경우 플라스틱으로 배출해야 합니다.

5
용기 외부에 부착된 라벨을 떼어냅니다.

6
떼어낸 라벨은 비닐류로 배출합니다.

7
용기는 플라스틱으로 배출합니다.

종량제 봉투

멀티탭

멀티탭은 복잡한 구조로 이루어져 소형 전자기기인지 아닌지 구분하기가 어려워 분리배출하는데 많은 사람들이 헷갈리는 제품 중 하나이다. 멀티탭의 올바른 분리수거 방법은 무엇일까?

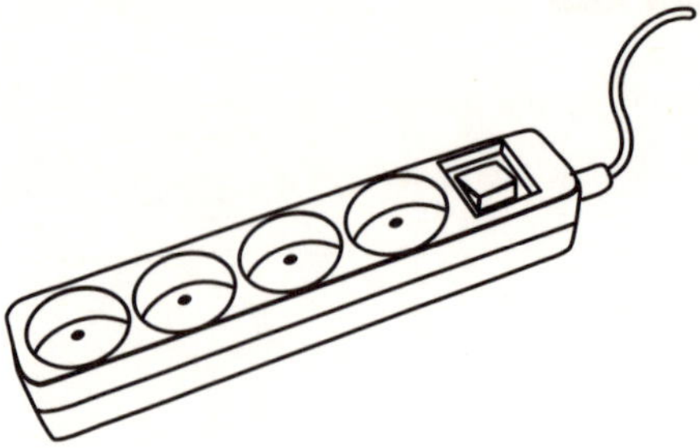

분리배출 요약

❶ 멀티탭	종량제 봉투

더 자세히 보기

분리배출 A to Z

멀티탭 내부의 부품이 모두 분리가 가능하다면 분리 후 재질에 맞게 분리배출해야 합니다.

1

종량제 봉투에 담아 배출합니다.

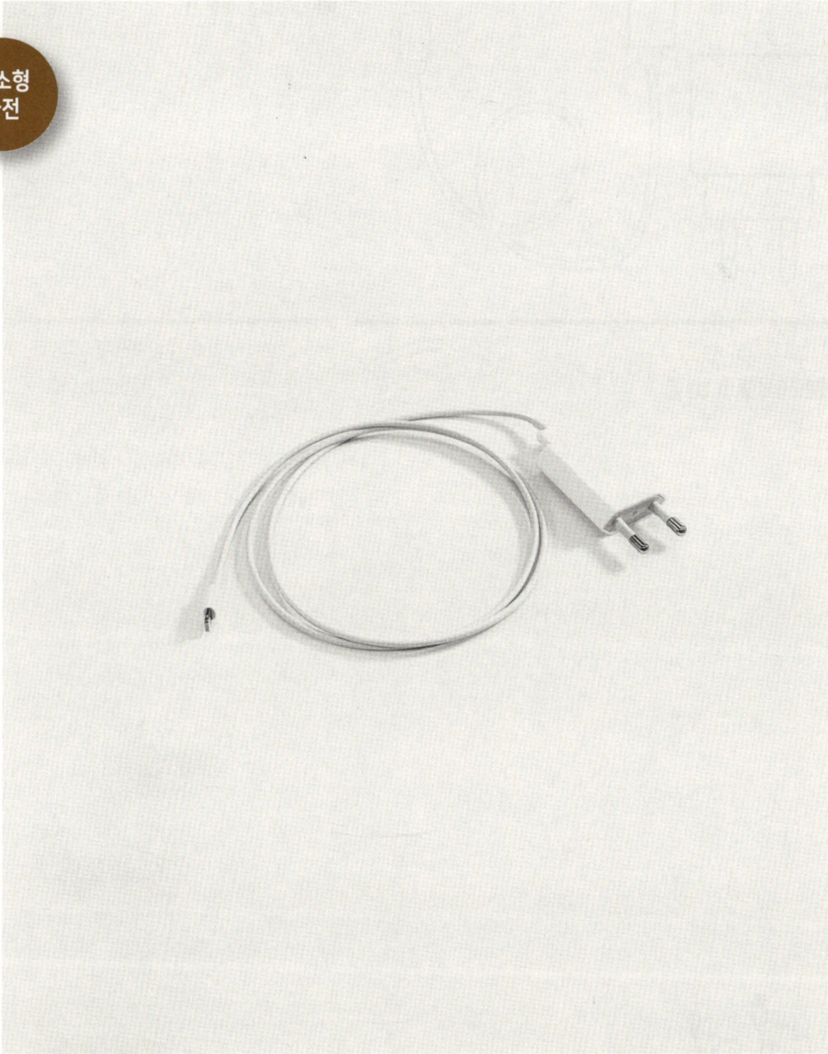

폐소형 가전

아이폰 유선 충전기

애플

일상의 모든 시간과 공간에 공존하는 스마트폰은 더 이상 우리에게 없어서는 안 될 무언가가 되어 버렸다. 그 스마트폰을 안정적으로 사용할 수 있도록 해주는 스마트폰 충전기의 분리배출 방법은 무엇일까?

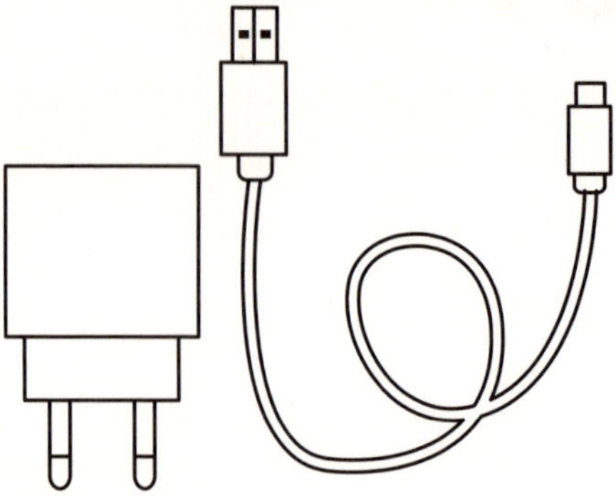

분리배출 요약

❶ 스마트폰 충전기 | 폐소형 가전

동주민센터, 구청 등에 설치된 폐소형 가전 수거함에 배출 가능하며, 지자체별로 다를 수 있으니 문의 후 배출해야 합니다.
휴대폰 및 다른 폐가전제품과 함께 5개 이상 배출할 경우에는 폐가전제품 무상 방문수거 서비스 이용이 가능합니다.

더 자세히 보기
분리배출 A to Z

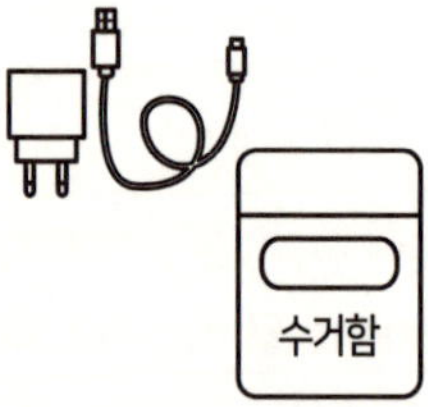

1
폐소형 가전 수거함으로 배출합니다.

폐소형
가전

Legion Y520 노트북 충전기

한국레노버

노트북 충전기는 일반 충전기와 다르게 부피가 크고 무겁다. 본체와 선, 두 부분으로 나누어진 경우가 많은 일반적인 노트북 충전기의 올바른 분리배출 방법은 무엇일까?

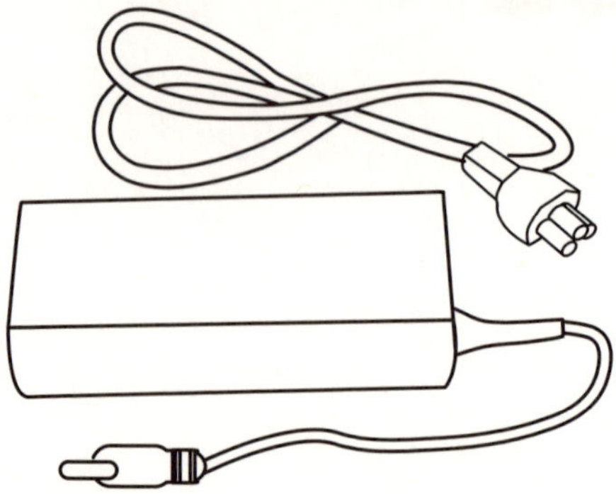

분리배출 요약

❶ 노트북 충전기	폐소형 가전

더 자세히 보기

분리배출 A to Z

동주민센터, 구청 등에 설치된 폐소형 가전 수거함에 배출 가능하며, 지자체별로 다를 수 있으니 문의 후 배출해야 합니다.

노트북 및 다른 폐가전제품과 함께 5개 이상 배출할 경우에는 폐가전제품 무상 방문수거 서비스 이용이 가능합니다.

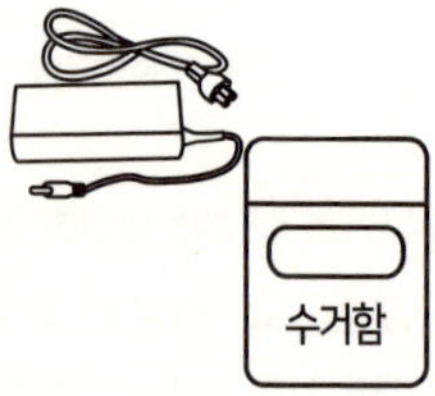

1

폐소형 가전 수거함으로 배출합니다.

폐소형 가전

종량제 봉투

홈매트 코드롤러 훈증기

헨켈홈케어코리아

여름철 강력한 적 모기는 인류를 위협한지 오래다. 이 모기와의 전쟁 아이템인 훈증기는 가정마다 꼭 구비해야 할 필수품이다. 훈증기와 훈증기의 짝꿍 매트피의 올바른 분리배출 방법은 무엇일까?

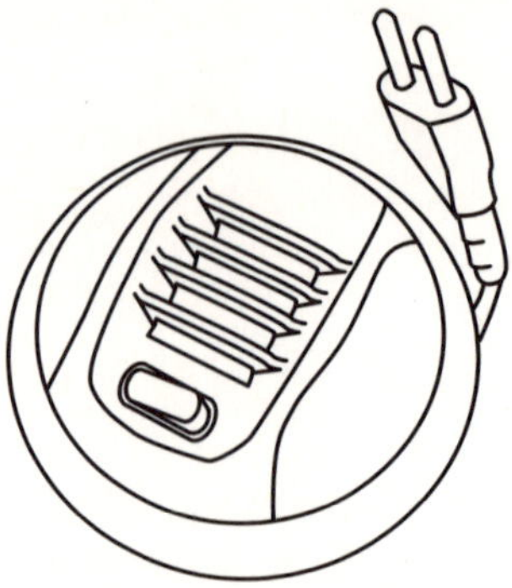

분리배출 요약

❶ 훈증기	폐소형 가전
❷ 매트피	종량제 봉투

더 자세히 보기

분리배출 A to Z

동주민센터, 구청 등에 설치된 폐소형 가전 수거함에 배출 가능하며, 지자체별로 다를 수 있으니 문의 후 배출해야 합니다.

1 훈증기는 폐소형 가전 수거함으로 배출합니다.

2 매트피는 종량제 봉투에 담아 배출합니다.

070

플라스틱
PP

종량제
봉투

홈키파 에어졸
헨켈홈케어코리아

살충제는 살충 가스를 발사하여 벌레를 잡아 주는 제품이다. 빠르게 날아다니는 해충을 직접 잡을 필요 없이 이동 동선을 파악해 뿌려주기만 하면 벌레로 부터 자유로워질 수 있다. 에어졸 살충제의 올바른 분리배출 방법은 무엇일까?

분리배출 요약

❶ 에어졸 살충제	캔류
❷ 뚜껑	종량제 봉투

더 자세히 보기
분리배출 A to Z

내용물은 통풍이 잘되는 안전한 곳에서 노즐을 눌러 가스를 제거하고 구멍을 뚫어 완전히 비운 후 배출해야 합니다.
스프레이형 뚜껑이 분리가 가능하다면 분리 후 재질에 맞게 배출해야 합니다.

1
안전한 곳에서 노즐을 눌러 내용물을 비웁니다.

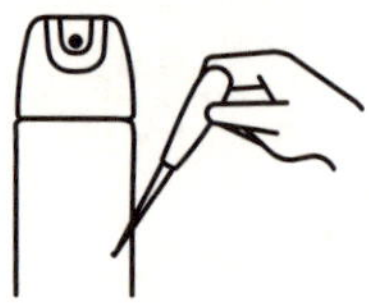

2
송곳 등으로 구멍을 뚫어 내용물을 완전히 비웁니다.

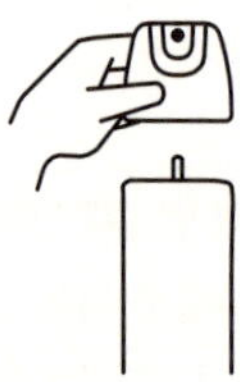

3
에어졸 살충제 용기와 뚜껑을 분리합니다.

4
분리한 뚜껑은 플라스틱으로 배출합니다.

5
용기는 캔류로 배출합니다.

캔류
철

플라스틱
PP

썬연료 부탄가스

태양

캠핑족들에게 취사를 하기 위한 필수 아이템인 부탄가스와 버너는 캠핑에 대한 관심이 늘어가는 만큼 버려지는 양이 늘어났다. 폭발 위험도 있는 부탄가스의 올바른 분리배출 방법은 무엇일까?

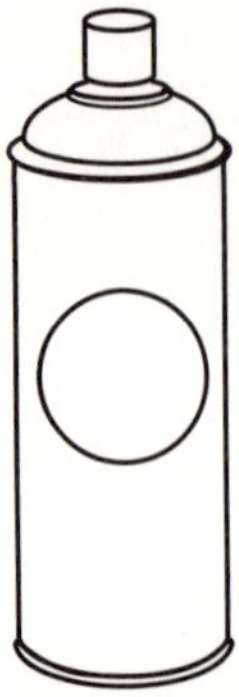

분리배출 요약

❶ 부탄가스 용기	캔류
❷ 뚜껑	플라스틱

더 자세히 보기

분리배출 A to Z

내용물은 통풍이 잘되는 안전한 곳에서 노즐을 눌러 가스를 제거해야하며, 구멍을 뚫어 완전히 비운 후 배출해야 합니다.

크기가 작은 플라스틱의 경우 재활용 선별장에서 선별이 어렵기 때문에 일반 쓰레기로 분류될 수 있습니다.

1

안전한 곳에서 송곳 등으로 구멍을 뚫어 내용물을 완전히 비웁니다.

2

부탄가스 용기와 뚜껑을 분리합니다.

3

분리한 뚜껑은 플라스틱으로 배출합니다.

4

용기는 캔류로 배출합니다.

072

특수
마대

버너

버너는 고정식 가스레인지에 비해 휴대하기 좋아 야외나 테라스 등에서 많이 사용한다. 가정마다 하나씩은 꼭 구비되어 있는 버너의 올바른 분리배출 방법은 무엇일까?

분리배출 요약

❶ 버너	특수마대

더 자세히 보기

분리배출 A to Z

특수마대(불연성 쓰레기 봉투)의 명칭과 판매처는 지자체별로 차이가 있어 꼭 문의 후 배출해야 합니다.

1
마트, 철물점, 동주민센터 등에서 특수마대를 구입합니다.

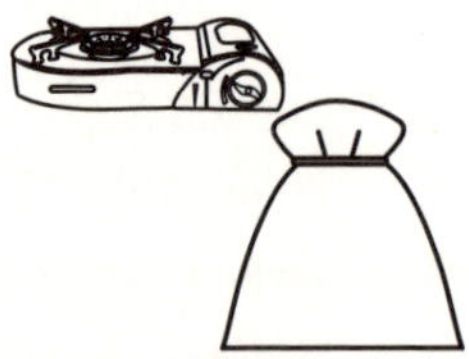

2
구매한 특수마대에 담아 배출합니다.

유리
종량제 봉투
플라스틱 OTHER

디퓨저

불쾌한 냄새를 좋은 향기로 덮어주고 아기자기한 인테리어 소품으로도 톡톡히 제 역할을 해내는 디퓨저. 좋은 향기가 맴도는 곳에는 언제나 발견되는 디퓨저의 올바른 분리배출 방법은 무엇일까?

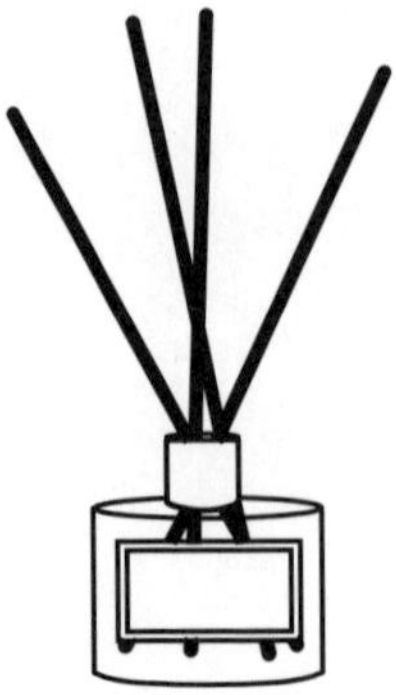

분리배출 요약

❶ 디퓨저 용기	유리
❷ 라벨	종량제 봉투
❸ 리드스틱	종량제 봉투
❹ 뚜껑	플라스틱

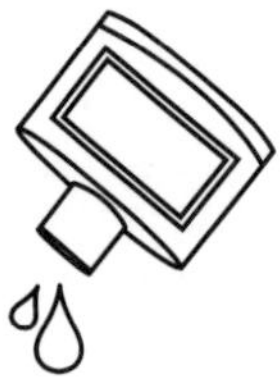

1

디퓨저 용기 내부를 비웁니다.

2

용기와 뚜껑에 오염된 부분이 없도록 세척합니다.

3

용기 외부에 부착된 라벨을 제거합니다

4

떼어낸 라벨과 향을 퍼뜨려 주는 리드스틱은 종량제 봉투에 담아 배출합니다.

더 자세히 보기

분리배출 A to Z

크기가 작은 플라스틱의 경우 재활용 선별장에서 선별이 어렵기 때문에 일반 쓰레기로 분류될 수 있습니다.

5

용기와 뚜껑을 분리합니다.

6

분리한 뚜껑은 플라스틱으로 배출합니다.

7

용기는 유리로 배출합니다.

074

플라스틱 PET

종량제 봉투

선바이저 방향제

선바이저는 차량 앞 좌석 위에 있는 햇빛 가리개를 말한다. 선바이저에 끼워서 차량에 은은한 향기를 퍼트리는 선바이저 방향제의 올바른 분리배출 방법은 무엇일까?

분리배출 요약

❶ 선바이저 방향제 케이스	플라스틱
❷ 고체 방향제	종량제 봉투

더 자세히 보기

분리배출 A to Z

유색 페트의 경우 플라스틱으로 배출해야 합니다.

다른 재질이 섞여 있는 경우 재질별 분리하여 배출해야 하며, 재질별 분리가 어려울 경우에는 종량제 봉투에 담아 배출해야 합니다.

크기가 작은 플라스틱의 경우 재활용 선별장에서 선별이 어렵기 때문에 일반 쓰레기로 분류될 수 있습니다.

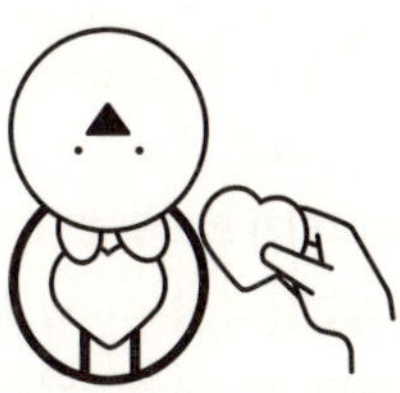

1 선바이저 방향제 케이스와 고체 방향제를 분리합니다.

2 분리한 고체 방향제는 종량제 봉투에 담아 배출합니다.

3 방향제 케이스는 플라스틱으로 배출합니다.

075

비닐 쇼핑백

각종 물건을 사고 담을 때, 우리가 의식하지 못하고 있는 다양한 일상 속에서 우리는 수많은 비닐 쇼핑백을 사용한다. 비닐 쇼핑백의 올바른 분리배출 방법은 무엇일까?

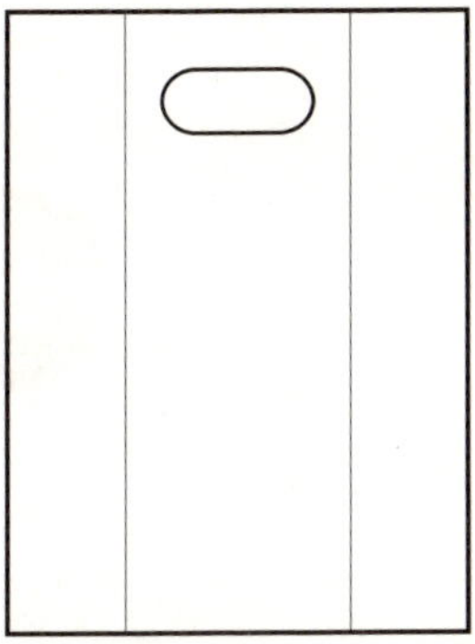

분리배출 요약

❶ 비닐 쇼핑백	비닐류

더 자세히 보기

분리배출 A to Z

라벨이나 테이프 등이 붙어 있는 경우 모두 제거하고 배출해야 합니다.
보통 시장에서 사용하는 검정 비닐은 재활용 비닐로 포함되지 않으므로 종량제 봉투에 담아 배출합니다.

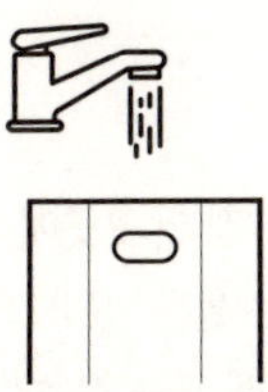

1 비닐 쇼핑백에 오염된 부분이 없도록 세척합니다.

2 비닐류로 배출합니다.

076

종이 쇼핑백

정리하고 또 정리해도 어느새 집 안 곳곳에 쌓이게 되는 종이 쇼핑백. 오프라인은 물론 인터넷으로 구매를 해도 종이 쇼핑백이 함께 오는 경우가 있다. 음식을 시켜 먹어도 생기는 종이 쇼핑백의 올바른 분리배출 방법은 무엇일까?

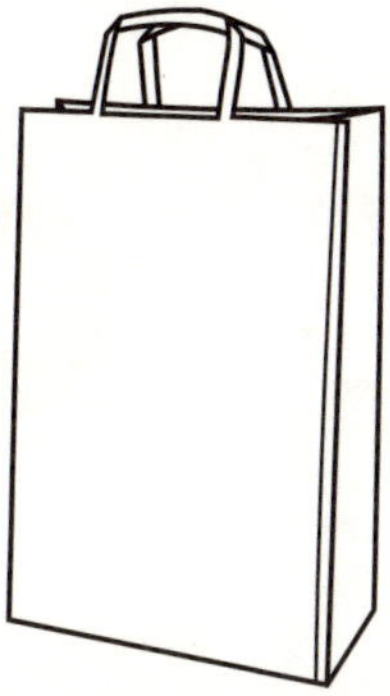

분리배출 요약

❶ 종이 쇼핑백	종이

더 자세히 보기
분리배출 A to Z

오염된 부분이 있을 경우 오염된 부분을 잘라내고 종이 쇼핑백의 손잡이 부분이 종이가 아닌 다른 재질이라면 분리 후 재질에 맞게 분리배출 해야 합니다.
잘라낼 수 없거나 분리할 수 없다면 종량제 봉투에 담아 배출해야 합니다

1
종이로 배출합니다.

077

종량제 봉투

칫솔

세균 번식과 잇몸 건강을 위해 주기적으로 교체해 주어야 하는 칫솔은 모양과 색이 다양하고 복합소재로 제작된 경우가 많다. 하루 3번씩 만나는 칫솔의 올바른 분리배출 방법은 무엇일까?

분리배출 요약

❶ 칫솔	종량제 봉투

더 자세히 보기

분리배출 A to Z

복합재질의 경우 재활용이 되지 않기 때문에 종량제 봉투에 담아 배출합니다.

1

종량제 봉투에 담아 배출합니다.

덴탈클리닉 2080 치약

애경산업

충치 및 각종 잇몸 질환을 예방하기 위해선 칫솔과 함께 치약이 꼭 필요하다. 우리가 매일 사용하는 치약의 올바른 분리배출 방법은 무엇일까?

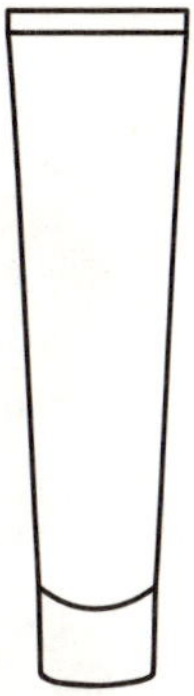

분리배출 요약

❶ 치약 용기	플라스틱
❷ 뚜껑	플라스틱

더 자세히 보기

분리배출 A to Z

내부를 완전히 세척할 수 없을 경우 종량제 봉투에 담아 배출합니다.
다른 재질의 용기일 경우 재질에 맞춰 분리배출 해야 합니다.
크기가 작은 플라스틱의 경우 재활용 선별장에서 선별이 어렵기 때문에 일반 쓰레기로 분류될 수 있습니다.

1 치약 용기와 뚜껑을 분리합니다.

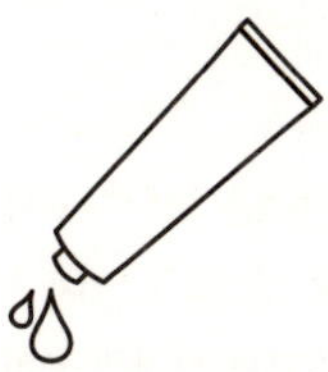

2 용기 내부에 내용물이 없도록 비웁니다.

3 용기와 뚜껑에 오염된 부분이 없도록 세척합니다.

4 세척한 용기와 뚜껑은 플라스틱으로 배출합니다.

079

히말라야 핑크솔트 담은 펌핑치약

LG생활건강

짜서 쓰는 형태의 치약의 단점을 보완하고자 나온 펌프형 치약은 따로 뚜껑을 열 필요 없어 사용이 편리해 인기를 끌고 있다. 펌프형 치약의 올바른 분리배출 방법은 무엇일까?

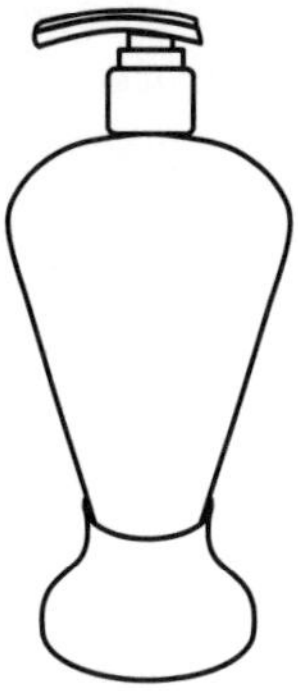

분리배출 요약

❶ 치약 용기	플라스틱
❷ 치약 받침대	플라스틱
❸ 라벨	비닐류
❹ 펌프형 뚜껑	종량제 봉투

1 치약 용기와 펌프형 뚜껑을 분리합니다.

2 분리한 뚜껑은 종량제 봉투에 담아 배출합니다.

3 용기 내부에 내용물이 없도록 비웁니다.

4 용기에 오염된 부분이 없도록 세척합니다.

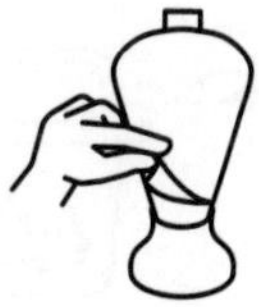

5 용기 외부에 부착된 라벨을 떼어냅니다.

크기가 작은 플라스틱의 경우 재활용 선별장에서 선별이 어렵기 때문에 일반 쓰레기로 분류될 수 있으며, 유색 페트의 경우 플라스틱으로 배출해야 합니다.

6 떼어낸 라벨은 비닐류로 배출합니다.

7 용기와 용기 받침대를 분리합니다.

8 분리한 용기와 받침대는 플라스틱으로 배출합니다.

플라스틱 PET

비닐류 PET

종량제 봉투

케라시스 샴푸
애경산업

다양한 용량의 펌프형 샴푸는 가정에서 흔히 볼 수 있는 대중적인 형태의 샴푸로, 대용량일 경우가 많다. 그만큼 소비도 많은 펌프형 샴푸의 올바른 분리배출 방법은 무엇일까?

분리배출 요약

❶ 샴푸 용기	플라스틱
❷ 라벨	비닐류
❸ 펌프형 뚜껑	종량제 봉투

더 자세히 보기
분리배출 A to Z

유색 페트의 경우 플라스틱으로 배출해야 합니다.

1 샴푸 용기와 펌프형 뚜껑을 분리합니다.

2 분리한 뚜껑은 종량제 봉투에 담아 배출합니다.

3 용기 내부에 내용물이 없도록 비웁니다.

4 용기에 오염된 부분이 없도록 세척합니다.

다른 재질의 용기일 경우 재질에 맞춰 분리배출 해야 합니다.

5 용기 외부에 부착된 라벨을 떼어냅니다.

6 떼어낸 라벨은 비닐류로 배출합니다.

7 용기는 플라스틱으로 배출합니다.

081

플라스틱 PET

플라스틱 PP

종량제 봉투

이브로쉐 샴푸

그레이스인터내셔날

튜브형 샴푸는 뚜껑이 완전히 내용물을 밀폐시켜 주기 때문에 보관이 용이하여 여행용으로도 많이 쓰인다. 튜브형 샴푸의 올바른 분리배출 방법은 무엇일까?

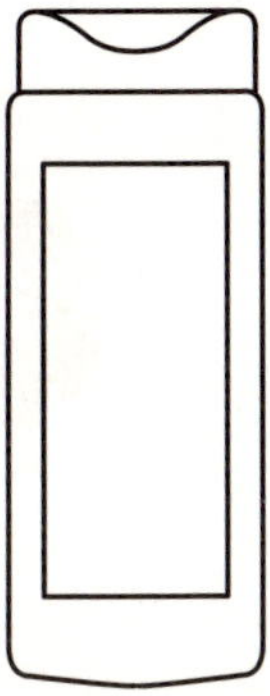

분리배출 요약

❶ 샴푸 용기	플라스틱
❷ 뚜껑	플라스틱
❸ 라벨	종량제 봉투

더 자세히 보기

분리배출 A to Z

유색 페트의 경우 플라스틱으로 배출해야 합니다.

크기가 작은 플라스틱의 경우 재활용 선별장에서 선별이 어렵기 때문에 일반 쓰레기로 분류될 수 있습니다.

1 샴푸 용기와 뚜껑을 분리합니다.

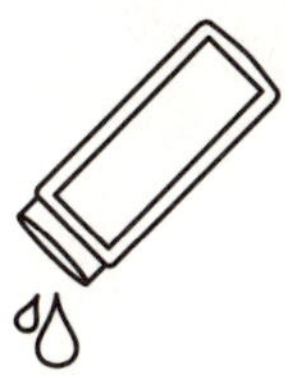

2 용기 내부에 내용물이 없도록 비웁니다.

3 용기와 뚜껑에 오염된 부분이 없도록 세척합니다.

4 용기 외부에 부착된 라벨을 떼어냅니다.

5 떼어낸 라벨은 종량제 봉투에 담아 배출합니다.

6 용기와 뚜껑은 플라스틱으로 배출합니다.

082

종량제 봉투

패브릭 발매트

화장실이나 주방에서 흔히 사용되는 발매트는 발에 있는 물기를 닦아준다. 패브릭으로 이루어진 발매트는 대중적으로 많이 사용되고 있는데, 패브릭 발매트의 올바른 분리배출 방법은 무엇일까?

분리배출 요약

❶ 패브릭 발매트	종량제 봉투

1
종량제 봉투에 담아 배출합니다.

083

특수
마대

규조토 발매트

최근 유행하는 신소재인 규조토는 물기를 빠르게 흡수하고 깔끔한 디자인 때문에 젊은 층에게 인기가 많다. 생소한 소재인 규조토로 된 발매트의 올바른 분리배출 방법은 무엇일까?

분리배출 요약

❶ 규조토 발매트	특수마대

더 자세히 보기

분리배출 A to Z

규조토는 불에 타지 않는 재질이므로 특수마대(불연성 쓰레기 봉투)에 담아 배출해야 하며, 특수마대의 명칭과 판매처는 지자체별로 차이가 있어 꼭 문의 후 배출해야 합니다.
제품의 부피가 커서 종량제 봉투에 담기지 않을 경우에는 도구를 이용하여 잘게 부순 후 배출합니다

1 마트, 철물점, 동주민센터 등에서 특수마대를 구입합니다.

2 구매한 특수마대에 담아 배출합니다.

거실화

바닥에 붙은 먼지 또는 층간 소음 때문에 거실화를 사용하는 가정이 많다. 신을 때는 편리하고 예쁘지만 버릴 때가 오면 어떻게 버려야 하는지 헷갈린다. 거실화의 올바른 분리배출 방법은 무엇일까?

분리배출 요약

❶ 거실화	종량제 봉투

1

종량제 봉투에 담아 배출합니다.

085

욕실화

여러 재질의 욕실화가 존재하지만 대중적으로 많이 사용되는 EVA 재질의 욕실화는 튼튼하고 물에 강해 많이 사용되고 있다. 욕실화의 올바른 분리배출 방법은 무엇일까?

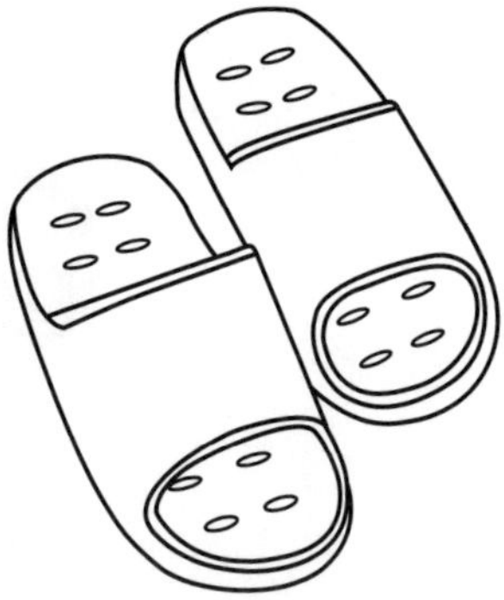

분리배출 요약

❶ 욕실화	종량제 봉투

1 종량제 봉투에 담아 배출합니다.

086

쓰레기통

쓰레기를 한데 모아두는 목적의 쓰레기통. 냄새를 막기 위한 뚜껑이 있는 제품, 주먹만 한 크기의 제품, 자동으로 덮개가 열리는 제품 등 그 목적에 따라 디자인도 다양하다. 가정, 학교, 사무실, 길거리 등에서 쉽게 볼 수 있는 쓰레기통의 올바른 분리배출 방법은 무엇일까?

분리배출 요약

❶ 쓰레기통	플라스틱
❷ 뚜껑	플라스틱

더 자세히 보기
분리배출 A to Z

제품별로 재질이 다를 수 있으니 제품에 표시되어 있는 분리배출표시를 확인하여 그에 맞는 분리배출을 해야 합니다.
다른 재질이 섞여 있는 경우 재질별 분리하여 배출해야 하며, 재질별 분리가 어려울 경우에는 종량제 봉투에 담아 배출해야 합니다.

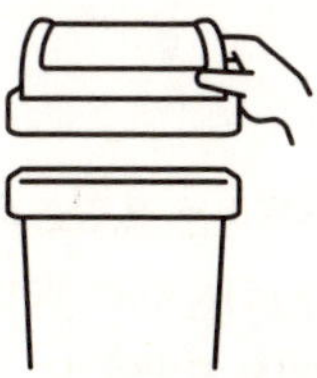

1 쓰레기통과 뚜껑을 분리합니다.

2 쓰레기통과 뚜껑에 오염된 부분이 없도록 세척합니다.

3 쓰레기통과 뚜껑은 플라스틱으로 배출합니다.

087

종량제 봉투

캔류 알미늄

플라스틱 PP

뚫어뻥

변기를 막은 이물질을 제거해주는 용도로 사용하는 뚫어뻥은 화장실에서 사용하는 아이템이다. 뚫어뻥의 올바른 분리배출 방법은 무엇일까?

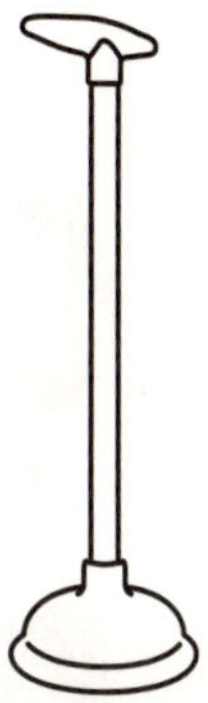

분리배출 요약

❶ 뚫어뻥 헤드	종량제 봉투
❷ 스틱	캔류
❸ 손잡이	플라스틱

더 자세히 보기
분리배출 A to Z

크기가 작은 플라스틱의 경우 재활용 선별장에서 선별이 어렵기 때문에 쓰레기로 분류될 수 있습니다.
재질별 분리가 불가능할 경우에는 종량제 봉투에 담아 배출해야 하며, 부피 때문에 종량제 봉투에 담기지 않을 경우에는 특수마대(불연성 쓰레기 봉투)에 담아 배출해야 합니다.

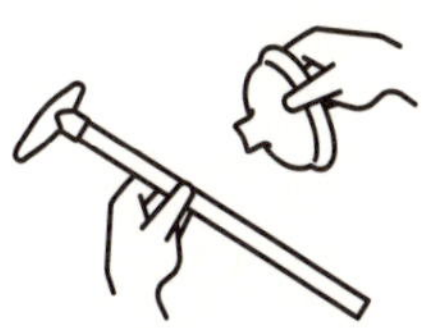

1
뚫어뻥 헤드와 바디를 분리합니다.

2
분리한 헤드는 종량제 봉투에 담아 배출합니다.

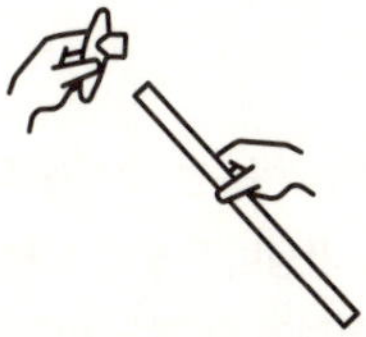

3
바디의 스틱과 손잡이를 분리합니다.

4
분리한 스틱은 캔류로 배출합니다.

5
손잡이는 플라스틱으로 배출합니다.

종량제 봉투

비닐류 OTHER

종이

해피바스 비누
아모레퍼시픽

손을 씻을 때 주로 사용하는 비누는 보통은 다 녹여 끝까지 사용할 수 있어 가성비가 좋은 생활용품이다. 혹 비누를 중간에 버려야 할 경우 비누의 올바른 분리배출 방법은 무엇일까?

분리배출 요약

❶ 비누	종량제 봉투
❷ 포장 비닐	비닐류
❸ 포장 상자	기타종이류

더 자세히 보기
분리배출 A to Z

비누는 물기가 없도록 잘 말린 후 분리배출 해야 하며, 포장 상자에 테이프 등 이물질이 있는 경우에는 제거 후 반듯하게 접어 배출합니다.

1 포장 상자와 비누를 분리합니다.

2 분리한 상자는 깨끗이 접어 기타종이류로 배출합니다.

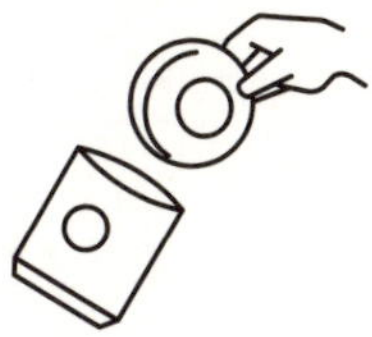

3 포장 비닐과 비누를 분리합니다.

4 분리한 비누는 종량제 봉투에 담아 배출합니다.

5 포장 비닐에 오염된 부분이 없도록 세척합니다.

6 세척한 포장 비닐은 비닐류로 배출합니다.

089

플라스틱 OTHER

종량제 봉투

아이 깨끗해 핸드솝
라이온코리아

오염과 전염 등을 막고 간절기 건강을 지키기 위해 손씻기는 아무리 강조해도 지나치지 않는다. 특히 코로나19 이후 소비량이 지속적으로 늘고 있다. 어딜 가나 쉽게 볼 수 있는 필수품이 된 핸드솝의 올바른 분리배출 방법은 무엇일까?

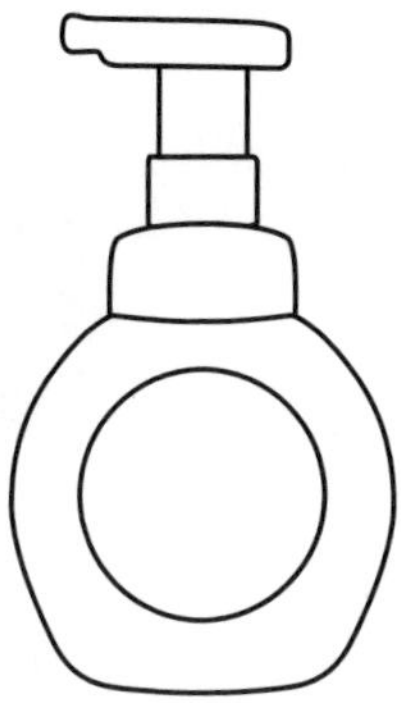

분리배출 요약

❶ **핸드솝 용기**	플라스틱
❷ **펌프형 뚜껑**	종량제 봉투
❸ **라벨**	종량제 봉투

1
핸드솝 용기와 펌프형 뚜껑을 분리합니다.

2
용기 내부에 내용물이 없도록 비웁니다.

3
용기에 오염된 부분이 없도록 세척합니다.

4
용기 외부에 부착된 라벨을 떼어냅니다.

5
떼어낸 라벨과 분리한 뚜껑은 종량제 봉투에 담아 배출합니다.

6
용기는 플라스틱으로 배출합니다.

090

비닐류
OTHER

비트 가루세제
라이온코리아

가루세제는 오랜 시간 동안 세탁 효과가 좋다는 사실을 검증 받아 많은 가정 및 업체에서 즐겨 쓴다. 가루세제의 올바른 분리배출 방법은 무엇일까?

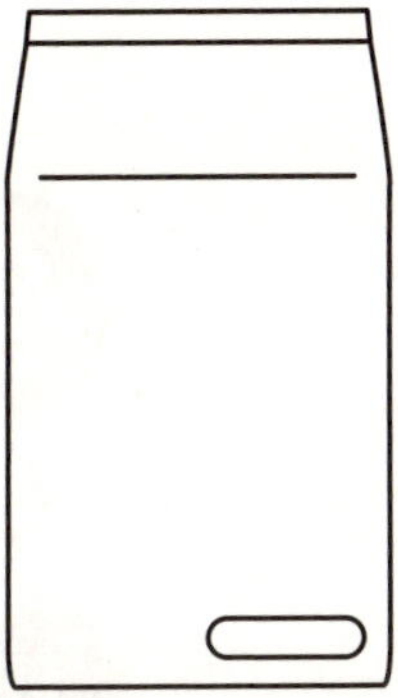

분리배출 요약

❶ 가루세제 용기	비닐류

더 자세히 보기

분리배출 A to Z

제품별로 재질이 다를 수 있으니 제품에 표시되어 있는 분리배출표시를 확인하여 그에 맞는 분리배출을 해야 합니다.

1 가루세제 용기 내부에 내용물이 없도록 비웁니다.

2 용기에 오염된 부분이 없도록 세척합니다

3 세척한 용기는 비닐류로 배출합니다.

플라스틱 HDPE

플라스틱 PP

종량제 봉투

퍼실 액체세제

헨켈홈케어코리아

액체세제는 분말세제가 찬물에 잘 녹지 않는다는 단점을 보완하여 나온 제품이다. 세탁력은 조금 부족하지만 섬유의 손상을 막아주는 기능이 있어 찾는 사람이 많다. 액체세제의 올바른 분리배출 방법은 무엇일까?

분리배출 요약

❶ 액체세제 용기	플라스틱
❷ 상캡	플라스틱
❸ 하캡	플라스틱
❹ 라벨	종량제 봉투

1
액체세제 용기와 상캡을 분리합니다.

2
용기 내부에 내용물이 없도록 비웁니다.

3
용기와 하캡을 분리합니다.

4
용기와 뚜껑에 오염된 부분이 없도록 세척합니다.

크기가 작은 플라스틱의 경우 재활용 선별장에서 선별이 어렵기 때문에 일반 쓰레기로 분류될 수 있습니다.

5

용기 외부에 부착된 라벨을 떼어냅니다.

6

떼어낸 라벨은 종량제 봉투에 담아 배출합니다.

7

용기와 뚜껑은 플라스틱으로 배출합니다.

플라스틱 HDPE

플라스틱 PP

종량제 봉투

다우니 섬유유연제
한국피앤지

세탁할 때 세제와 함께 사용하는 섬유유연제는 섬유를 유연하게 해줄 뿐만 아니라 세탁한 의류와 이불의 냄새를 향기롭게 해준다. 섬유유연제의 올바른 분리배출 방법은 무엇일까?

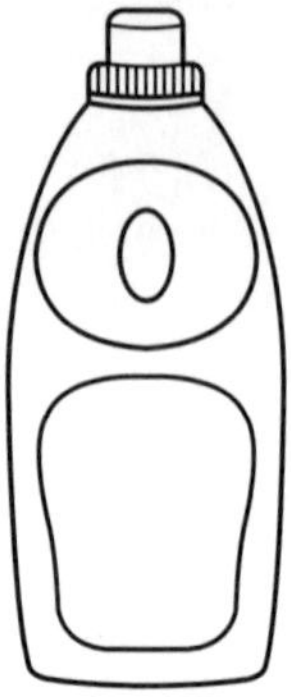

분리배출 요약

❶ 섬유유연제 용기	플라스틱
❷ 뚜껑	플라스틱
❸ 라벨	종량제 봉투

1
섬유유연제 용기와 뚜껑을 분리합니다.

2
용기 내부에 내용물이 없도록 비웁니다.

3
용기와 뚜껑에 오염된 부분이 없도록 세척합니다.

크기가 작은 플라스틱의 경우 재활용 선별장에서 선별이 어렵기 때문에 일반 쓰레기로 분류될 수 있습니다.

4

용기 외부에 부착된 라벨을 떼어냅니다.

5

떼어낸 라벨은 종량제 봉투에 담아 배출합니다.

6

용기와 뚜껑은 플라스틱으로 배출합니다.

문구

Stationery

4

093

종량제 봉투

연필

샤프, 볼펜 등의 사용으로 연필의 수요는 나날이 줄고 있지만, 연필만의 고유한 필기감을 좋아하는 사람도 여전히 많다. 그림 그리는 사람에겐 필수인 연필의 분리배출 방법은 무엇일까?

분리배출 요약

❶ 연필	종량제 봉투

복합재질로 구성되어 있어 재활용이 되지 않기 때문에 종량제 봉투에 담아 배출합니다.

더 자세히 보기

분리배출 A to Z

1

종량제 봉투에 담아 배출합니다.

094

종량제 봉투

플라스틱 PS

연필깎이 511
스테들러 코리아

연필깎이는 연필을 깎기 위한 용도로, 내부에 두꺼운 원통의 칼심이 함께 구성되어 있다. 입시생이나 작가 등 연필을 자주 사용하는 사람들에게 필수인 연필 깎이의 올바른 방법은 무엇일까?

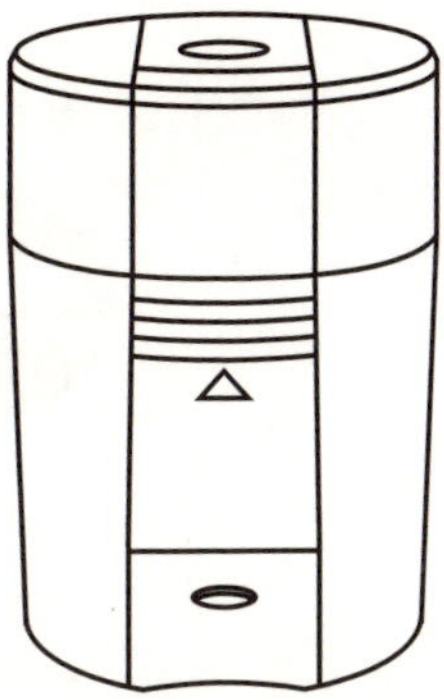

분리배출 요약

❶ 연필깎이	종량제 봉투
❷ 용기	플라스틱

더 자세히 보기
분리배출 A to Z

크기가 작은 플라스틱의 경우 재활용 선별장에서 선별이 어렵기 때문에 일반 쓰레기로 분류될 수 있습니다.
복합재질로 구성되어 있어 재활용이 되지 않기 때문에 종량제 봉투에 담아 배출합니다. 재질별로 분리가 가능하다면 분리 후 재질에 맞게 배출해야 합니다.

1 연필깎이와 용기를 분리합니다.

2 분리한 연필깎이는 종량제 봉투에 담아 배출합니다.

3 용기는 플라스틱으로 배출합니다.

095

종량제 봉투

샤프

누구나 한 번쯤은 사용해봤을 필기구인 샤프는 연필과 다르게 심의 두께를 조절할 수 있고 연필처럼 계속 깎아 사용하지 않아도 돼 편리하다. 샤프의 올바른 분리배출 방법은 무엇일까?

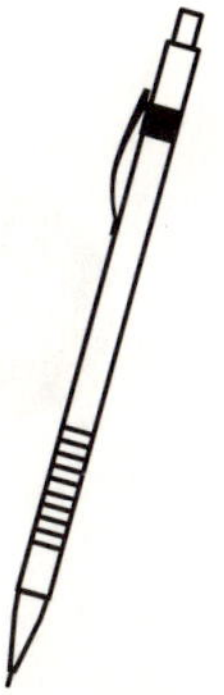

분리배출 요약

❶ 샤프	종량제 봉투

더 자세히 보기

분리배출 A to Z

복합재질로 구성되어 있어 재활용이 되지 않기 때문에 종량제 봉투에 담아 배출합니다. 재질별로 분리가 가능하다면 분리 후 재질에 맞게 배출해야 합니다.

1

종량제 봉투에 담아 배출합니다.

종량제 봉투

네임펜

모나미

펜 내부에 액상이 들어있어 네임펜으로 글씨를 쓰면 깔끔하다. 네임펜뿐만 아니라 이러한 종류의 일반 액상이 포함된 필기구의 올바른 분리배출 방법은 무엇일까?

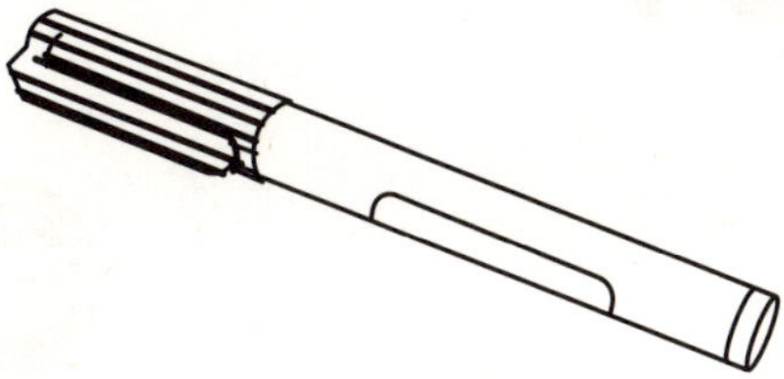

분리배출 요약

❶ 네임펜	종량제 봉투

더 자세히 보기

분리배출 A to Z

복합재질로 구성되어 있어 재활용이 되지 않기 때문에 종량제 봉투에 담아 배출합니다.

1

종량제 봉투에 담아 배출합니다.

097

종량제 봉투

종이

지우개

연필로 잘못 쓴 것은 지우개로 깨끗이 지울 수 있다. 흑연 등으로 생긴 자국을 주로 지우는 지우개는 고무나 플라스틱으로 만들어진다. 우리가 사용하고 있는 지우개의 올바른 분리배출 방법은 무엇일까?

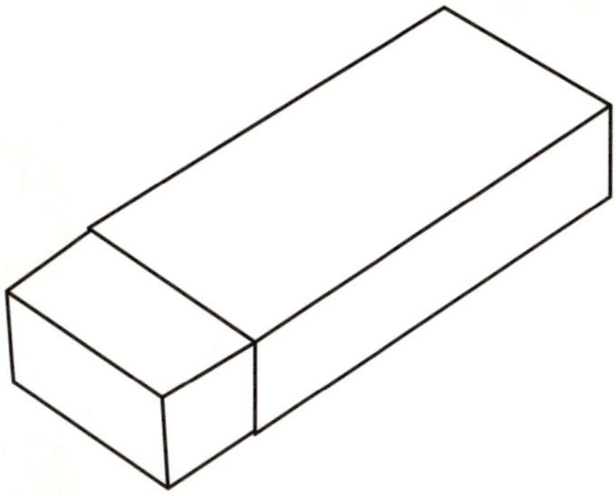

분리배출 요약

❶ 지우개	종량제 봉투
❷ 종이 포장재	종이

더 자세히 보기

분리배출 A to Z

종이에 오염된 부분이 있을 경우 오염된 부분을 잘라내고 배출하거나 종량제 봉투에 담아 배출해야 합니다.

1 지우개와 종이 포장재를 분리합니다.

2 분리한 종이 포장재는 종이로 배출합니다.

3 지우개는 종량제 봉투에 담아 배출합니다.

플래너

아날로그 감성을 지닌 사람이라면 한 달, 일 년 등 계획을 볼펜으로 꾹꾹 눌러 쓴 플래너 한 개쯤은 가지고 있다. 그리고 연말이면 다음 해를 기다리며 또 다른 플래너를 정성스레 준비한다. 플래너의 올바른 분리배출 방법은 무엇일까?

분리배출 요약

❶ 플래너 속지	종이
❷ 플래너 커버	플라스틱
❸ 스프링	캔류

더 자세히 보기
분리배출 A to Z

종이에 오염된 부분이 있을 경우 오염된 부분을 잘라내고 배출하거나 종량제 봉투에 담아 배출해야 합니다.

1 스프링과 플래너를 분리합니다.

2 분리한 스프링은 캔류로 배출합니다.

3 플래너 커버는 플라스틱으로 배출합니다.

4 플래너 속지는 종이로 배출합니다.

099

캔류 철

더블크립

피스코리아

여러 장의 종이를 하나로 묶어 보관하기 위해 사용되는 클립은 보통 사무실이나 학교에서 문서 처리를 위한 용도로 많이 사용된다. 클립의 올바른 분리배출 방법은 무엇일까?

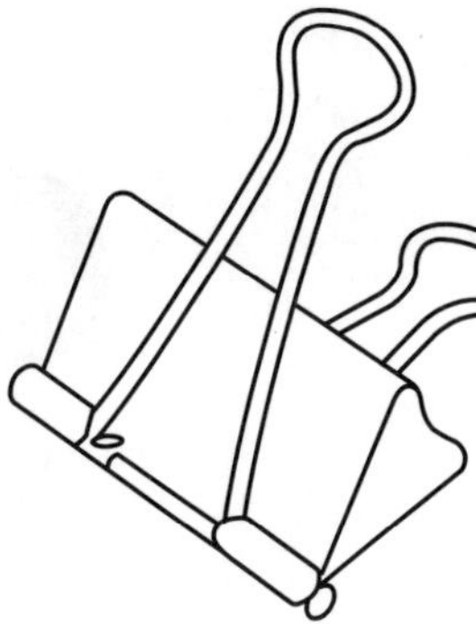

분리배출 요약

❶ 클립	캔류

1 캔류로 배출합니다.

100

종량제 봉투

플라스틱 PS

3M 스카치 다용도 테이프

한국쓰리엠

테이프는 빠르고 쉽게 무엇이든 고정할 수 있어 가정, 학교, 사무실 등 어디에서나 간편하게 사용된다. 테이프처럼 접착성이 있는 쓰레기는 어떻게 분리배출 해야 할까? 테이프의 올바른 분리배출 방법은 무엇일까?

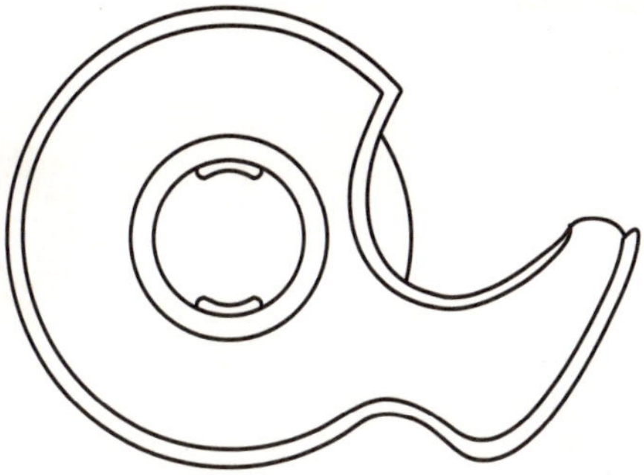

분리배출 요약

❶ 테이프	종량제 봉투
❷ 테이프 디스펜서	플라스틱
❷ 테이프 심지	종량제 봉투
❷ 종이 라벨	종량제 봉투

더 자세히 보기

분리배출 A to Z

테이프는 접착제로 인해 재질에 상관없이 재활용이 어려워 종량제 봉투에 담아 배출합니다.

크기가 작은 플라스틱의 경우 재활용 선별장에서 선별이 어렵기 때문에 쓰레기로 분류될 수 있습니다.

1

테이프 디스펜서와 테이프 심지를 분리합니다.

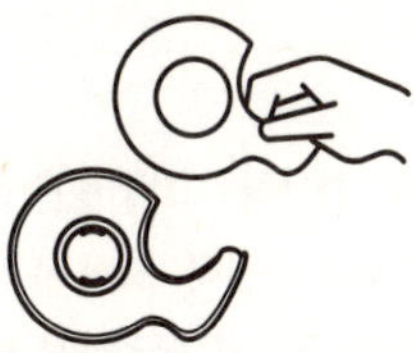

2

테이프 디스펜서와 종이 라벨을 분리합니다.

3

분리한 테이프 심지와 종이 라벨, 사용한 테이프는 종량제 봉투에 담아 배출합니다.

3

테이프 디스펜서는 플라스틱으로 배출합니다.

101

종량제
봉투

딱풀
아모스

무언가를 고정하기 위해 사용하는 고체 풀은 학교나 학원, 유치원 등에서 많이 쓰인다. 고체 풀의 대명사로 자리매김한 딱풀의 올바른 분리배출 방법은 무엇일까?

분리배출 요약

❶ 고체 풀	종량제 봉투

더 자세히 보기

분리배출 A to Z

복합재질로 구성되어 있어 재활용이 되지 않기 때문에 종량제 봉투에 담아 배출합니다.

1

종량제 봉투에 담아 배출합니다.

종량제 봉투

가위

두 개의 날을 교차하여 무언가를 자르는 실생활 도구인 가위는 학교, 사무실, 주방 등 여러 곳에서 유용하게 쓰인다. 가위의 올바른 분리배출 방법은 무엇일까?

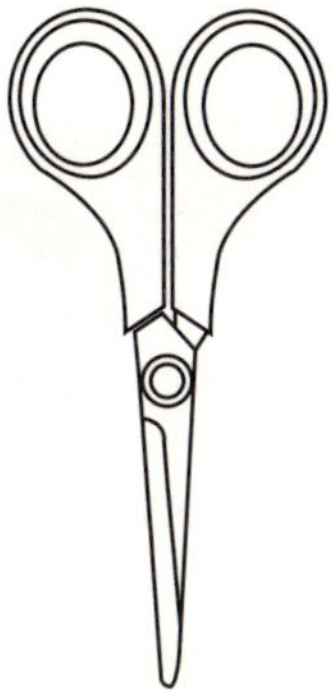

분리배출 요약

❶ 가위	종량제 봉투

더 자세히 보기

분리배출 A to Z

가위는 위험하기 때문에 신문지 등으로 감싸 고정 후 배출해야 하며, 버려야 하는 양이 많을 경우 특수마대에 담아 배출합니다.

특수마대(불연성 쓰레기 봉투)의 명칭과 판매처는 지자체별로 차이가 있어 꼭 문의 후 배출해야 합니다.

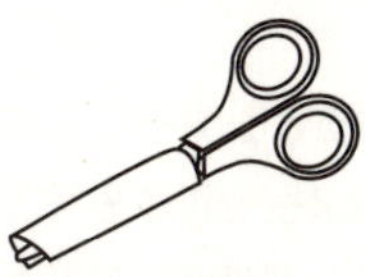

1 날카로운 날 부분을 신문지 등으로 감싸줍니다.

2 감싼 가위는 종량제 봉투에 담아 배출합니다.

종량제 봉투

종이

색연필

아이들의 오랜 친구인 색연필은 깎거나 누르지 않고 돌려서 색연필 심이 나오는 원리로 만들어져 사용이 간편하고 혁신적이다. 색연필의 올바른 분리배출 방법은 무엇일까?

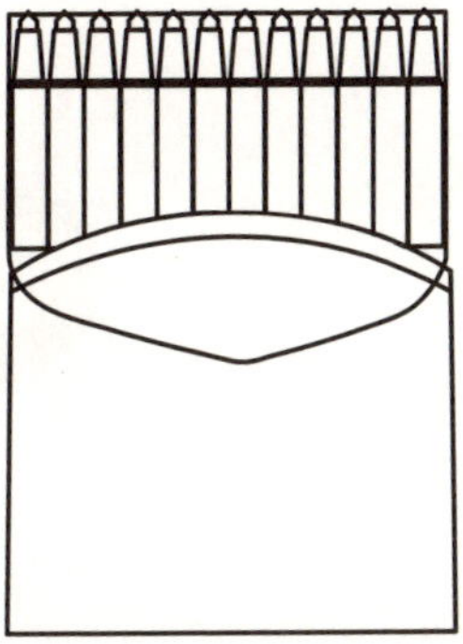

분리배출 요약

❶ 색연필	종량제 봉투
❷ 속지	종이
❸ 커버	종량제 봉투

더 자세히 보기

분리배출 A to Z

색연필은 복합재질로 구성되어 있어 재활용이 되지 않기 때문에 종량제 봉투에 담아 배출합니다.

종이에 오염된 부분이 있을 경우 오염된 부분을 잘라내고 배출하거나 종량제 봉투에 담아 배출해야 합니다.

1 커버와 색연필, 속지를 분리합니다.

2 분리한 색연필과 커버는 종량제 봉투에 담아 배출합니다.

3 속지는 종이로 배출합니다.

종량제
봉투

포스터컬러
신한화구

포스터물감은 색연필과 달리 액체 형태로 되어 있어 사용할 때 물이 꼭 필요한 제품이다. 물에 적신 붓을 찍어 사용하는 포스터 물감의 올바른 분리배출 방법은 무엇일까?

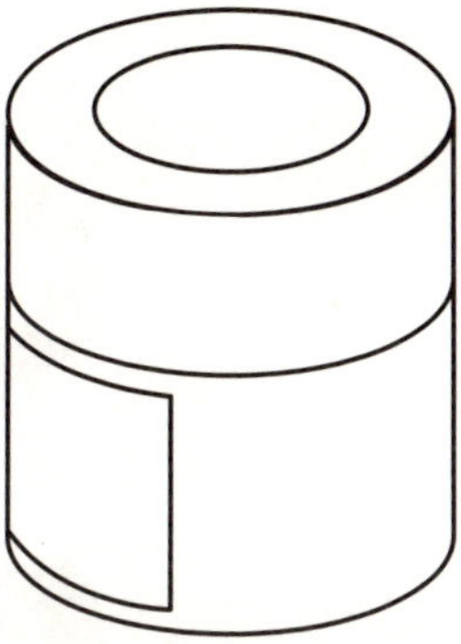

분리배출 요약

❶ 포스터물감	종량제 봉투

더 자세히 보기

분리배출 A to Z

분리배출표시가 기재되어 있지 않은 경우 재활용이 어렵기 때문에 종량제 봉투에 담아 배출합니다.

굳은 물감은 종량제 봉투에 담아 배출합니다.

1

종량제 봉투에 담아 배출합니다.

종량제 봉투

플라스틱 PS

종이

아크릴컬러
신한화구

부착력이 강하여 모든 바탕 재료에 착색할 수 있고, 내구성이 좋고, 쉽게 말라 디자인, 벽화, 공예 등 예술에 유용하게 쓰이는 아크릴 물감의 올바른 분리배출 방법은 무엇일까?

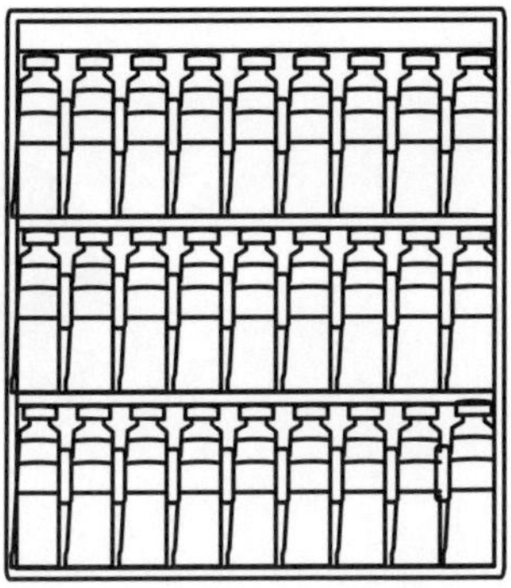

분리배출 요약

❶ 아크릴물감	종량제 봉투
❷ 트레이	플라스틱
❸ 상자	종이

1 상자와 아크릴물감을 분리합니다.

2 분리한 아크릴물감은 종량제 봉투에 담아 배출합니다.

3 상자와 트레이를 분리합니다.

4 분리한 트레이는 플라스틱으로 배출합니다.

5 상자는 종이로 배출합니다.

106

종량제 봉투

풍선

파티에서 빠질 수 없는 풍선은 아이들에게 인기가 많다. 생일파티부터 놀이공원까지 재미와 상상이 있는 곳에서 쉽게 찾아볼 수 있는 풍선의 올바른 분리배출 방법은 무엇일까?

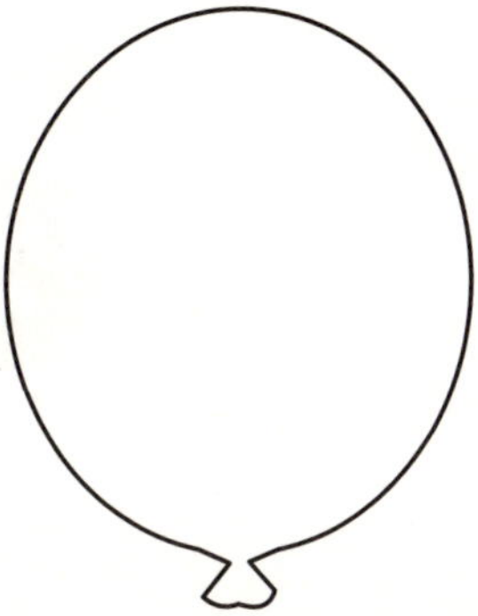

분리배출 요약

❶ 풍선	종량제 봉투

더 자세히 보기

분리배출 A to Z

풍선은 안에 있는 공기를 모두 뺀 후 배출해야 합니다.

1

종량제 봉투에 담아 배출합니다.

종량제 봉투

화이트보드

화이트보드는 학원, 학교뿐만 아니라 가정에서도 활용도가 높아 여러 목적으로 다양하게 활용되고 있다. 크기와 형태가 각양각색인 화이트보드의 올바른 분리배출 방법은 무엇일까?

분리배출 요약

❶ 화이트보드	종량제 봉투

더 자세히 보기

분리배출 A to Z

제품의 부피가 커서 종량제 봉투에 담기지 않을 경우에는 특수마대(불연성 쓰레기 봉투)에 담아 배출해야 하며, 특수마대의 명칭과 판매처는 지자체별로 차이가 있어 꼭 문의 후 배출해야 합니다.

1

종량제 봉투에 담아 배출합니다.

108

종량제 봉투

보드마카
모나미

일반 마카와는 다르게 쉽게 지워지는 보드마카는 화이트보드의 오랜 짝꿍이다. 화이트보드를 사용하기 위해 꼭 필요한 보드마카의 올바른 분리배출 방법은 무엇일까?

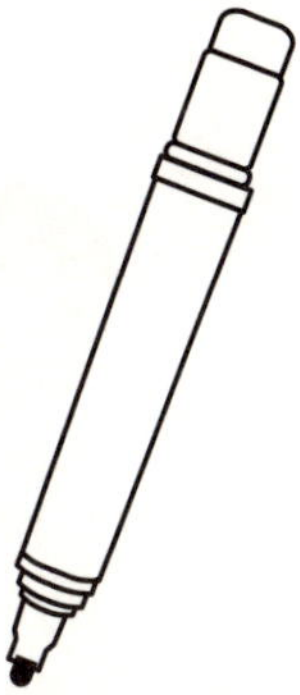

분리배출 요약

❶ 보드마카	종량제 봉투

더 자세히 보기

분리배출 A to Z

복합재질로 구성되어 있어 재활용이 되지 않기 때문에 종량제 봉투에 담아 배출합니다.

1 종량제 봉투에 담아 배출합니다.

커터칼 S401
도루코

커터칼은 날카로운 칼날 부분으로 종이나 물품을 정교하게 자를 수 있어 가정, 사무실, 학교 등에서 주로 사용한다. 조금이라도 방심하면 베일 위험이 있는 커터칼의 올바른 분리배출 방법은 무엇일까?

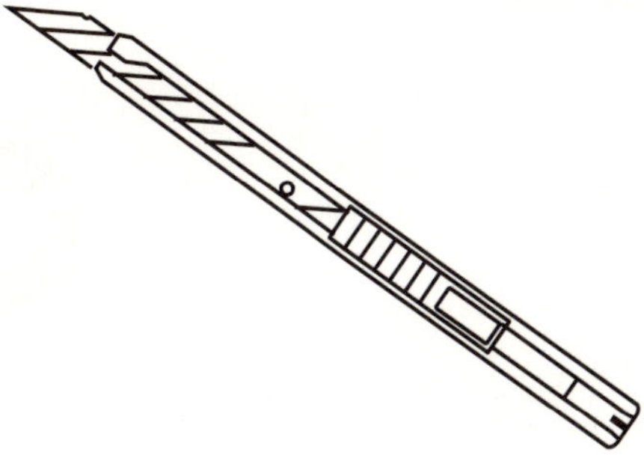

분리배출 요약

❶ 커터칼	캔류
❷ 뚜껑	캔류
❸ 칼날	종량제 봉투
❹ 자동 고정장치	종량제 봉투

더 자세히 보기

분리배출 A to Z

칼날은 위험하기 때문에 신문지 등으로 감싸서 고정한 후에 종량제 봉투에 담아 배출해야 합니다.

1

커터칼과 칼날, 뚜껑, 자동 고정장치를 분리합니다.

2

분리한 커터칼과 뚜껑은 캔류로 배출합니다.

3

날카로운 칼날을 신문지 등으로 감싸 줍니다.

4

감싼 칼날과 자동 고정장치는 종량제 봉투에 담아 배출합니다.

종량제
봉투

35호 스테플러
피스코리아

여러 장의 종이를 하나로 간편하게 집어주는 스테이플러. 내부가 복잡하게 구성되어 있어 분리배출이 어렵게만 느껴진다. 스테이플러의 올바른 분리배출 방법은 무엇일까?

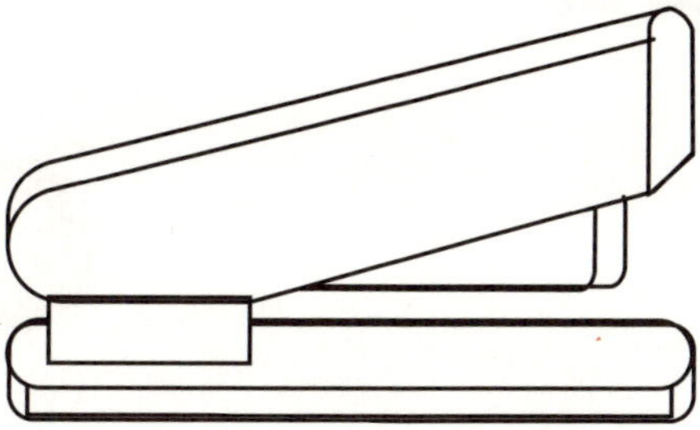

분리배출 요약

❶ 스테이플러	종량제 봉투
❷ 스테이플러 심	종량제 봉투

더 자세히 보기

분리배출 A to Z

복합재질로 구성되어 있어 재활용이 되지 않기 때문에 종량제 봉투에 담아 배출합니다.

1

스테이플러와 심은 종량제 봉투에 담아 배출합니다.

111

클리어홀더

클리어홀더는 많은 물건으로 뒤엉킨 가방 속에서 서류 등의 보고서를 구김과 훼손 없이 보관하기 위해 많이 사용된다. 클리어홀더의 올바른 분리배출 방법은 무엇일까?

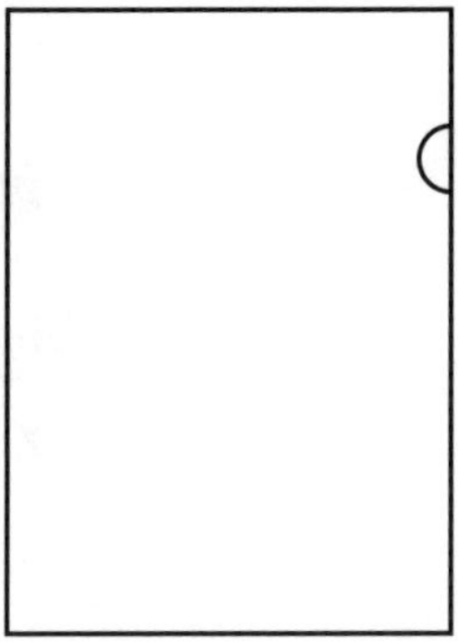

분리배출 요약

❶ 클리어홀더	플라스틱

1

플라스틱으로 배출합니다.

112

종량제 봉투

플라스틱 PET

슬라임

슬라임은 현대인들의 다양한 취미생활 중 하나로 큰 인기를 끌며 대형마트, 문구점, 인터넷 등에서 쉽게 구매할 수 있다. 직접 만들 수도 있는 슬라임의 올바른 분리배출 방법은 무엇일까?

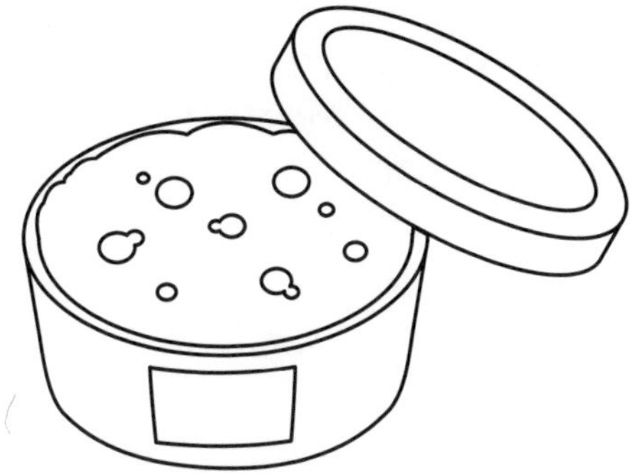

분리배출 요약

❶ 슬라임	종량제 봉투
❷ 슬라임 용기	플라스틱
❸ 뚜껑	플라스틱
❹ 라벨	종량제 봉투

1

슬라임 용기와 뚜껑을 분리합니다.

2

용기와 슬라임을 분리합니다.

3

분리한 슬라임은 종량제 봉투에 담아 배출합니다.

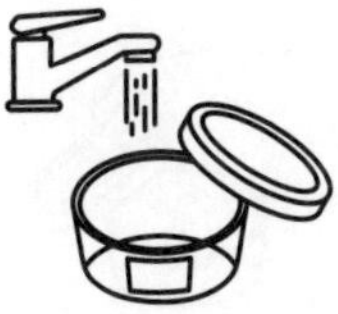

4

용기와 뚜껑에 오염된 부분이 없도록 세척합니다.

슬라임을 액체 상태로 배출할 경우 유해물질이 하천으로 유입될 수 있기 때문에 햇볕에 말린 후 가위로 잘라 배출합니다.
크기가 작은 플라스틱의 경우 재활용 선별장에서 선별이 어렵기 때문에 일반 쓰레기로 분류될 수 있습니다.

5 용기 외부에 부착된 라벨을 떼어냅니다.

6 떼어낸 라벨은 종량제 봉투에 담아 배출합니다.

7 용기와 뚜껑은 플라스틱으로 배출합니다.

113

종량제 봉투

플라스틱 PP

플라스틱 LDPE

종이

클레이

아이들의 정서 발달을 위한 장난감으로 많이 쓰이는 클레이는 어른들의 취미로도 사용되곤 한다. 클레이의 올바른 분리배출 방법은 무엇일까?

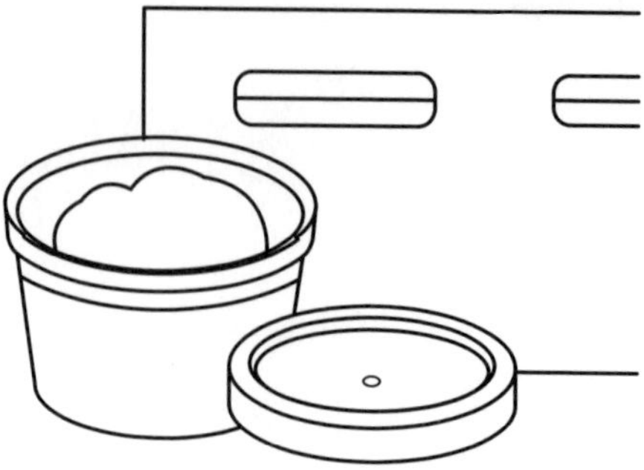

분리배출 요약

❶ 클레이	종량제 봉투
❷ 클레이 용기	플라스틱
❸ 뚜껑	종량제 봉투
❹ 포장 상자	종이

1

포장 상자와 클레이 용기를 분리합니다.

2

분리한 포장 상자는 깨끗이 접어 종이로 배출합니다.

3

용기와 뚜껑을 분리합니다.

4

용기와 클레이를 분리합니다.

종이에 오염된 부분이 있을 경우 오염된 부분을 잘라내고 배출하거나 종량제 봉투에 담아 배출해야 합니다.
포장 상자에 테이프 등 이물질이 있는 경우에는 제거 후 반듯하게 접어 배출합니다.
크기가 작은 플라스틱의 경우 재활용 선별장에서 선별이 어렵기 때문에 일반 쓰레기로 분류될 수 있습니다.

5
분리한 클레이는 종량제 봉투에 담아 배출합니다.

6
용기와 뚜껑에 오염된 부분이 없도록 세척합니다.

7
용기와 뚜껑은 플라스틱으로 배출합니다.

건강/스포츠

Health / Sports

5

114

종량제
봉투

뉴브이로토 점안액

보령제약

눈이 피로하거나 충혈됐거나 건조할 때 사용하는 점안액은 사이즈가 작아 휴대하기에도 편리하다. 색도, 크기도, 기능도 다양한 점안액의 올바른 분리배출 방법은 무엇일까?

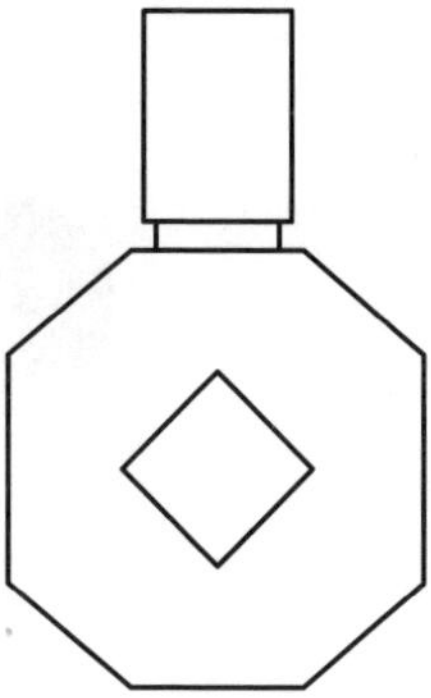

분리배출 요약

❶ 점안액	종량제 봉투

1

종량제 봉투에 담아 배출합니다.

115

종량제
봉투

아이포레 1회용 점안액
콜마파마

아주 작은 용기에 나눠 담은 1회용 점안액은 휴대성이 좋고 위생적으로 사용할 수 있어 많은 사람들이 사용하고 있다. 안구건조증이 있는 사람의 필수 아이템인 1회용 점안액의 올바른 분리배출 방법은 무엇일까?

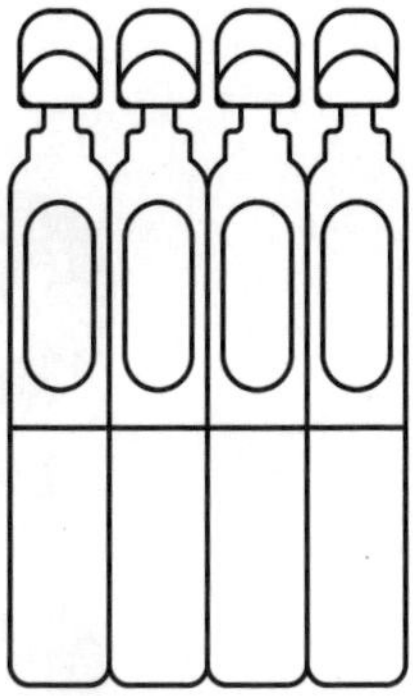

분리배출 요약

❶ 일회용 점안액	종량제 봉투

1
종량제 봉투에 담아 배출합니다.

116

유리

종량제 봉투

종이

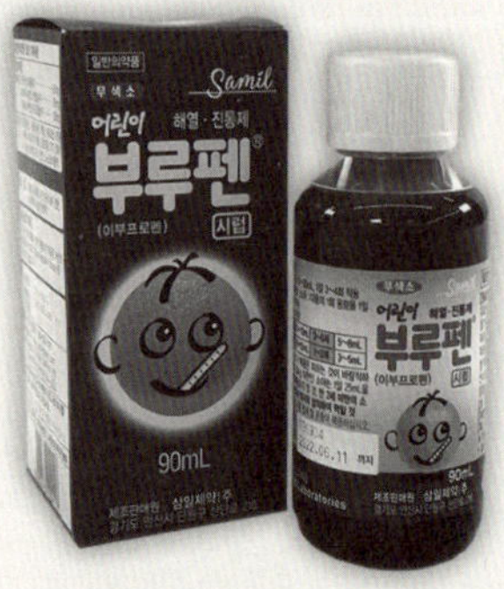

어린이 부루펜 시럽
삼일제약

시럽 약은 과일 맛이나 달콤한맛이 나며, 약을 기피하는 어린 아이들을 위해 쓴맛을 최소화한 약이다. 알약을 잘 삼키지 못하는 사람들이 주로 찾는 시럽 약의 올바른 분리배출 방법은 무엇일까?

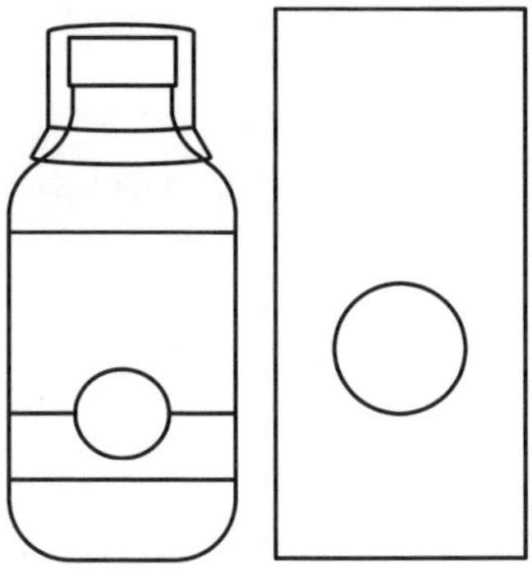

분리배출 요약

❶ 물약 용기	유리
❷ 뚜껑	종량제 봉투
❸ 계량컵	종량제 봉투
❹ 포장 상자	종이
❺ 설명서	종이

1

복용한 물약 용기와 계량컵을 분리합니다.

2

용기와 뚜껑을 분리합니다.

3

용기 외부에 부착된 라벨을 떼어냅니다.

4

떼어낸 라벨과 계량컵, 뚜껑은 종량제 봉투에 담아 배출합니다.

5

용기에 오염된 부분이 없도록 세척합니다.

약이 남은 경우에는 약국 및 보건소의 폐의약품 수거함에 배출합니다.
종이에 오염된 부분이 있을 경우 오염된 부분을 잘라내고 배출하거나 종량제 봉투에 담아 배출해야 합니다.
포장 상자에 테이프 등 이물질이 있는 경우에는 제거 후 반듯하게 접어 배출합니다.

6

세척한 용기는 유리로 배출합니다.

7

포장 상자와 설명서를 분리합니다.

8

분리한 포장 상자와 설명서는 종이로 배출합니다.

117

종량제 봉투

종이

겔포스엠 현탁액
보령제약

최근 짜 먹는 형식으로 된 고체 입자가 분산되어 있는 되직한 느낌의 물약이 많이 나오고 있다. 위염일 때 찾게 되는 겔포스엠도 이러한 형태의 물약이다. 짜 먹는 물약의 올바른 분리배출 방법은 무엇일까?

분리배출 요약

❶ 물약 포장재	종량제 봉투
❷ 포장 상자	종이
❸ 설명서	종이

더 자세히 보기

분리배출 A to Z

약이 남은 경우에는 약국 및 보건소의 폐의약품 수거함에 배출합니다.

종이에 오염된 부분이 있을 경우 오염된 부분을 잘라내고 배출하거나 종량제 봉투에 담아 배출해야 합니다.

포장 상자에 테이프 등 이물질이 있는 경우에는 제거 후 반듯하게 접어 배출합니다.

1

포장 상자와 물약 포장재를 분리합니다.

2

복용한 물약 포장재는 종량제 봉투에 담아 배출합니다.

3

포장 상자와 설명서를 분리합니다.

4

분리한 포장 상자와 설명서는 종이로 배출합니다.

종량제 봉투

종이

타이레놀

한국존슨앤드존슨

많이 알려진 해열 진통소염제인 타이레놀은 진통제 중 부작용이 거의 없으며 편의점에서도 구매할 수 있어 많은 사람들이 찾는다. 주로 두통이나 신경통, 월경통과 같은 통증을 완화시키기 위해 사용되는 타이레놀의 올바른 분리배출 방법은 무엇일까?

분리배출 요약

❶ 알약 포장재	종량제 봉투
❷ 포장 상자	종이
❸ 설명서	종이

더 자세히 보기
분리배출 A to Z

약이 남은 경우에는 약국 및 보건소의 폐의약품 수거함에 배출합니다.
종이에 오염된 부분이 있을 경우 오염된 부분을 잘라내고 배출하거나 종량제 봉투에 담아 배출해야 합니다.
포장 상자에 테이프 등 이물질이 있는 경우에는 제거 후 반듯하게 접어 배출합니다.

1

포장 상자와 알약 포장재를 분리합니다.

2

복용한 알약 포장재는 종량제 봉투에 담아 배출합니다.

3

포장 상자와 설명서를 분리합니다.

4

분리한 포장 상자와 설명서는 종이로 배출합니다.

119

종량제 봉투

폐의약품

병원 처방약

병원 처방약은 증상에 맞추어 의사가 처방해 주기 때문에 우리는 여러 형태의 약을 접한다. 처방약을 끝까지 다 복용하지 않았을 때, 남은 약은 어떻게 해야 할까? 병원 처방약의 올바른 분리배출은 무엇일까?

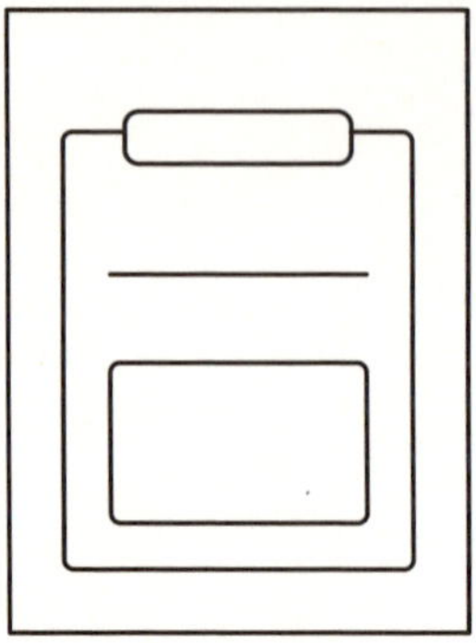

분리배출 요약

❶ 알약 포장재	종량제 봉투
❷ 포장 봉투	종량제 봉투
❸ 남은 약	폐의약품 수거함

더 자세히 보기
분리배출 A to Z

약이 남은 경우에는 약국 및 보건소의 폐의약품 수거함에 배출합니다.
종이에 오염된 부분이 있을 경우 오염된 부분을 잘라내고 배출하거나 종량제 봉투에 담아 배출해야 합니다.
개인정보가 적힌 경우 개인정보가 유출 되지 않도록 자르거나 지운 후 배출합니다.

1

포장 봉투와 처방 받은 약을 분리합니다.

2

복용한 약 포장재와 포장 봉투는 종량제 봉투에 담아 배출합니다.

3

남은 약은 약국 및 보건소의 폐의약품 수거함에 배출합니다.

종량제 봉투

캔류 철

종이

속편한 고려은단 비타민C

고려은단 피앤피

비타민C는 비타민의 일종으로, 가장 쉽게 접할 수 있는 비타민 중에 하나다. 생활에 활력을 더하고 영양 불균형을 보완해줄 비타민C의 올바른 분리배출의 방법은 무엇일까?

분리배출 요약

❶ 영양제 포장재	종량제 봉투
❷ 포장 비닐	종량제 봉투
❸ 케이스	캔류
❹ 뚜껑	캔류
❺ 설명서	종이

1

케이스와 뚜껑을 분리합니다.

2

케이스와 영양제를 분리합니다.

3

포장 비닐과 영양제 포장재를 분리합니다.

4

분리한 포장 비닐과 영양제 포장재는 종량제 봉투에 담아 배출합니다.

종이에 오염된 부분이 있을 경우 오염된 부분을 잘라내고 배출하거나 종량제 봉투에 담아 배출해야 합니다.

5

케이스와 설명서를 분리합니다.

6

분리한 설명서는 종이로 배출합니다.

7

케이스와 뚜껑은 캔류로 배출합니다.

종량제 봉투

종이

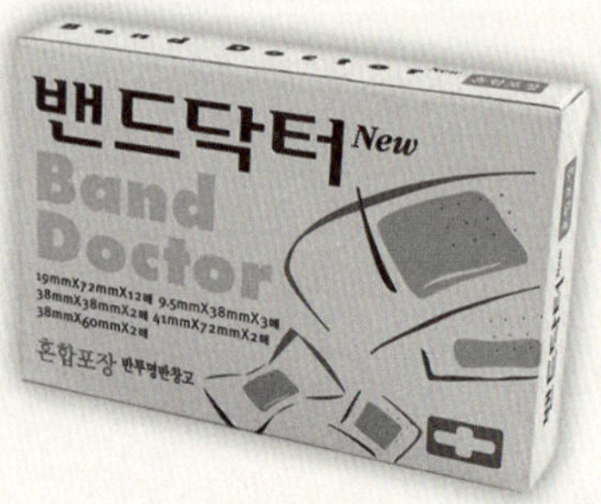

밴드닥터 뉴

밴드닥터

일회용 반창고는 얇은 고무 재질에 접착력이 좋아 가벼운 상처에 붙이기 좋은 제품이다. 약국, 마트, 편의점 등에서 쉽게 구매할 수 있는 반창고의 분리 배출 방법은 무엇일까?

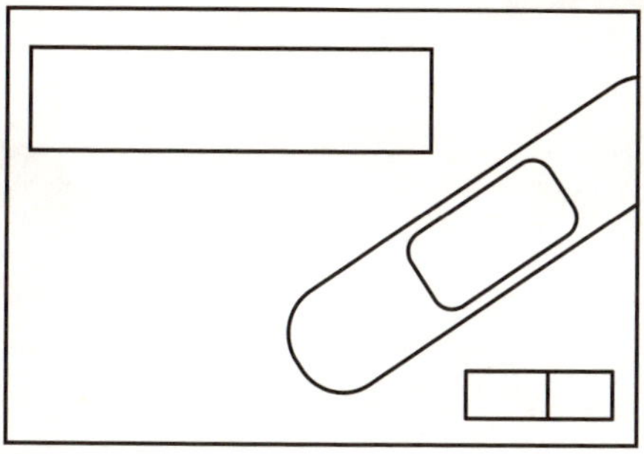

분리배출 요약

❶ 일회용 반창고	종량제 봉투
❷ 포장 상자	종이

더 자세히 보기

분리배출 A to Z

종이에 오염된 부분이 있을 경우 오염된 부분을 잘라내고 배출하거나 종량제 봉투에 담아 배출해야 합니다.

포장 상자에 테이프 등 이물질이 있는 경우에는 제거 후 반듯하게 접어 배출합니다.

1. 포장 상자와 일회용 반창고를 분리합니다.
2. 사용한 일회용 반창고는 종량제 봉투에 담아 배출합니다.
3. 포장 상자는 종이로 배출합니다.

122

플라스틱 HDPE

종량제 봉투

종이

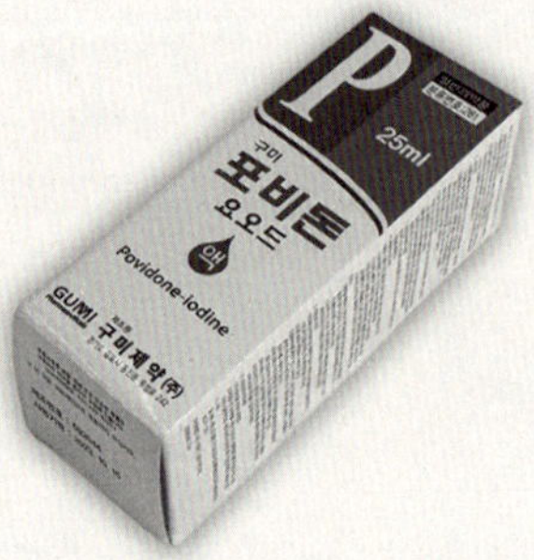

포비돈 요오드 살균 소독제

구미제약

포비돈 요오드 소독제는 우리에게 빨간약으로 더 알려져 있다. 상처의 감염을 막기 위해 사용되며, 가정, 학교, 회사 등 어디서나 상비약으로 구비하는 포비돈 요오드 소독제의 올바른 분리배출 방법은 무엇일까?

분리배출 요약

❶ 포비돈 요오드 소독제 용기	플라스틱
❷ 뚜껑	종량제 봉투
❸ 라벨	종량제 봉투
❹ 포장 상자	종이
❺ 설명서	종이

더 자세히 보기

분리배출 A to Z

약이 남은 경우에는 약국 및 보건소의 폐의약품 수거함에 배출합니다.
종이에 오염된 부분이 있을 경우 오염된 부분을 잘라내고 배출하거나 종량제 봉투에 담아 배출해야 합니다.
포장 상자에 테이프 등 이물질이 있는 경우에는 제거 후 반듯하게 접어 배출합니다.

1 포비돈 요오드 소독제 용기와 뚜껑을 분리합니다.

2 용기에 오염된 부분이 없도록 세척합니다.

3 용기 외부에 부착된 라벨을 떼어냅니다.

4 떼어낸 라벨과 뚜껑은 종량제 봉투에 담아 배출합니다.

5 용기는 플라스틱으로 배출합니다.

6 설명서와 포장 상자는 종이로 배출합니다.

123

요가매트

맨바닥에서 운동할 때 부상을 방지하기 위해 사용되는 요가 매트는 홈트레이닝의 열풍과 더불어 판매량이 급증했다. 요가매트의 올바른 분리배출 방법은 무엇일까?

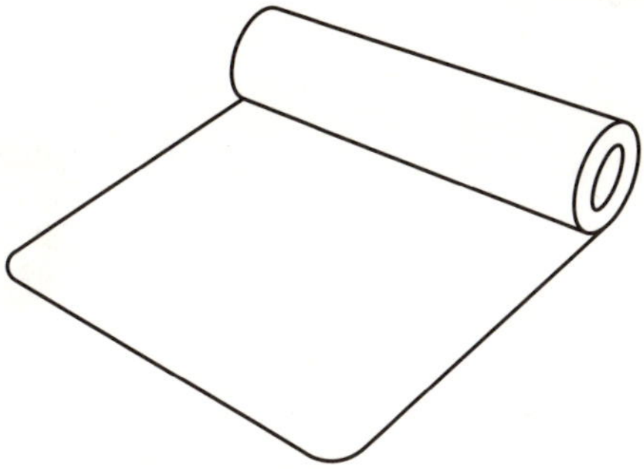

분리배출 요약

❶ 요가매트	종량제 봉투

더 자세히 보기

분리배출 A to Z

1 종량제 봉투에 담아 배출합니다.

제품의 부피가 커서 종량제 봉투에 담기지 않을 경우에는 특수마대(불연성 쓰레기 봉투)에 담아 배출해야 하며, 특수마대의 명칭과 판매처는 지자체별로 차이가 있어 꼭 문의 후 배출해야 합니다.

124

폼롤러

폼롤러는 필라테스나 요가의 소도구로, 뭉친 부위에 대고 굴리며 근육을 풀어주기도 하고, 근력운동을 하는 데 사용되기도 한다. 폼롤러의 올바른 분리배출 방법은 무엇일까?

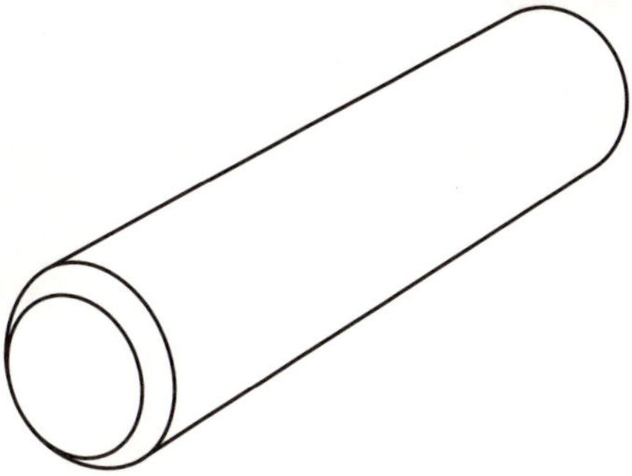

분리배출 요약

❶ 폼롤러	종량제 봉투

더 자세히 보기

분리배출 A to Z

제품의 부피가 커서 종량제 봉투에 담기지 않을 경우에는 특수마대(불연성 쓰레기 봉투)에 담아 배출해야 하며, 특수마대의 명칭과 판매처는 지자체별로 차이가 있어 꼭 문의 후 배출해야 합니다.

1

종량제 봉투에 담아 배출합니다.

짐볼

다양한 사이즈로 만들어진 짐볼은 바람을 가득 채워 빵빵하게 만들어 스트레칭, 근력 운동 등에 사용하는 것이 특징이다. 공기가 주입되어 있는 짐볼의 올바른 분리배출 방법은 무엇일까?

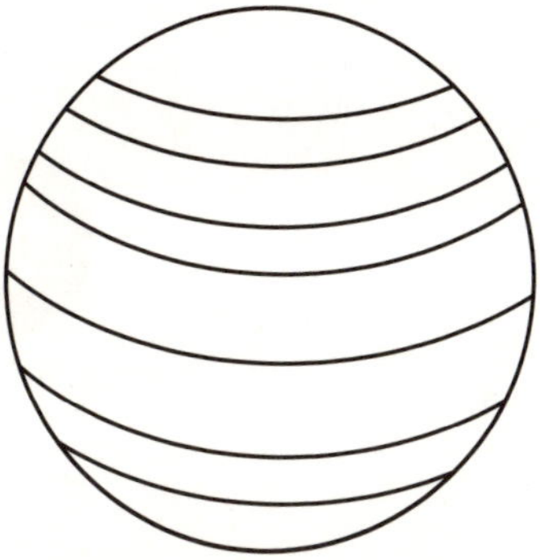

분리배출 요약

❶ 짐볼	플라스틱

짐볼은 안에 공기를 모두 뺀 후 배출해야 합니다.

더 자세히 보기

분리배출 A to Z

1

플라스틱으로 배출합니다.

126

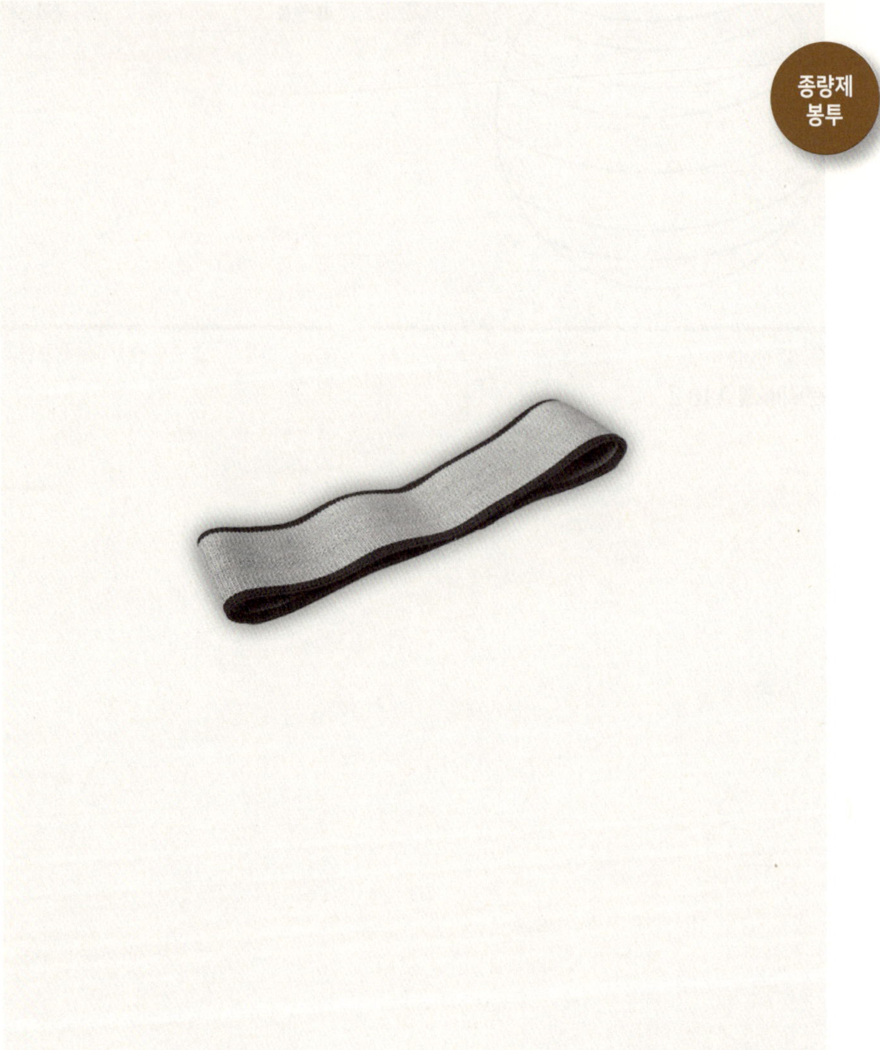

스포츠 밴드

운동의 강도를 높여 운동 효과를 극대화 시켜주는 스포츠 밴드는 강한 탄성이 필요하다. 운동을 좋아하는 사람들이 많이 찾아 다양한 재질의 제품들이 출시되고 있는 스포츠 밴드의 올바른 분리배출 방법은 무엇일까?

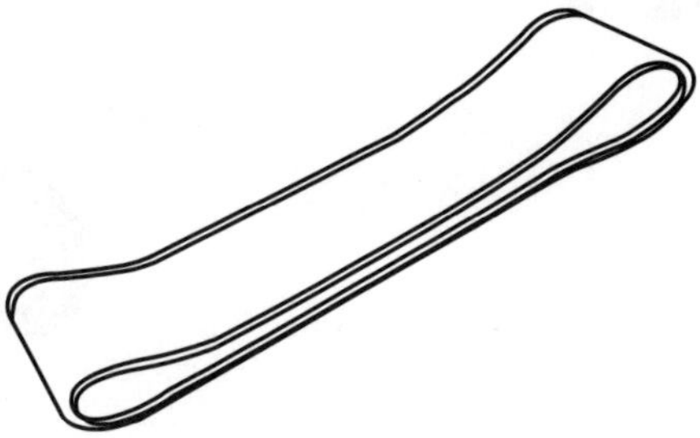

분리배출 요약

❶ 스포츠 밴드	종량제 봉투

1

종량제 봉투에 담아 배출합니다.

종량제 봉투

훌라후프

훌라후프는 허리에 대고 돌려 뱃살을 빼는 데 효과적이라고 알려져 있다. 집에서 편리하게 사용할 수 있어 대중적인 운동기구라고 할 수 있는 훌라후프의 올바른 분리배출 방법은 무엇일까?

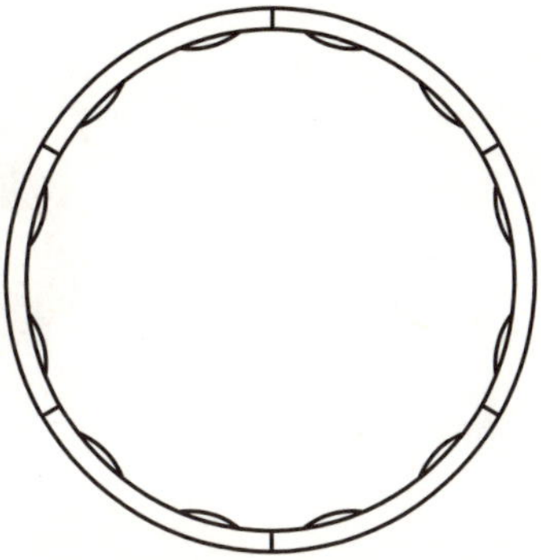

분리배출 요약

❶ 훌라후프	종량제 봉투

제품의 부피가 커서 종량제 봉투에 담기지 않을 경우에는 특수마대(불연성 쓰레기 봉투)에 담아 배출해야 하며, 특수마대의 명칭과 판매처는 지자체별로 차이가 있어 꼭 문의 후 배출해야 합니다.

더 자세히 보기

분리배출 A to Z

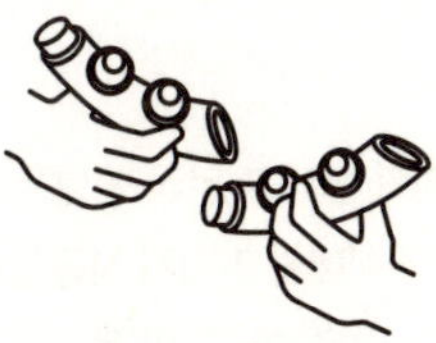

1

훌라후프를 나눠진 칸 별로 분리합니다.

2

분리한 훌라후프는 종량제 봉투에 담아 배출합니다.

줄넘기

줄넘기는 다이어트 효과가 좋다고 알려져 많은 사람들이 관심을 갖고 있다. 실내외 가리지 사용할 수 있는 장점 덕분에 인기가 많은 줄넘기의 올바른 분리배출 방법은 무엇일까?

분리배출 요약

❶ 줄넘기	종량제 봉투

더 자세히 보기

분리배출 A to Z

분리배출표시가 기재되어 있지 않은 경우 재활용이 어렵기 때문에 종량제 봉투에 담아 배출합니다.

1 종량제 봉투에 담아 배출합니다.

종량제 봉투

구슬 줄넘기

구슬 줄넘기는 고무 줄넘기보다 줄 꼬임이 덜하여 어린이, 청소년이 사용하기 좋다. 전신운동이 가능한 운동인 구슬 줄넘기의 올바른 분리배출 방법은 무엇일까?

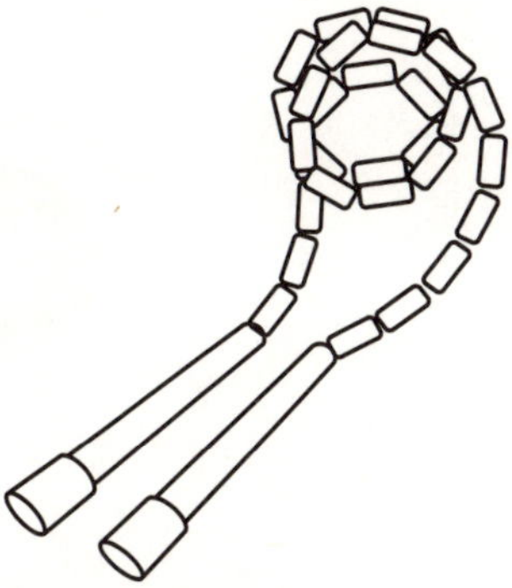

분리배출 요약

❶ 구슬 **줄넘기**	종량제 봉투

더 자세히 보기

분리배출 A to Z

분리배출표시가 기재되어 있지 않은 경우 재활용이 어렵기 때문에 종량제 봉투에 담아 배출합니다.

1

종량제 봉투에 담아 배출합니다.

130

배드민턴 라켓

배드민턴 라켓과 셔틀콕만 있으면 공원, 약수터, 운동장 등 언제 어디서나 쉽게 즐길 수 있는 배드민턴은 우리나라 국민 스포츠로 자리 잡은 지 오래다. 배드민턴에 가장 중요한 기구인 배드민턴 라켓의 올바른 분리배출 방법은 무엇일까?

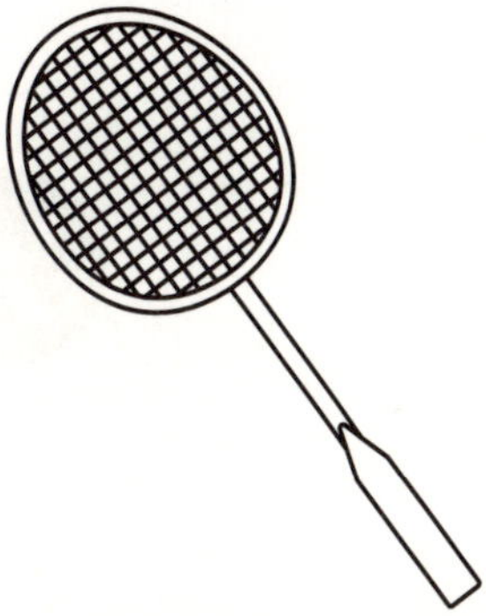

분리배출 요약

❶ 배드민턴 라켓	종량제 봉투

더 자세히 보기

분리배출 A to Z

부피 때문에 종량제 봉투에 담기지 않을 경우에는 특수마대(불연성 쓰레기 봉투)에 담아 배출해야 하며, 특수마대의 판매처와 명칭은 조금씩 다를 수 있기 때문에 지자체별로 문의 후 배출해야 합니다.

1

종량제 봉투에 담아 배출합니다.

종량제 봉투

셔틀콕

셔틀콕은 중심을 잡아주는 하단 원형 코르크 부분에 날개 부분이 합쳐져 있다. 배드민턴에 사용되는 공이라고 할 수 있는 셔틀콕의 올바른 분리배출 방법은 무엇일까?

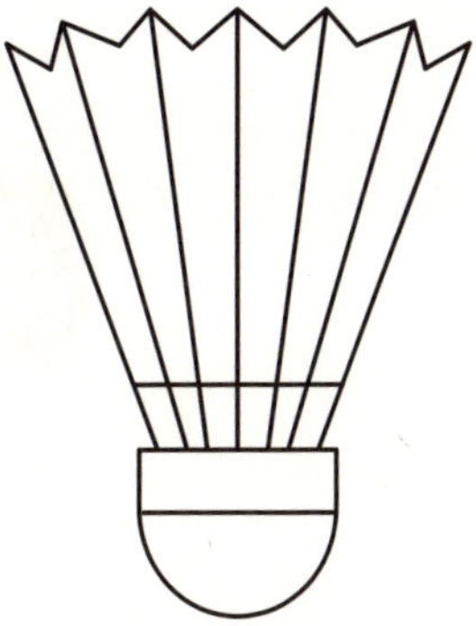

분리배출 요약

❶ 셔틀콕	종량제 봉투

1

종량제 봉투에 담아 배출합니다.

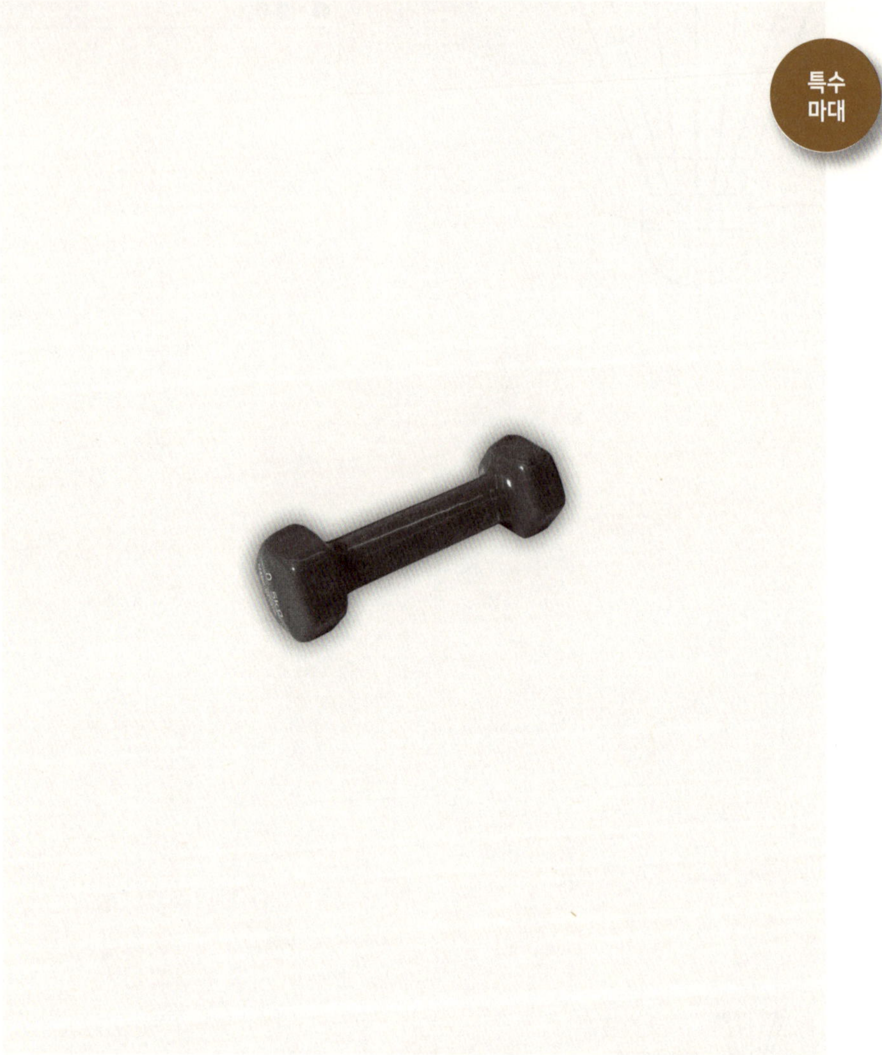

네오프렌 아령

홈트레이닝의 유행으로 관련 운동 기구의 소비가 급증했다. 이제는 아령 한두 개쯤은 집에서 쉽게 찾을 수 있다. 가벼운 운동을 위해 적당한 무게로 만들어진 네오프렌 아령의 올바른 분리배출 방법은 무엇일까?

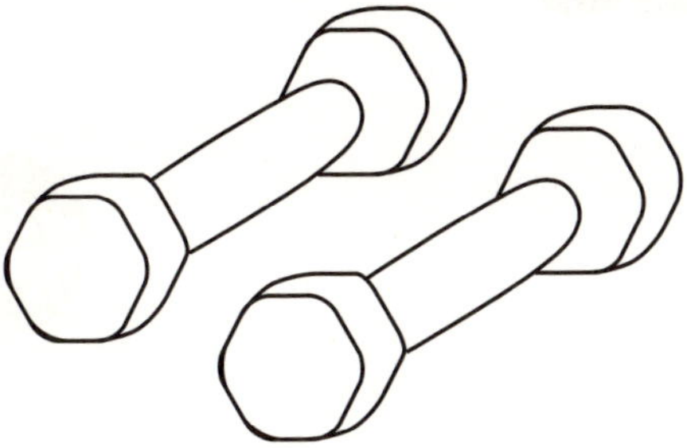

분리배출 요약

❶ 네오프렌 아령	특수마대

더 자세히 보기

분리배출 A to Z

특수마대(불연성 쓰레기 봉투)의 명칭과 판매처는 지자체별로 차이가 있어 꼭 문의 후 배출해야 합니다.

1

마트, 철물점, 동주민센터 등에서 특수마대를 구입합니다.

2

구매한 특수마대에 담아 배출합니다.

특수
마대

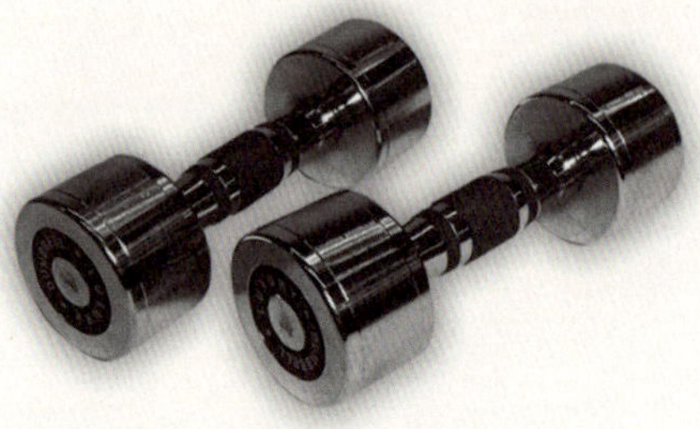

도금 아령

네오프렌 아령보다 무겁게 제작되는 도금 아령은 본격적으로 운동을 즐기는 사람들이 많이 사용한다. 도금 아령의 올바른 분리배출 방법은 무엇일까?

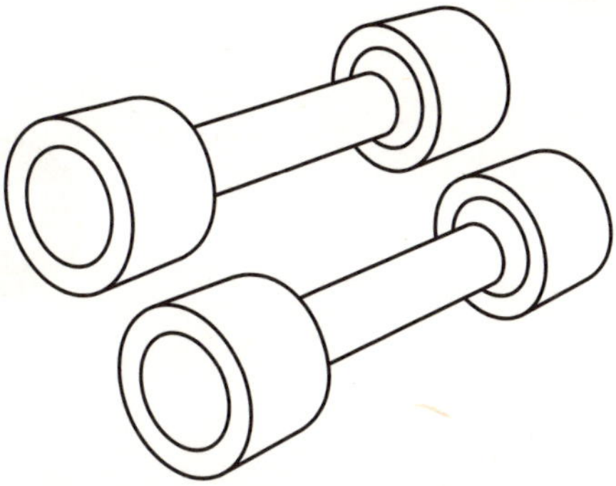

분리배출 요약

❶ 도금 아령	특수마대

더 자세히 보기

분리배출 A to Z

특수마대(불연성 쓰레기 봉투)의 명칭과 판매처는 지자체별로 차이가 있어 꼭 문의 후 배출해야 합니다.

1 마트, 철물점, 동주민센터 등에서 특수마대를 구입합니다.

2 구매한 특수마대에 담아 배출합니다.

134

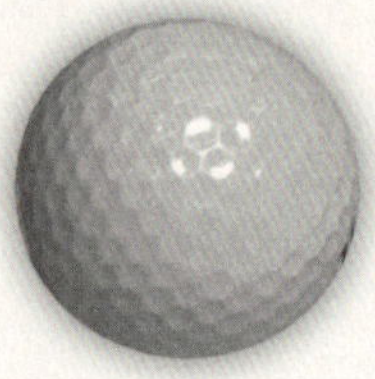

종량제
봉투

골프공

골프공은 공의 궤적과 비행, 스핀을 잘 조절할 수 있도록 대략 300~450개 내외의 작은 구멍들이 표면에 파여있다. 골프를 위하여 특별히 설계된 골프공의 올바른 분리배출 방법은 무엇일까?

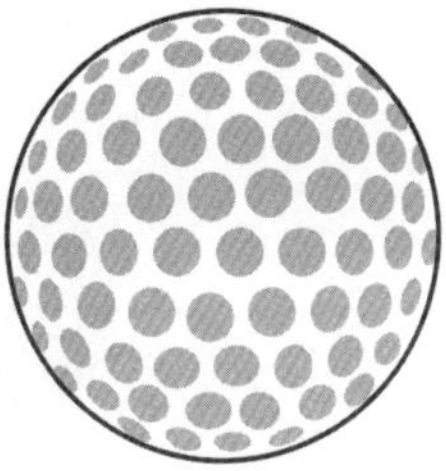

분리배출 요약

❶ 골프공	종량제 봉투

1

종량제 봉투에 담아 배출합니다.

135

종량제 봉투

야구공

야구 팬이라면 야구 선수의 사인이 적혀있는 야구공 하나쯤은 가지고 있다. 야구공은 정식 야구가 아니더라도 캐치볼을 좋아하는 사람들이 즐겨 사용한다. 야구공의 올바른 분리배출 방법은 무엇일까?

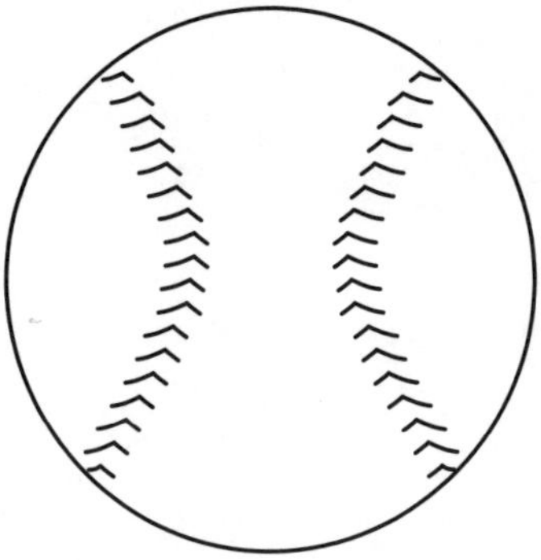

분리배출 요약

❶ 야구공	종량제 봉투

1

종량제 봉투에 담아 배출합니다.

방역

Disinfection

6

종량제 봉투

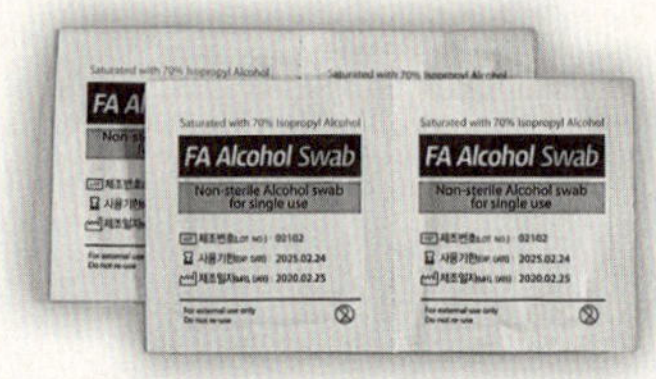

일회용 알콜솜

팬데믹 시대를 겪으면서 사람들은 방역, 소독에 관심이 높아졌다. 일회용 알콜솜은 스마트폰, 이어폰 등 작은 소품을 닦는 용도로도 많이 사용하고 있다. 일회용 알콜솜의 올바른 분리배출 방법은 무엇일까?

1

종량제 봉투에 담아 배출합니다.

분리배출 요약

❶ 일회용 알콜솜	종량제 봉투

플라스틱 PET

플라스틱 PP

종량제 봉투

세니타이저 겔 손소독제
피플앤코

병원에서만 사용하던 손소독제가 이제는 우리 곁에 없어서는 안 될 방역 필수품이 되어 버렸다. 이제 어딜 가나 쉽게 접할 수 있는 손소독제의 올바른 분리배출 방법은 무엇일까?

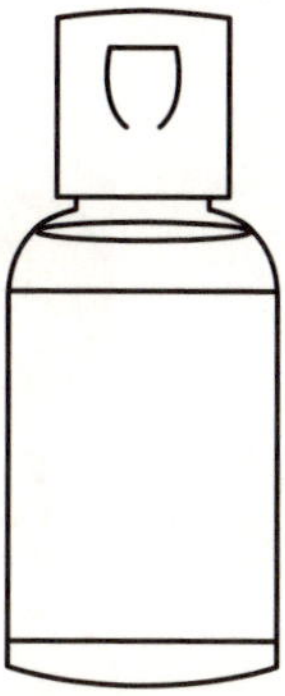

분리배출 요약

❶ 소독제 용기	플라스틱
❷ 뚜껑	플라스틱
❸ 라벨	종량제 봉투

더 자세히 보기

분리배출 A to Z

유색 페트의 경우 플라스틱으로 배출해야 합니다.

크기가 작은 플라스틱의 경우 재활용 선별장에서 선별이 어렵기 때문에 일반 쓰레기로 분류될 수 있습니다.

1 소독제 용기와 뚜껑을 분리합니다.

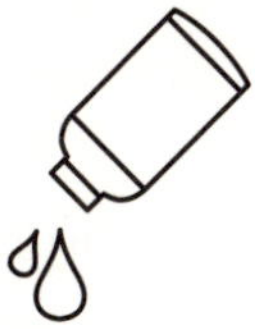

2 용기 내부에 내용물이 없도록 비웁니다.

3 용기와 뚜껑에 오염된 부분이 없도록 세척합니다.

4 용기 외부에 부착된 라벨을 떼어냅니다.

5 떼어낸 라벨은 종량제 봉투에 담아 배출합니다.

6 용기와 뚜껑은 플라스틱으로 배출합니다.

종량제 봉투

비닐류 OTHER

크리넥스 안심 물티슈

유한킴벌리

대기오염과 전염병 등의 확산으로 소독 용품의 종류가 많아지고 있다. 소독 물티슈는 바로 뜯어 티슈처럼 편리하게 사용할 수 있어 많은 사람이 찾는 제품 중 하나이다. 편리한 티슈형 소독제의 올바른 분리배출 방법은 무엇일까?

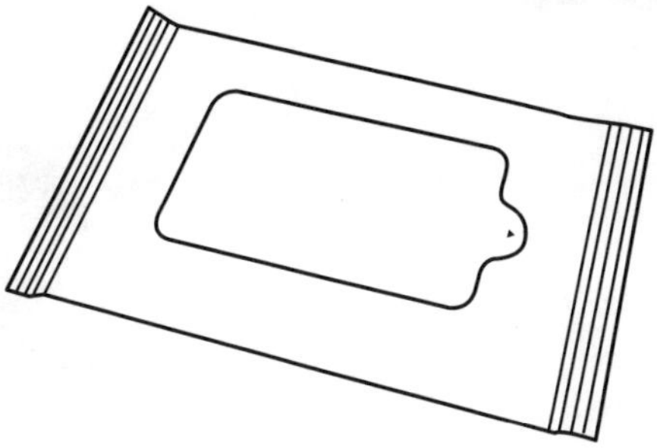

분리배출 요약

❶ 소독 물티슈	종량제 봉투
❷ 물티슈 용기	비닐류
❸ 밀폐용 스티커	종량제 봉투

1 소독 물티슈와 밀폐용 스티커를 분리합니다.

2 사용한 소독 물티슈와 밀폐용 스티커는 종량제 봉투에 담아 배출합니다.

3 물티슈 용기는 비닐류로 배출합니다.

종량제 봉투

비닐류 OTHER

마스크

이제는 익숙한 생활 속 필수품이 되어버린 마스크. 어른, 아이 할 것 없이 누구나 매일 사용하는 마스크는 늘어난 소비량에 비례해 쓰레기도 증가하고 있다. 마스크의 분리배출 방법은 무엇일까?

분리배출 요약

❶ 마스크	종량제 봉투
❷ 포장 비닐	비닐류

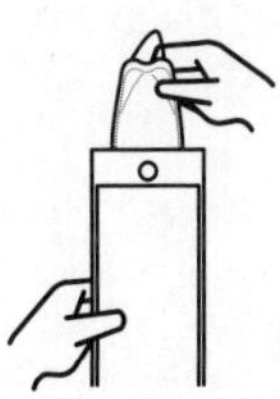

1 마스크와 포장 비닐을 분리합니다.

2 포장 비닐은 비닐류로 배출합니다.

3 사용한 마스크는 종량제 봉투에 담아 배출합니다.

뷰티

Beauty

7

무색페트

종량제 봉투

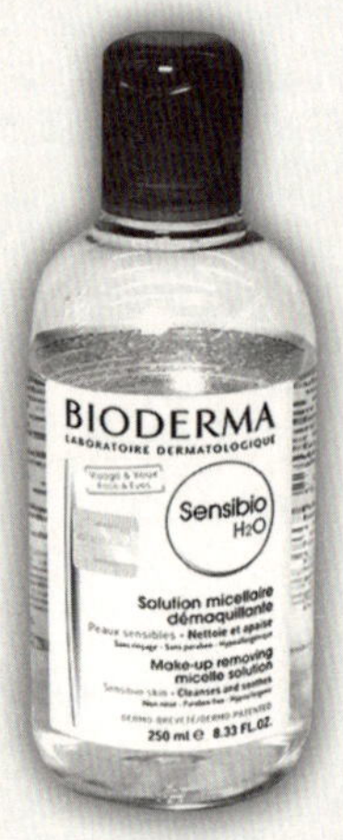

바이오더마 클렌징 워터

나오스코리아

메이크업을 지우기 위해 사용되는 클렌징 용품 중 하나인 클렌징 워터는 다른 클렌징 용품보다 사용 후 제품의 잔여감이 덜 남는 장점이 있다. 클렌징 워터의 올바른 분리배출 방법은 무엇일까?

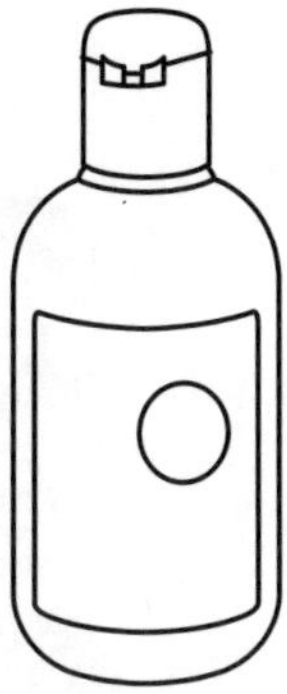

분리배출 요약

❶ 클렌징 워터 용기	무색 페트
❷ 뚜껑	무색 페트
❸ 라벨	종량제 봉투

1 클렌징 워터 용기 내부에 내용물이 없도록 비웁니다.

2 용기와 뚜껑에 오염된 부분이 없도록 세척합니다..

3 용기 외부에 부착된 라벨을 떼어냅니다.

4 떼어낸 라벨은 종량제 봉투에 담아 배출합니다.

5 용기는 뚜껑을 닫아 무색 페트로 배출합니다.

141

아이소이 세럼
자연인

세럼은 에센스보다 더 높은 농도의 보습제로, 집중적인 피부관리에 많이 쓰인다. 다양한 연령층에게 꾸준히 판매되며 각 브랜드의 제품군이 시즌마다 등장할 정도로 인기가 많다. 세럼의 올바른 분리배출 방법은 무엇일까?

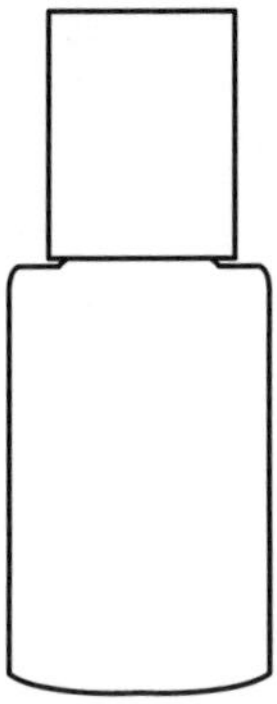

분리배출 요약

❶ 세럼 용기	유리
❷ 뚜껑	캔류
❸ 펌프	종량제 봉투

1 세럼 용기와 뚜껑을 분리합니다.

2 분리한 뚜껑은 캔류로 배출합니다.

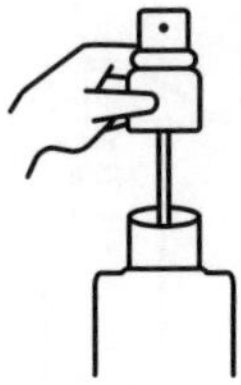

3 용기와 펌프를 분리합니다.

4 분리한 펌프는 종량제 봉투에 담아 배출합니다.

펌프형 뚜껑의 부품이 분리가 가능할 때는 모두 분리하여 재질에 맞게 분리배출 해야 합니다.

5

용기 내부에 내용물이 없도록 비웁니다.

6

용기에 오염된 부분이 없도록 세척합니다.

7

세척한 용기는 유리로 배출합니다.

캔류 알미늄

플라스틱 PP

종량제 봉투

아벤느 오 떼르말 미스트

인트리홀딩스

건조한 피부를 지닌 사람들의 필수 화장품인 미스트는 얼굴에 수분을 분사해 촉촉하게 만들어주는 피부보호 용품이다. 겨울철 난방으로 건조해진 피부를 되살리기 위해서 많이 찾는 미스트의 올바른 분리배출 방법은 무엇일까?

분리배출 요약

❶ 미스트 용기	캔류
❷ 뚜껑	플라스틱
❸ 스프레이 노즐	종량제 봉투

더 자세히 보기

분리배출 A to Z

내용물은 통풍이 잘되는 안전한 곳에서 노즐을 눌러 가스를 제거해야하며, 송곳 등으로 구멍을 뚫어 완전히 비운 후 배출해야 합니다.
크기가 작은 플라스틱의 경우 재활용 선별장에서 선별이 어렵기 때문에 일반 쓰레기로 분류될 수 있습니다.
다른 재질이 섞여 있는 경우 재질별 분리하여 배출해야 하며, 재질별 분리가 어려울 경우에는 종량제 봉투에 담아 배출해야 합니다.

1 미스트 용기와 뚜껑을 분리합니다.

2 분리한 뚜껑은 플라스틱으로 배출합니다.

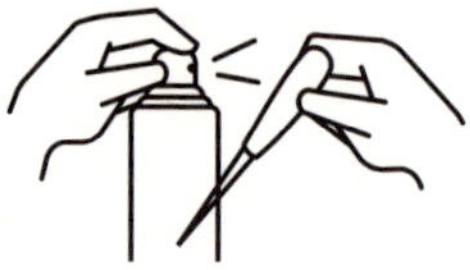

3 노즐을 눌러 내용물을 비우고 송곳 등으로 구멍을 뚫어 내용물을 완전히 비웁니다.

4 용기와 스프레이 노즐을 분리합니다.

5 분리한 스프레이 노즐은 종량제 봉투에 담아 배출합니다.

6 용기는 캔류로 배출합니다.

플라스틱 OTHER

플라스틱 PP

해피바스 선크림

아모레퍼시픽

강한 햇빛으로부터 자외선을 차단해 주는 선크림은 계절과 관계없이 발라주어야 한다. 선크림의 올바른 분리배출 방법은 무엇일까?

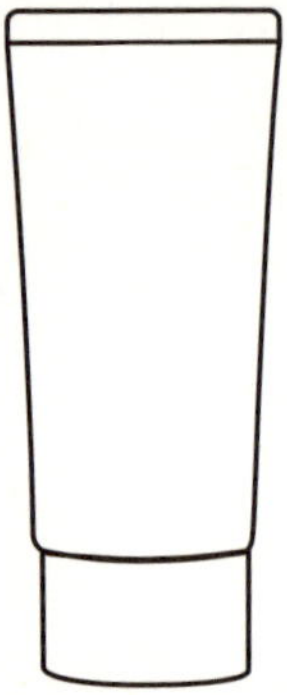

분리배출 요약

❶ 선크림 용기	플라스틱
❷ 뚜껑	플라스틱

더 자세히 보기

분리배출 A to Z

가위로 잘라 내부를 완전히 세척할 수 없을 경우 종량제 봉투에 담아 배출합니다.

다른 재질의 용기일 경우 재질에 맞춰 분리배출 해야 합니다.

크기가 작은 플라스틱의 경우 재활용 선별장에서 선별이 어렵기 때문에 일반 쓰레기로 분류될 수 있습니다.

1

선크림 용기와 뚜껑을 분리합니다.

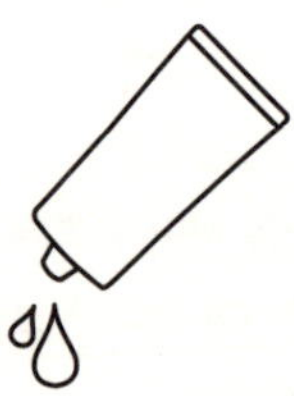

2

용기 내부에 내용물이 없도록 비웁니다.

3

용기와 뚜껑에 오염된 부분이 없도록 세척합니다.

4

세척한 용기와 뚜껑을 플라스틱으로 배출합니다.

144

유리

플라스틱 OTHER

종량제 봉투

에스쁘아 파운데이션

아모레퍼시픽

파운데이션은 흔히 볼 수 있는 화장품 중 하나로, 피부 톤을 균일하고 매끄럽게 해주기 때문에 많은 사람들이 화장의 기본으로 사용하고 있다. 파운데이션의 올바른 분리배출 방법은 무엇일까?

분리배출 요약

❶ 파운데이션 용기	유리
❷ 뚜껑	플라스틱
❸ 펌프	종량제 봉투

1
파운데이션 용기와 뚜껑을 분리합니다.

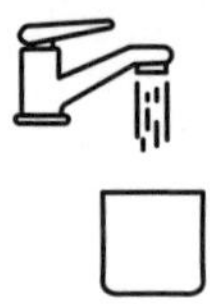

2
분리한 뚜껑에 오염된 부분이 없도록 세척합니다.

3
세척한 뚜껑은 플라스틱으로 배출합니다.

4
용기와 펌프를 분리합니다.

5
분리한 펌프는 종량제 봉투에 담아 배출합니다.

내부를 완전히 세척할 수 없을 경우 종량제 봉투에 담아 배출합니다.
크기가 작은 플라스틱의 경우 재활용 선별장에서 선별이 어렵기 때문에 일반 쓰레기로 분류될 수 있습니다.

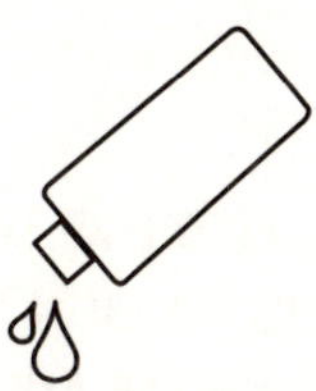

6

용기 내부에 내용물이 없도록 비웁니다.

7

용기에 오염된 부분이 없도록 세척합니다.

8

세척한 용기는 유리로 배출합니다.

145

에스쁘아 쿠션 파운데이션
아모레퍼시픽

쿠션 파운데이션은 액상 파운데이션을 스펀지에 흡수시킨 것으로 쿠션의 액을 퍼프 패드에 묻혀 얼굴에 두드려 바르는 기본화장품이다. 휴대성이 좋아 화장을 고치기 위해 들고 다니는 쿠션 파운데이션의 올바른 분리배출 방법은 무엇일까?

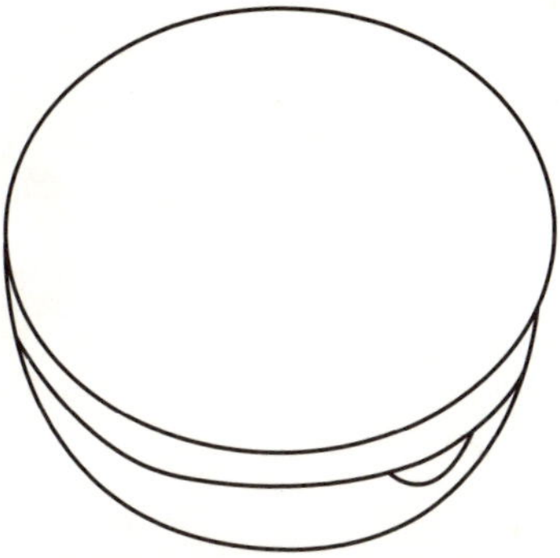

분리배출 요약

❶ 쿠션 파운데이션 용기	종량제 봉투
❷ 퍼프	종량제 봉투

더 자세히 보기

분리배출 A to Z

복합재질로 구성되어 있어 재활용이 되지 않기 때문에 종량제 봉투에 담아 배출합니다. 재질별로 분리가 가능하다면 분리 후 재질에 맞게 배출해야 합니다.

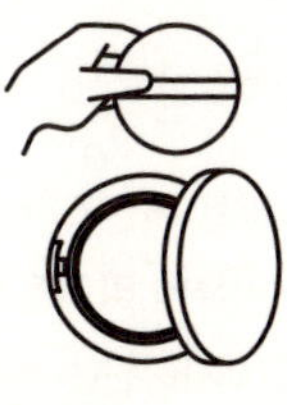

1 쿠션 파운데이션 용기와 퍼프를 분리합니다.

2 분리한 용기와 퍼프는 종량제 봉투에 담아 배출합니다.

미샤 비비크림
에이블씨엔씨

비비크림은 꾸민 듯 꾸미지 않은 자연스러운 화장이 가능하다는 장점이 있다. 피부에 비교적 무리가 덜 가기 때문에 많은 사람에게 사랑받는 비비크림의 올바른 분리배출 방법은 무엇일까?

분리배출 요약

❶ 비비크림 용기	플라스틱
❷ 뚜껑	플라스틱
❸ 펌프	종량제 봉투

더 자세히 보기
분리배출 A to Z

내부를 완전히 세척할 수 없을 경우 종량제 봉투에 담아 배출합니다.
크기가 작은 플라스틱의 경우 재활용 선별장에서 선별이 어렵기 때문에 일반 쓰레기로 분류될 수 있습니다.

1 비비크림 용기와 뚜껑을 분리합니다.

2 용기와 펌프를 분리합니다.

3 분리한 펌프는 종량제 봉투에 담아 배출합니다.

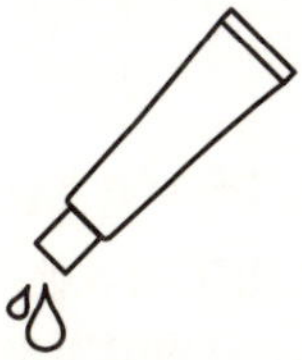

4 용기 내부에 내용물이 없도록 비웁니다.

5 용기와 뚜껑에 오염된 부분이 없도록 세척합니다.

6 세척한 용기와 뚜껑은 플라스틱으로 배출합니다.

종량제
봉투

맥 아이섀도우
이엘씨에이한국

수많은 색이 있는 아이섀도우는 여러 조합으로 색다른 개성을 연출을 할 수 있다. 피부 톤, 분위기, 스타일 등에 맞게 다채로운 스타일을 표현하기 위해 사용하는 아이섀도우의 올바른 분리배출 방법은 무엇일까?

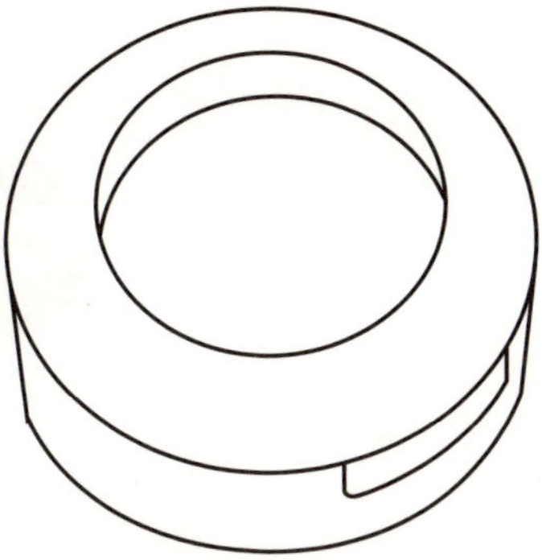

분리배출 요약

❶ 아이섀도우	종량제 봉투

복합재질로 구성되어 있어 재활용이 되지 않기 때문에 종량제 봉투에 담아 배출합니다. 재질별로 분리가 가능하다면 분리 후 재질에 맞게 배출해야 합니다.

더 자세히 보기

분리배출 A to Z

1

종량제 봉투에 담아 배출합니다.

종량제 봉투

롬앤 섀도우 팔레트

아이패밀리SC

섀도우 팔레트는 어울리는 색 조합을 따로 찾아 구매할 필요 없이 하나의 팔레트로 구성된 화장품이다. 휴대하기 편리하고 어떤 색이 조화로울지 고민할 필요가 없어 많은 사람이 즐겨 쓰는 섀도우 팔레트의 올바른 분리배출 방법은 무엇일까?

분리배출 요약

❶ 섀도우 팔레트	종량제 봉투

더 자세히 보기
분리배출 A to Z

복합재질로 구성되어 있어 재활용이 되지 않기 때문에 종량제 봉투에 담아 배출합니다. 재질별로 분리가 가능하다면 분리 후 재질에 맞게 배출해야 합니다.

1 종량제 봉투에 담아 배출합니다.

플라스틱
PP

미쟝센 왁스

아모레퍼시픽

손으로 크림을 떠 머리카락에 펴바르면 원하는 스타일을 연출할 수 있는 왁스. 스타일링한 머리카락이 흐트러지지 않도록 단단하게 굳게 해주는 왁스의 올바른 분리배출 방법은 무엇일까?

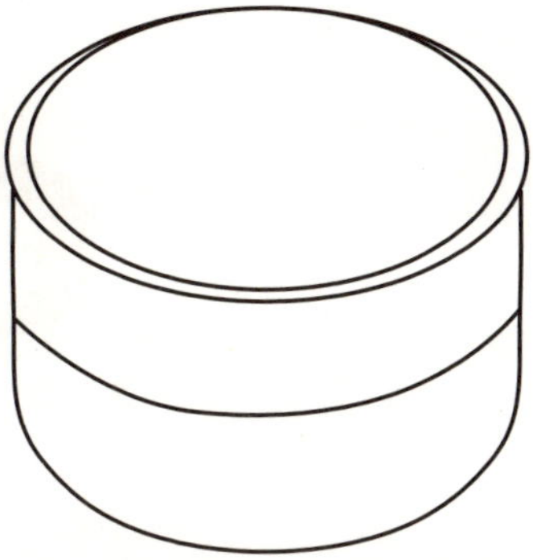

분리배출 요약

❶ 왁스 용기	플라스틱
❷ 뚜껑	플라스틱

더 자세히 보기

분리배출 A to Z

크기가 작은 플라스틱의 경우 재활용 선별장에서 선별이 어렵기 때문에 일반 쓰레기로 분류될 수 있습니다.

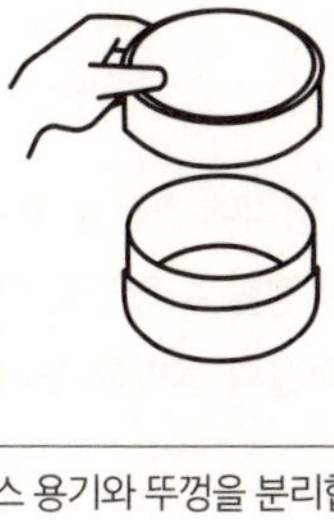

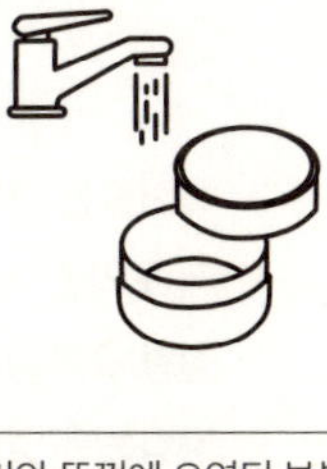

1 왁스 용기와 뚜껑을 분리합니다.

2 용기와 뚜껑에 오염된 부분이 없도록 세척합니다.

3 세척한 용기와 뚜껑은 플라스틱으로 배출합니다.

150

종량제 봉투

필리밀리 헤어롤
한솔코스메틱

헤어롤은 어디에서든 쉽게 머리에 볼륨을 줄 수 있게 도와준다. 머리를 말아 고정할 수 있도록 까칠까칠한 소재로 되어있는 헤어롤의 올바른 분리배출 방법은 무엇일까?

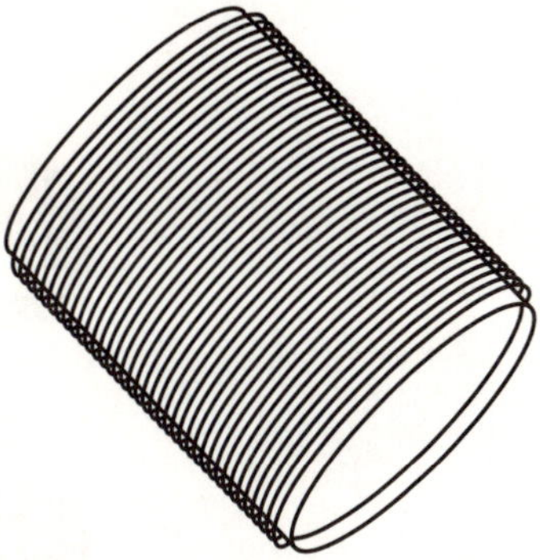

분리배출 요약

❶ 헤어롤	종량제 봉투

더 자세히 보기

분리배출 A to Z

복합재질로 구성되어 있어 재활용이 되지 않기 때문에 종량제 봉투에 담아 배출합니다. 재질별로 분리가 가능하다면 분리 후 재질에 맞게 배출해야 합니다.

1

종량제 봉투에 담아 배출합니다.

플라스틱 HDPE

플라스틱 PP

종량제 봉투

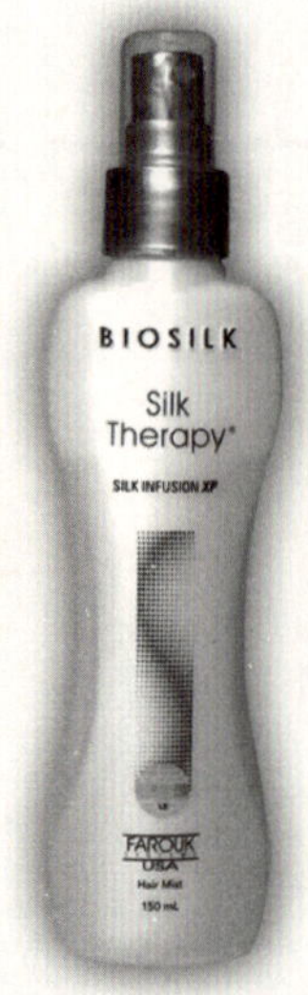

실크테라피 헤어 미스트

LG생활건강

미스트는 린스, 트리트먼트와 함께 대표적인 모발 관리 용품이다. 스프레이 타입으로 분사하여 영양을 공급하고 부스스한 머릿결을 정돈할 수 있다. 헤어 미스트의 올바른 분리배출 방법은 무엇일까?

분리배출 요약

❶ 헤어미스트 용기	플라스틱
❷ 뚜껑	플라스틱
❸ 펌프	종량제 봉투

더 자세히 보기

분리배출 A to Z

크기가 작은 플라스틱의 경우 재활용 선별장에서 선별이 어렵기 때문에 일반 쓰레기로 분류될 수 있습니다.

1 헤어미스트 용기와 뚜껑을 분리합니다.

2 용기와 스프레이를 분리합니다.

3 분리한 스프레이는 종량제 봉투에 담아 배출합니다.

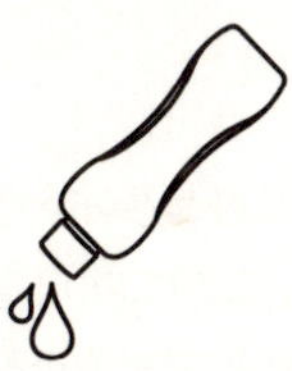

4 용기 내부에 내용물이 없도록 비웁니다.

5 용기와 뚜껑에 오염된 부분이 없도록 세척합니다.

6 세척한 용기와 뚜껑은 플라스틱으로 배출합니다.

152

캔류 알미늄

플라스틱 PP

종량제 봉투

니베아 쉐이빙폼

바이어스도르프

쉐이빙폼은 면도할 때 꼭 필요한 물품이다. 칼날로 인한 피부 손상을 막을 수 있고 면도가 더 깔끔하게 될 수 있도록 도와준다. 쉐이빙폼의 올바른 분리배출 방법은 무엇일까?

분리배출 요약

❶ 쉐이빙폼 용기	캔류
❷ 뚜껑	플라스틱

더 자세히 보기
분리배출 A to Z

내용물은 통풍이 잘되는 안전한 곳에서 노즐을 눌러 가스를 제거해야하며, 송곳 등으로 구멍을 뚫어 완전히 비운 후 배출해야 합니다.
크기가 작은 플라스틱의 경우 재활용 선별장에서 선별이 어렵기 때문에 일반 쓰레기로 분류될 수 있습니다.
다른 재질이 섞여 있는 경우 재질별 분리하여 배출해야 하며, 재질별 분리가 어려울 경우에는 종량제 봉투에 담아 배출해야 합니다.

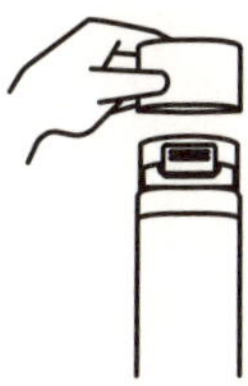

1 쉐이빙폼 용기와 뚜껑을 분리합니다.

2 분리한 뚜껑은 플라스틱으로 배출합니다.

3 노즐을 눌러 내용물을 비우고 송곳 등으로 구멍을 뚫어 내용물을 완전히 비웁니다.

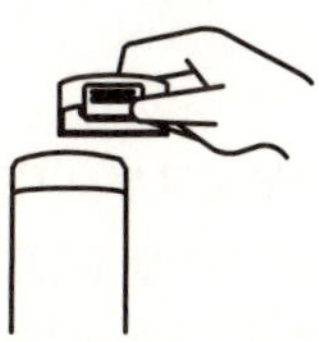

4 용기와 스프레이 노즐을 분리합니다.

5 분리한 스프레이 노즐은 종량제 봉투에 담아 배출합니다.

6 용기는 캔류로 배출합니다.

153

종량제 봉투

질레트 면도기

한국피앤지

면도기는 보통 남성이 수염을 깎기 위해 사용한다. 요즘은 여성용 면도기도 많이 찾아볼 수 있다. 생활 필수품이지만 칼날이 달려있어 위험하기도 하다. 면도기의 올바른 분리배출 방법은 무엇일까?

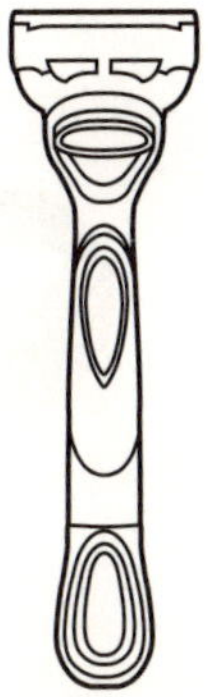

분리배출 요약

❶ 면도기	종량제 봉투

더 자세히 보기

분리배출 A to Z

면도날은 위험하기 때문에 신문지 등으로 감싸 고정 후 배출해야 합니다.

1

날카로운 날 부분을 신문지 등으로 감싸줍니다.

2

감싼 면도기는 종량제 봉투에 담아 배출합니다.

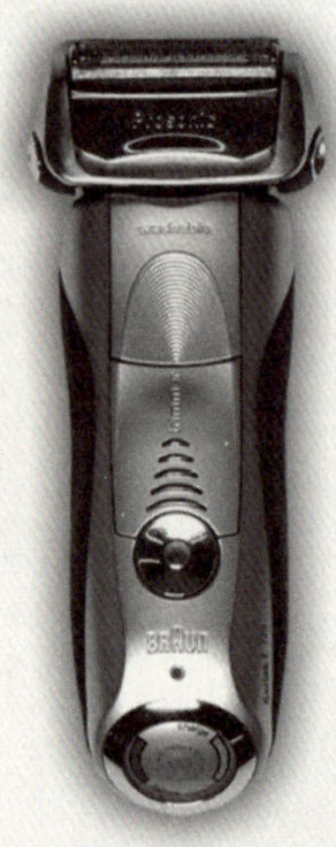

폐소형 가전

브라운 전기 면도기

이엘피스

전기 면도기는 면도를 더욱 편리하게 할 수 있도록 도와준다. 빠르고 상처없이 안전하게 면도를 할 수 있어 많은 남성이 사용하는 전기 면도기의 올바른 분리배출 방법은 무엇일까?

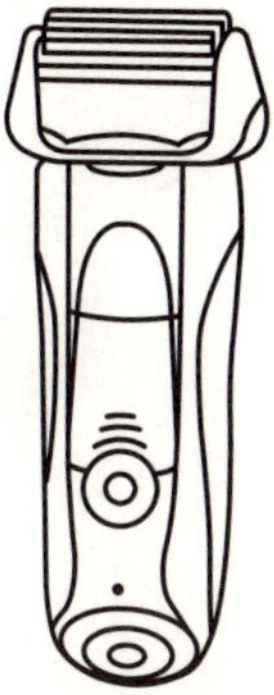

분리배출 요약

❶ 전기 면도기	폐소형 가전

더 자세히 보기

분리배출 A to Z

동주민센터, 구청 등에 설치된 폐소형 가전 수거함에 배출 가능하며, 지자체별로 다를 수 있으니 문의 후 배출해야 합니다.

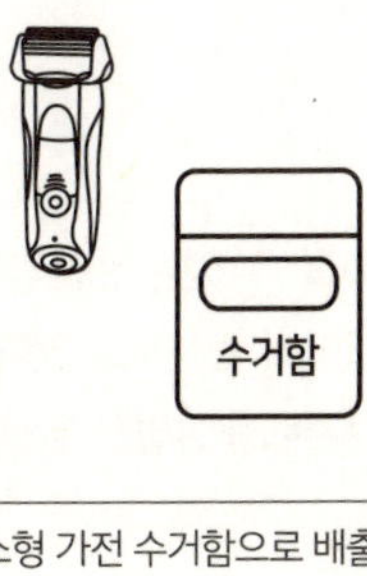

1

폐소형 가전 수거함으로 배출합니다.

155

손톱깎이

청결을 위해서 필수라고 할 수 있는 손톱깎이. 손 세균의 절반 이상이 손톱에서 번식하고 있다고 한다. 손톱깎이의 올바른 분리배출 방법은 무엇일까?

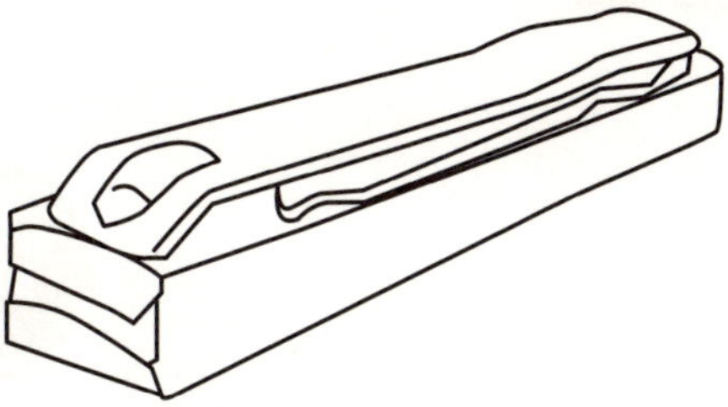

분리배출 요약

❶ 손톱깎이	종량제 봉투

더 자세히 보기
분리배출 A to Z

복합재질로 구성되어 있어 재활용이 되지 않기 때문에 종량제 봉투에 담아 배출합니다. 재질별로 분리가 가능하다면 분리 후 재질에 맞게 배출해야 합니다.
손톱깎이는 위험하기 때문에 신문지 등으로 감싸 고정 후 배출해야 합니다.

1 날카로운 날 부분을 신문지 등으로 감싸줍니다.

2 감싼 손톱깎이는 종량제 봉투에 담아 배출합니다.

156

종량제 봉투

비닐류 OTHER

플라스틱 PP

물티슈

물티슈는 브랜드가 다양하고 수많은 판매점에서 쉽게 구매할 수 있다. 손을 닦기도 하고 행주 대용으로도 쓰는 물티슈의 올바른 분리배출 방법은 무엇일까?

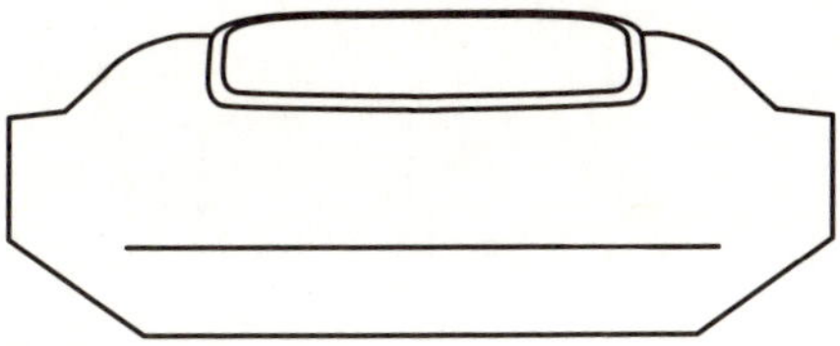

분리배출 요약

❶ 물티슈	종량제 봉투
❷ 물티슈 용기	비닐류
❸ 뚜껑	플라스틱
❹ 밀폐용 라벨	종량제 봉투

더 자세히 보기
분리배출 A to Z

크기가 작은 플라스틱의 경우 재활용 선별장에서 선별이 어렵기 때문에 쓰레기로 분류될 수 있습니다.

1 물티슈 용기와 물티슈를 분리합니다.

2 용기와 밀폐용 라벨을 분리합니다.

3 분리한 물티슈와 밀폐용 라벨은 종량제 봉투에 담아 배출합니다.

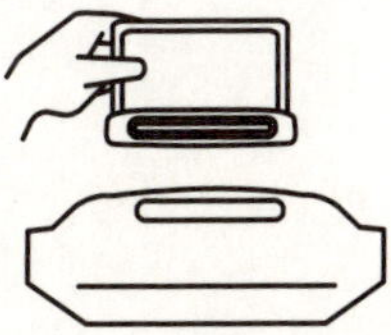

4 용기와 뚜껑을 분리합니다.

5 분리한 뚜껑은 플라스틱으로 배출합니다.

6 용기는 비닐류로 배출합니다.

조리용품

Cooking utensils

8

후라이팬

후라이팬은 각종 구이요리나 볶음요리를 할 때 주로 쓰인다. 무겁고 단단한 후라이팬의 올바른 분리배출 방법은 무엇일까?

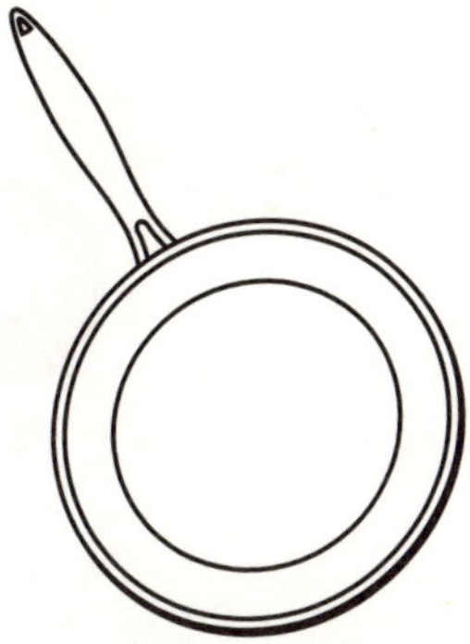

분리배출 요약

❶ 후라이팬	캔류

더 자세히 보기

분리배출 A to Z

다른 재질이 섞여 있는 경우 재질별로 분리 후 재질에 맞게 배출해야 합니다.

1

캔류로 배출합니다.

158

캔류 알미늄

특수 마대

양은냄비

양은냄비에 끓여 먹는 라면은 괜히 더 맛있게 느껴진다. 냄비 외에도 양푼, 막걸리잔 등 레트로 감성이 있는 양은 제품의 올바른 분리배출 방법은 무엇일까?

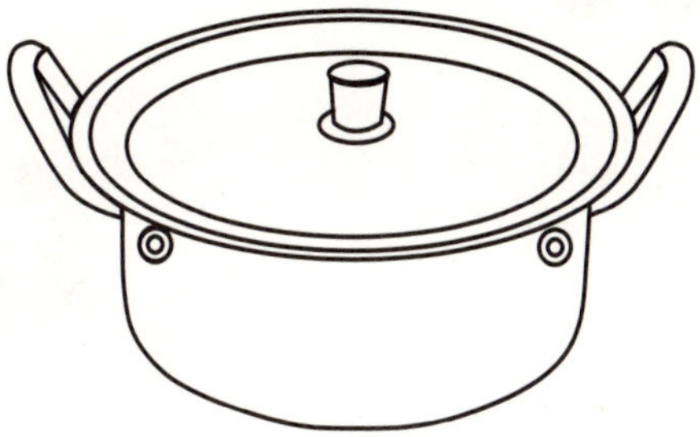

분리배출 요약

❶ 양은냄비	캔류
❷ 뚜껑	특수마대

더 자세히 보기

분리배출 A to Z

특수마대(불연성 쓰레기 봉투)의 명칭과 판매처는 지자체별로 차이가 있어 꼭 문의 후 배출해야 합니다.

재질별로 분리가 가능하다면 분리 후 재질에 맞게 배출해야 합니다.

1 캔류로 배출합니다.

2 마트, 철물점, 동주민센터 등에서 특수마대를 구입합니다.

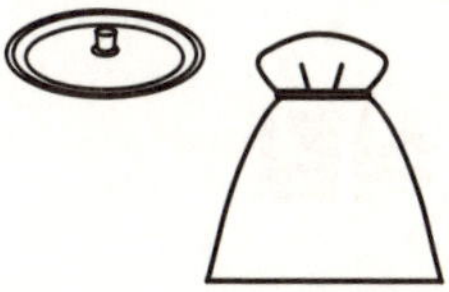

3 뚜껑은 구매한 특수마대에 담아 배출합니다.

159

식칼

음식 재료를 다듬는 데 사용되는 식칼은 날카로운 칼날 때문에 다칠 수 있기 때문에 항상 조심해야 한다. 식칼의 올바른 분리배출 방법은 무엇일까?

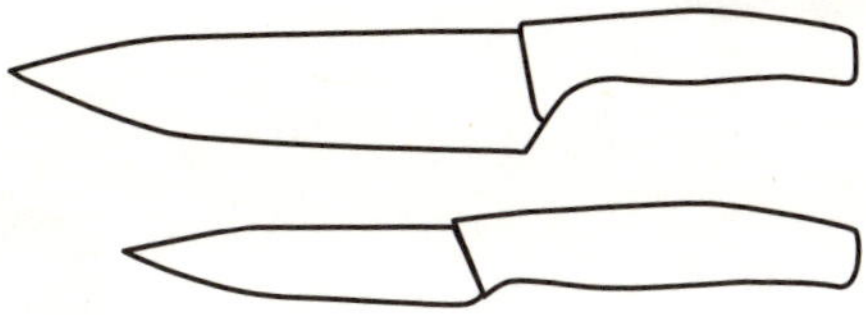

분리배출 요약

❶ 식칼	종량제 봉투

더 자세히 보기

분리배출 A to Z

칼은 위험하기 때문에 신문지 등으로 감싸 고정 후 배출해야 하며, 버려야 하는 양이 많을 경우 특수마대에 담아 배출합니다.
특수마대(불연성 쓰레기 봉투)의 명칭과 판매처는 지자체별로 차이가 있어 꼭 문의 후 배출해야 합니다.

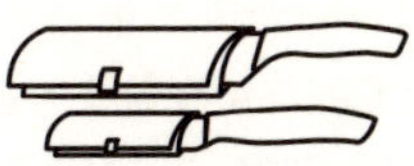

1 날카로운 날 부분을 신문지 등으로 감싸줍니다.

2 감싼 식칼은 종량제 봉투에 담아 배출합니다.

160

종량제 봉투

실리콘 조리도구

최근 들어 실리콘 주방 도구가 큰 인기를 끌고 있다. 다른 재질에 비해 스크래치가 나지 않고 녹슬거나 썩을 걱정이 없다. 실리콘 조리도구의 올바른 분리배출 방법은 무엇일까?

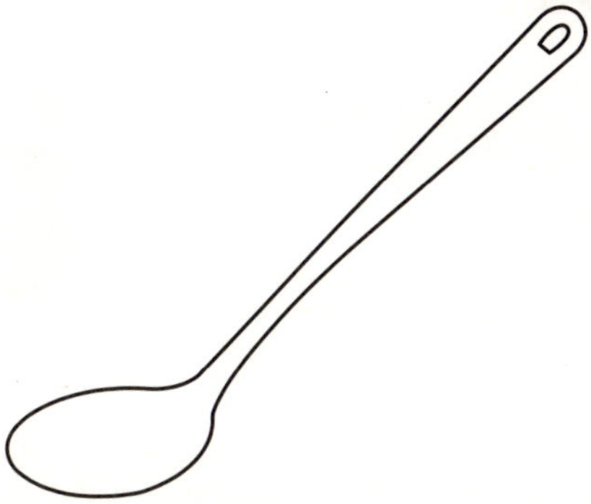

분리배출 요약

❶ 실리콘 조리도구	종량제 봉투

제품의 부피가 커서 종량제 봉투에 담기지 않을 경우에는 특수마대(불연성 쓰레기 봉투)에 담아 배출해야 하며, 특수마대의 명칭과 판매처는 지자체별로 차이가 있어 꼭 문의 후 배출해야 합니다.

더 자세히 보기

분리배출 A to Z

1

종량제 봉투에 담아 배출합니다.

161

스테인리스 조리도구

스테인리스 조리도구는 예전부터 꾸준히 사랑을 받고 있다. 색이 강한 소스나 조미료 등으로 인한 색소침착을 걱정하지 않아도 되는 것이 큰 장점이다. 스테인리스 조리도구의 올바른 분리배출 방법은 무엇일까?

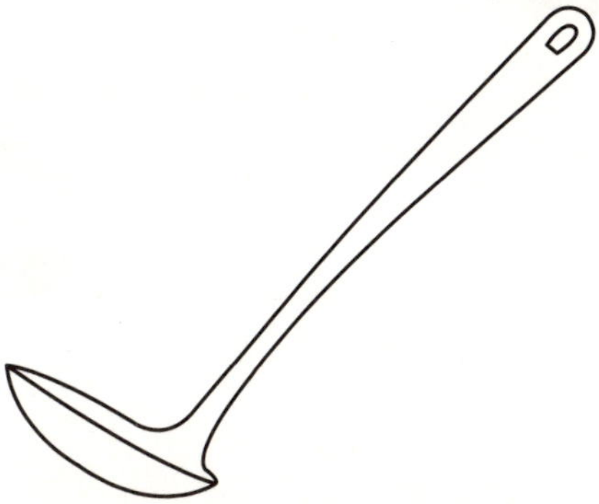

분리배출 요약

❶ 스테인리스 조리도구	캔류

더 자세히 보기

분리배출 A to Z

다른 재질이 합쳐진 제품일 경우에는 재질별로 분리 후 재질에 맞게 배출해야 하며, 분리가 불가능할 경우 종량제 봉투에 담아 배출해야 합니다.

1

캔류로 배출합니다.

냄비 받침대

냄비 받침대는 뜨거운 냄비를 받치기 위해 필요하다. 인테리어 소품 재료로 많이 쓰이는 라탄은 냄비 받침대 재료로도 사용된다. 라탄 재질로 된 냄비 받침대의 올바른 분리 배출하는 방법은 무엇일까?

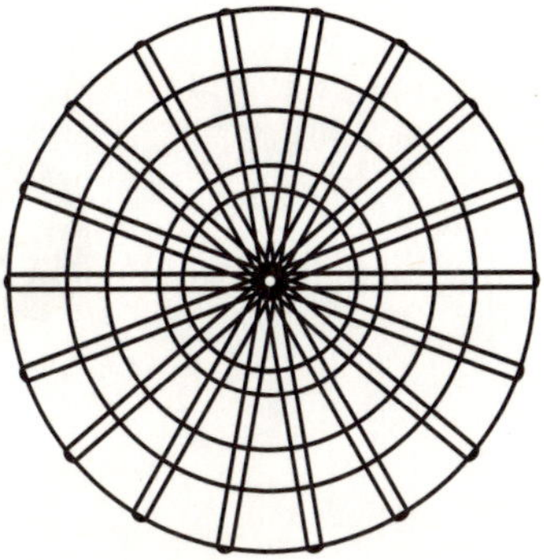

분리배출 요약

❶ 냄비 받침대	종량제 봉투

날카로운 부분이 없도록 하여 배출해야 합니다.

더 자세히 보기

분리배출 A to Z

1

종량제 봉투에 담아 배출합니다.

나무 도마

도마는 음식을 조리하는데 반드시 필요하다. 최근에는 자연적인 분위기의 인테리어가 유행하며, 가정집은 물론 카페, 식당 등에서 나무 도마가 사용되고 있다. 나무 도마의 올바른 분리배출 방법은 무엇일까?

분리배출 요약

❶ 나무 도마	종량제 봉투

더 자세히 보기

분리배출 A to Z

제품의 부피가 커서 종량제 봉투에 담기지 않을 경우에는 특수마대(불연성 쓰레기 봉투)에 담아 배출해야 하며, 특수마대의 명칭과 판매처는 지자체별로 차이가 있어 꼭 문의 후 배출해야 합니다.

1

종량제 봉투에 담아 배출합니다.

플라스틱 도마

TPU 재질의 도마는 나무 도마에 비해 가볍고 세척이 쉬워 사람들이 많이 선호한다. TPU 재질로 된 도마의 올바른 분리배출 방법은 무엇일까?

분리배출 요약

❶ 플라스틱 도마	플라스틱

1

플라스틱으로 배출합니다.

식기/주방잡화

Table ware / Kitchen tool

9

특수
마대

뚝배기

뚝배기는 열이 오래 유지되어 뜨거운 국물이 필요한 한식 요리를 할 때 자주 사용된다. 가정집과 식당에서 각종 찌개와 찜 등을 맛있게 끓여낸다. 뚝배기의 올바른 분리배출 방법은 무엇일까?

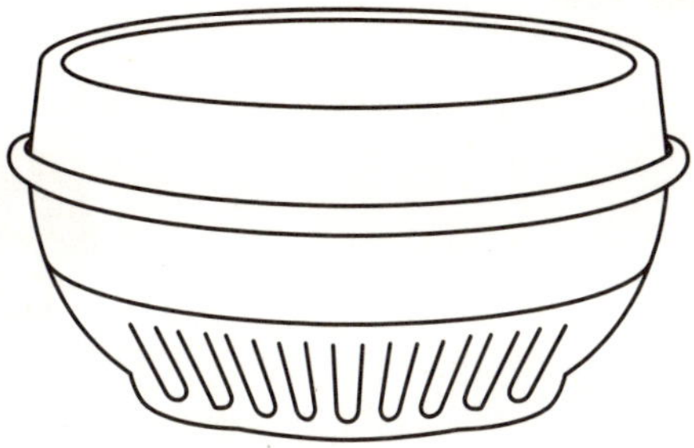

분리배출 요약

❶ 뚝배기	특수마대

더 자세히 보기
분리배출 A to Z

특수마대(불연성 쓰레기 봉투)의 판매처와 명칭은 조금씩 다를 수 있기 때문에 지자체별로 문의 후 배출해야 합니다.

1 뚝배기에 오염된 부분이 없도록 세척합니다.

2 마트, 철물점, 동주민센터 등에서 특수마대를 구입합니다.

3 구매한 특수마대에 담아 배출합니다.

166

특수 마대

머그컵

환경을 위해 일회용 플라스틱, 종이컵 대신 사용하는 머그컵은 단단하고 견고한 재질로 되어 있어 오랜 기간 사용할 수 있다. 머그컵의 올바른 분리배출 방법은 무엇일까?

분리배출 요약

❶ 머그컵 특수마대

특수마대(불연성 쓰레기 봉투)의 명칭과 판매처는 지자체별로 차이가 있어 꼭 문의 후 배출해야 합니다.

더 자세히 보기

분리배출 A to Z

1 머그컵에 오염된 부분이 없도록 세척합니다.

2 마트, 철물점, 동주민센터 등에서 특수마대를 구입합니다.

3 구매한 특수마대에 담아 배출합니다.

종이컵

종이컵은 배달음식을 시켜 먹거나 야외에서 음식을 먹을 때 많이 사용한다. 심지어 설거지가 번거로워 종이컵을 쓰는 집도 있을 정도다. 종이컵의 올바른 분리배출 방법은 무엇일까?

분리배출 요약

❶ 종이컵	일반팩

더 자세히 보기

분리배출 A to Z

종이컵은 종이컵끼리 모아 배출하는 것이 재활용에 용이하며, 종이와 일반팩은 다른 방식으로 재활용되므로 반드시 종이가 아닌 일반팩으로 분리 배출해야 합니다. 일반팩 전용 수거함이 없을 경우, 종이컵끼리 모아 종이로 배출합니다.

1 종이컵에 오염된 부분이 없도록 세척합니다.

2 세척한 종이컵은 종이컵끼리 모아 일반팩으로 배출합니다.

168

유리

소주잔

한국의 대표 주류인 소주는 도수가 높아 작은 잔에 따라 마신다. 소주잔의 올바른 분리배출 방법은 무엇일까?

분리배출 요약

❶ 소주잔	유리

더 자세히 보기

분리배출 A to Z

깨진 유리의 경우 재활용이 불가능하기 때문에 신문지 등으로 감싼 뒤 종량제 봉투에 담아 배출해야 합니다.

1 소주잔에 오염된 부분이 없도록 세척합니다.

2 세척한 소주잔은 유리로 배출합니다.

169

특수
마대

내열 유리 접시

내열 유리 접시는 전자레인지에서 조리가 가능해 많은 사람이 사용하고 있다. 내열 유리 접시의 올바른 분리배출 방식은 무엇일까?

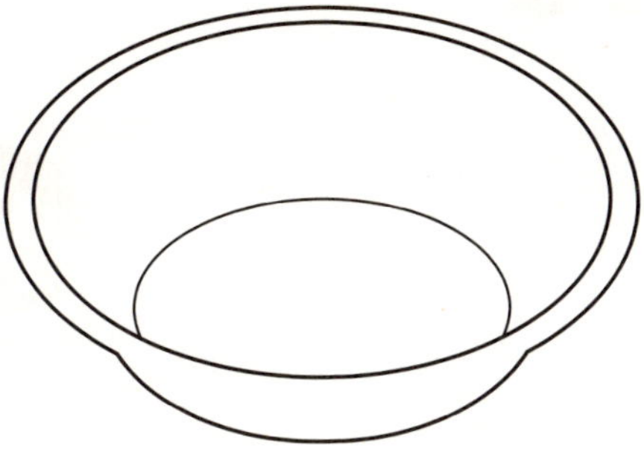

분리배출 요약

❶ 내열 유리 접시 특수마대

더 자세히 보기

분리배출 A to Z

내열유리는 유리로 재활용되지 않기 때문에 특수마대에 담아 배출해야 합니다.
특수마대(불연성 쓰레기 봉투)의 명칭과 판매처는 지자체별로 차이가 있어 꼭 문의 후 배출해야 합니다.

1 내열 유리 접시에 오염된 부분이 없도록 세척합니다.

2 마트, 철물점, 동주민센터 등에서 특수마대를 구입합니다.

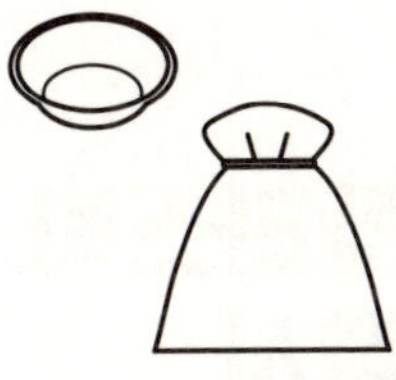

3 구매한 특수마대에 담아 배출합니다.

170

플라스틱 접시

플라스틱 접시는 유리 접시에 비해 내구성이 강하고 도자기 접시에 비해 간편하게 사용할 수 있어 일상생활에 자주 사용된다. 플라스틱 접시의 올바른 분리배출 방법은 무엇일까?

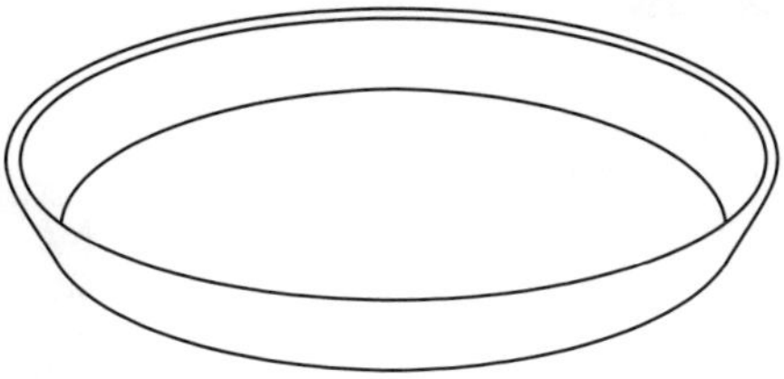

분리배출 요약

❶ 플라스틱 접시	플라스틱

1

플라스틱 접시에 오염된 부분이 없도록 세척합니다.

2

세척한 접시는 플라스틱으로 배출합니다.

171

캔류 알미늄

스테인리스 접시

스테인리스 접시는 깨지지 않고 녹슬지 않아 편리하게 사용할 수 있다. 스테인리스 접시의 올바른 분리배출 방법은 무엇일까?

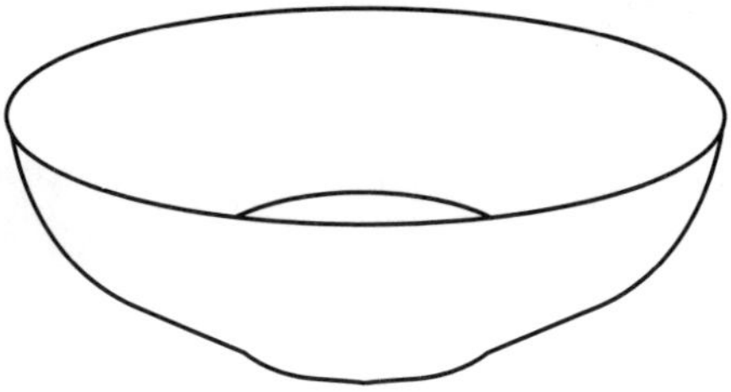

분리배출 요약

❶ 스테인리스 접시	캔류

1 스테인리스 접시에 오염된 부분이 없도록 세척합니다.

2 세척한 접시는 캔류로 배출합니다.

유리

플라스틱 PP

종량제 봉투

유리 밀폐용기

밀폐용기는 보관 시 최대한 산소를 차단하여 부패를 막고 신선도를 유지할 수 있다. 유리 밀폐용기의 경우 비교적 냄새와 착색 걱정이 없어 많은 가정에서 사용하고 있다. 유리 밀폐용기의 올바른 분리배출 방법은 무엇일까?

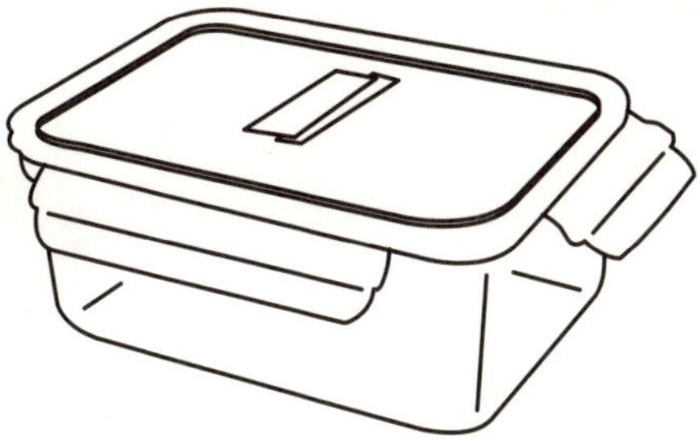

분리배출 요약

❶ 유리 밀폐용기	유리
❷ 뚜껑	플라스틱
❸ 고무 패킹	종량제 봉투
❹ 라벨	종량제 봉투

더 자세히 보기

분리배출 A to Z

내열유리는 유리로 재활용되지 않기 때문에 반드시 분리배출 표시를 확인한 후 배출해야 합니다.
깨진 유리의 경우 신문지 등으로 감싼 후 특수 마대에 담아 배출해야 합니다.

1 유리 밀폐용기와 뚜껑을 분리합니다.

2 분리한 밀폐용기와 뚜껑에 오염된 부분이 없도록 세척합니다.

3 세척한 밀폐용기는 유리로 배출합니다.

4 뚜껑에 부착된 라벨과 고무 패킹을 분리합니다.

5 분리한 라벨과 고무 패킹은 종량제 봉투에 담아 배출합니다.

6 뚜껑은 플라스틱으로 배출합니다.

플라스틱 OTHER

플라스틱 PP

종량제 봉투

트라이탄 밀폐용기

트라이탄 밀폐용기는 내구성과 내열성이 우수해 유리 밀폐용기와 함께 많이 사용된다. 트라이탄은 환경 호르몬이 나오지 않아 젖병으로도 쓰인다. 트라이탄 밀폐용기의 올바른 분리배출 방법은 무엇일까?

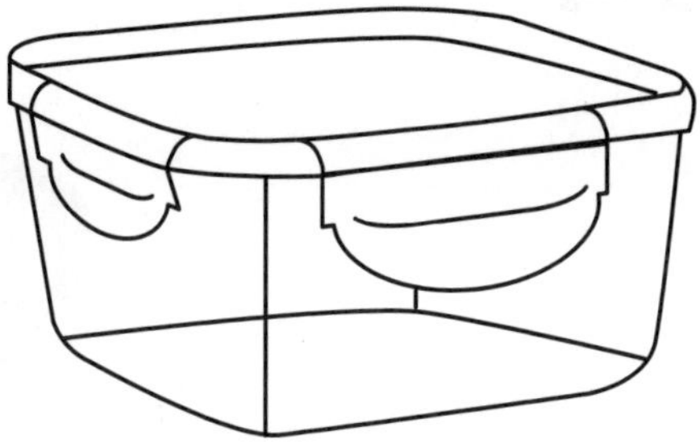

분리배출 요약

❶ 트라이탄 밀폐용기	플라스틱
❷ 뚜껑	플라스틱
❸ 고무 패킹	종량제 봉투

1

플라스틱 밀폐용기와 뚜껑을 분리합니다.

2

분리한 밀폐용기와 뚜껑에 오염된 부분이 없도록 세척합니다.

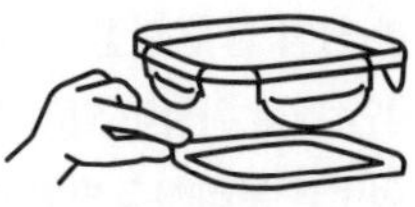

3

뚜껑과 고무 패킹을 분리합니다.

4

분리한 고무 패킹은 종량제 봉투에 담아 배출합니다.

5

밀폐용기와 뚜껑은 플라스틱으로 배출합니다.

174

특수 마대

캔류 철

종량제 봉투

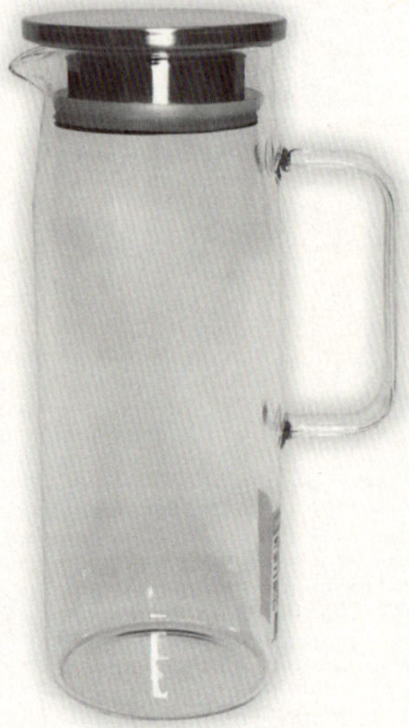

내열 유리 물병

내열 유리 물병은 적당한 양의 물을 담을 수 있고 보기에도 예쁘다. 그렇지만 깨질 위험이 있어 주의해야 한다. 유리 물병의 올바른 분리배출 방법은 무엇일까?

분리배출 요약

❶ 내열 유리 물병	특수마대
❷ 뚜껑	캔류
❸ 고무 패킹	종량제 봉투

더 자세히 보기

분리배출 A to Z

내열유리는 유리로 재활용되지 않기 때문에 특수마대에 담아 배출해야 합니다.

특수마대(불연성 쓰레기 봉투)의 명칭과 판매처는 지자체별로 차이가 있어 꼭 문의 후 배출해야 합니다.

1 내열 유리 물병과 뚜껑, 고무패킹을 분리합니다.

2 분리한 고무 패킹은 종량제 봉투에 담아 배출합니다.

3 용기와 뚜껑에 오염된 부분이 없도록 세척합니다.

4 세척한 뚜껑은 캔류로 배출합니다.

5 마트, 철물점, 동주민센터 등에서 특수마대를 구입합니다.

6 구매한 특수마대에 담아 배출합니다.

175

무색페트

플라스틱 PP

종량제 봉투

플라스틱 물병

플라스틱 물병은 잘 깨지지 않기 때문에 사용이 편리하다. 요즘에는 예쁜 디자인의 물병도 많이 나온다. 플라스틱 물병의 올바른 분리배출 방법은 무엇일까?

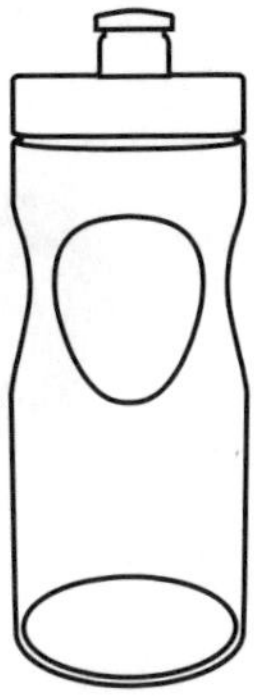

분리배출 요약

❶ 플라스틱 물병	무색 페트
❷ 뚜껑	플라스틱
❸ 고무 패킹	종량제 봉투
❹ 라벨	종량제 봉투

1

플라스틱 물병에 부착된 라벨과 뚜껑을 분리합니다.

2

분리한 용기와 뚜껑에 오염된 부분이 없도록 세척합니다.

3

뚜껑과 고무패킹을 분리합니다.

4

분리한 고무패킹과 라벨은 종량제 봉투에 담아 배출합니다.

5

뚜껑은 플라스틱으로 배출합니다.

6

물병은 무색 페트로 배출합니다.

176

캔류 알미늄

수저

수저는 밥을 먹거나 음식을 먹을 때 없어서는 안 되는 물건이다. 수저의 올바른 분리배출 방법은 무엇일까?

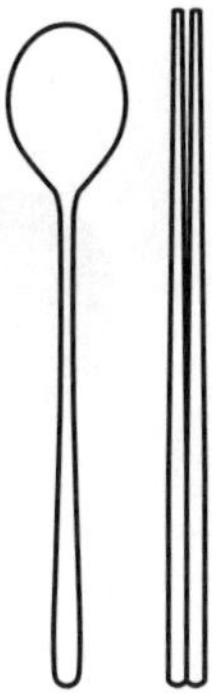

분리배출 요약

❶ 수저	캔류

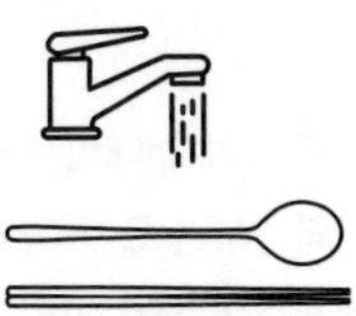

1 수저에 오염된 부분이 없도록 세척합니다.

2 세척한 수저는 캔류로 배출합니다.

177

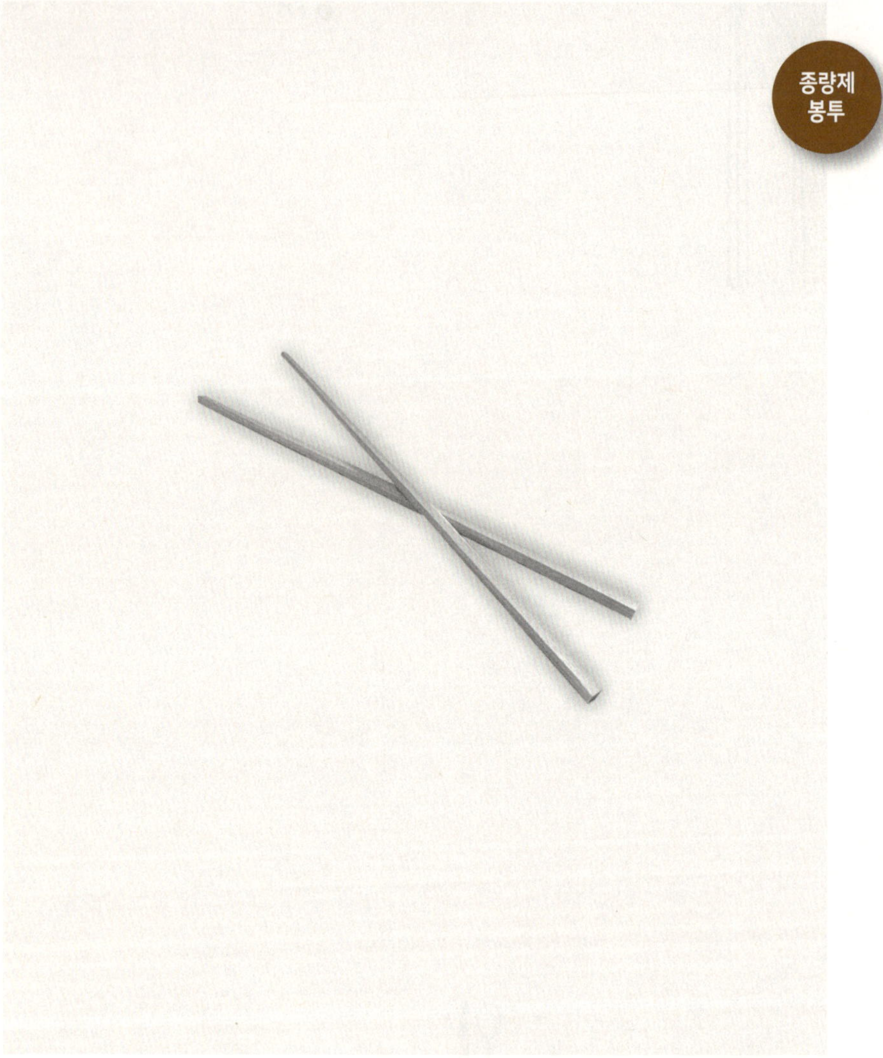

나무젓가락

나무젓가락은 1인 가구의 증가와 팬데믹 시대의 영향으로 배달문화가 확산되면서 수요가 더욱 급증했다. 나무젓가락의 올바른 분리배출 방법은 무엇일까?

분리배출 요약

❶ 나무젓가락	종량제 봉투

나무젓가락 등의 작고, 오염된 나무 조각은 종량제 봉투에 담아 배출합니다.

더 자세히 보기

분리배출 A to Z

1 종량제 봉투에 담아 배출합니다.

178

일회용 포크

일회용품의 사용이 증가하며 플라스틱 일회용 식기구도 많이 사용하고 있다. 설거지한 후 여러번 재사용하기도 하는데, 플라스틱 재질인 일회용 포크의 올바른 분리배출 방법은 무엇일까?

분리배출 요약

❶ 일회용 포크	플라스틱

더 자세히 보기

분리배출 A to Z

크기가 작은 플라스틱의 경우 재활용 선별장에서 선별이 어렵기 때문에 일반 쓰레기로 분류될 수 있습니다.

1

일회용 포크에 오염된 부분이 없도록 세척합니다.

2

세척한 일회용 포크는 플라스틱으로 배출합니다.

종량제 봉투

비닐류 OTHER

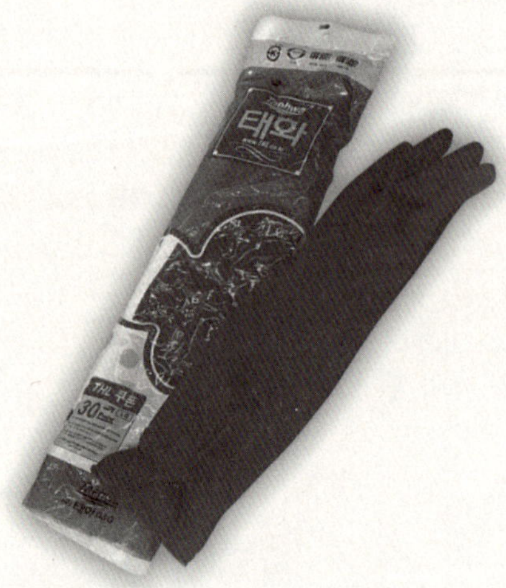

태화 고무장갑

태화지앤지

고무장갑은 설거지할 때 손을 보호하는 역할을 한다. 고무장갑 없이 세제에 노출되면 피부에 손상을 줄 수 있다. 고무장갑의 올바른 분리배출 방법은 무엇일까?

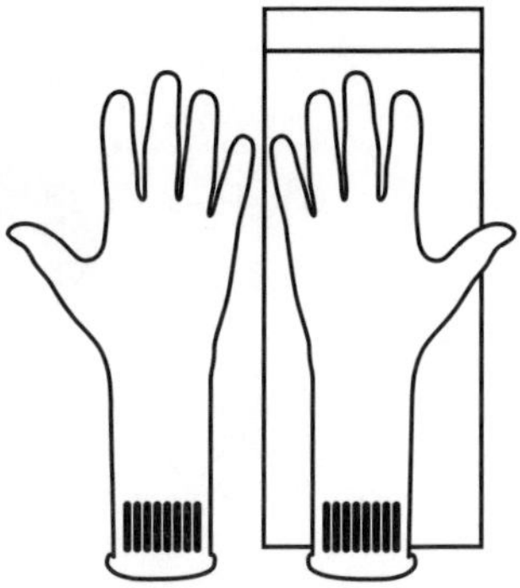

분리배출 요약

❶ 고무장갑	종량제 봉투
❷ 포장 비닐	비닐류

1

고무장갑과 포장 비닐을 분리합니다.

2

분리한 고무장갑은 종량제 봉투에 담아 배출합니다.

3

포장 비닐은 비닐류로 배출합니다.

크린장갑

크린랩

일회용 비닐장갑은 음식을 만들고 나서 오염물을 제거하지 않는 경우가 많다. 일회용 비닐장갑의 올바른 분리배출 방법은 무엇일까?

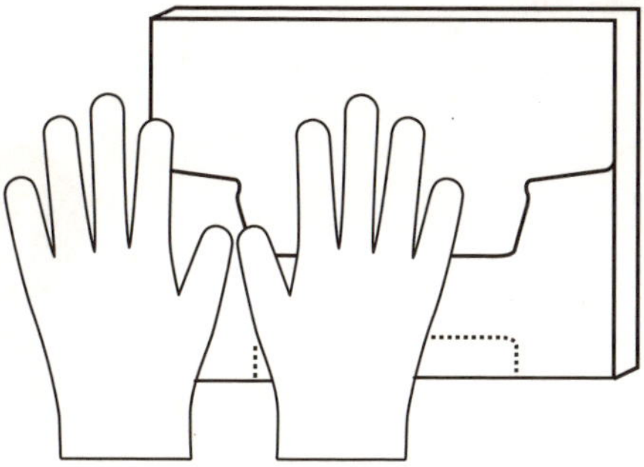

분리배출 요약

❶ 일회용 비닐장갑	비닐류
❷ 포장 상자	종이

더 자세히 보기
분리배출 A to Z

오염물 제거가 어려울 경우에도 종량제 봉투에 담아 배출해야 합니다.
종이에 오염된 부분이 있을 경우 오염된 부분을 잘라내고 배출하거나 종량제 봉투에 담아 배출해야 합니다.
포장 상자에 테이프 등 이물질이 있는 경우에는 제거 후 반듯하게 접어 배출합니다.

1 일회용 비닐장갑과 포장 상자를 분리합니다.

2 분리한 포장 상자는 종이로 배출합니다.

3 비닐장갑에 오염된 부분이 없도록 세척합니다.

4 세척한 비닐장갑은 비닐류로 배출합니다.

181

종량제 봉투

종이

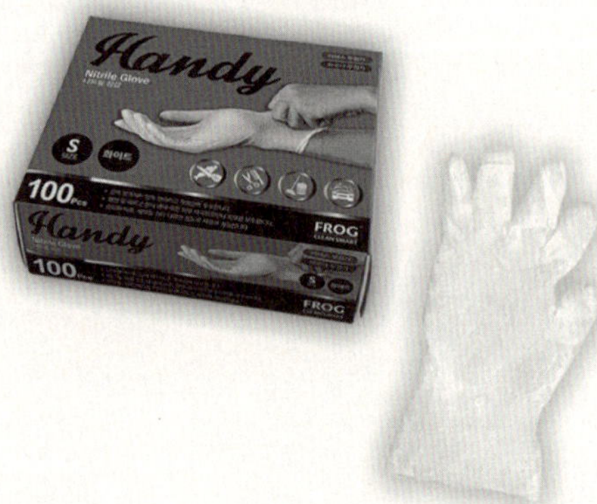

프로그 니트릴 장갑

오리오

니트릴, 라텍스 일회용 장갑은 비닐장갑에 비해 튼튼하고 미끄럽지 않아 다양한 작업에 사용하기 좋다. 병원이나 미용실 등 약품을 사용하는 곳에서 자주 활용된다. 최근에는 가정에서도 많이 사용되는 일회용 니트릴 장갑의 올바른 분리배출 방법은 무엇일까?

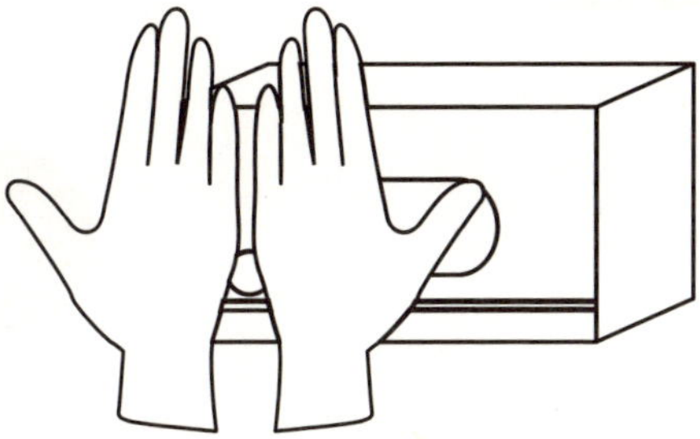

분리배출 요약

❶ 일회용 니트릴 장갑	종량제 봉투
❷ 포장 상자	종이

더 자세히 보기

분리배출 A to Z

분리배출 표시가 없을 경우 재활용 가능 여부를 확인할 수 없어 종량제 봉투에 담아 배출해야 하며, 오염물 제거가 어려울 경우에도 종량제 봉투에 담아 배출해야 합니다.

종이에 오염된 부분이 있을 경우 오염된 부분을 잘라내고 배출하거나 종량제 봉투에 담아 배출해야 합니다.

포장 상자에 테이프 등 이물질이 있는 경우에는 제거 후 반듯하게 접어 배출합니다.

1 일회용 니트릴 장갑과 포장 상자를 분리합니다.

2 분리한 니트릴 장갑은 종량제 봉투에 담아 배출합니다.

3 포장 상자는 종이로 배출합니다.

종량제 봉투

플라스틱 프리 동구밭 천연 수세미

동구밭

천연 수세미는 수세미라는 식물을 건조해 만든다. 가공 수세미에 비해 흠집이 덜 나는 장점이 있다. 미세 플라스틱을 만들지 않아 친환경적이기도 하다. 천연 수세미의 올바른 분리배출 방법은 무엇일까?

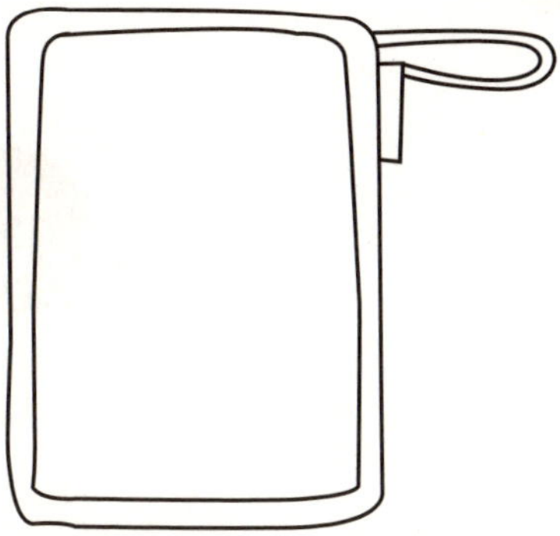

분리배출 요약

❶ 천연 수세미	종량제 봉투

더 자세히 보기

분리배출 A to Z

1

종량제 봉투에 담아 배출합니다..

183

종량제 봉투

3M 망사 수세미

한국쓰리엠

망사 수세미는 까칠한 재질로 되어 있어 설거지할 때 이물질 제거에 용이하다. 망사 수세미의 올바른 분리배출 방법은 무엇일까?

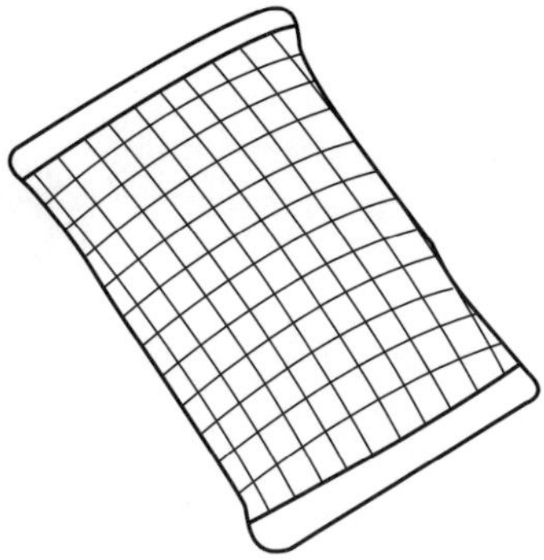

분리배출 요약

❶ 망사 수세미	종량제 봉투

1

종량제 봉투에 담아 배출합니다.

184

종량제
봉투

우레탄 수세미

양면이 서로 다른 재질로 만들어진 우레탄 수세미는 한쪽 면이 부드러운 스펀지로 되어 있어 약한 식기에 사용하기 용이하지만 쉽게 헤진다는 단점이 있다. 우레탄 수세미의 올바른 분리배출 방법은 무엇일까?

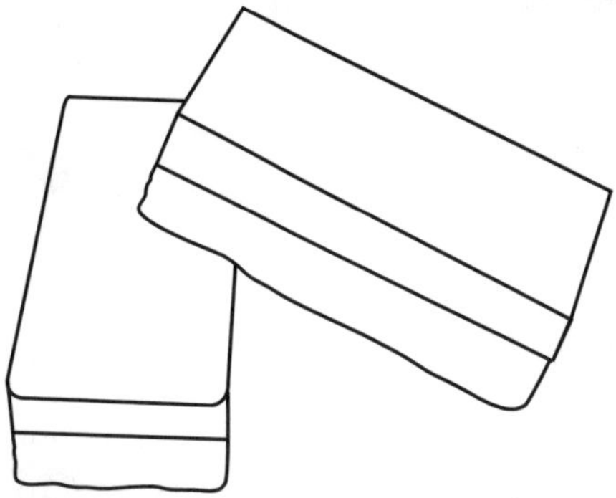

분리배출 요약

❶ 우레탄 수세미	종량제 봉투

1

종량제 봉투에 담아 배출합니다.

185

플라스틱 OTHER

플라스틱 PP

종량제 봉투

에코 슬림 물병

락앤락

에코 슬림 물병은 가볍고 투명한 플라스틱으로 만들진 텀블러로 휴대에 용이하다. 에코 슬림 물병의 올바른 분리배출 방법은 무엇일까?

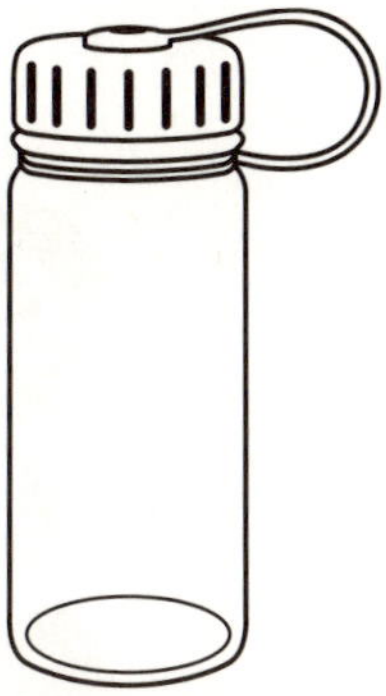

분리배출 요약

❶ 텀블러	플라스틱
❷ 뚜껑	플라스틱
❸ 스트랩	종량제 봉투
❹ 고무 패킹	종량제 봉투

더 자세히 보기

분리배출 A to Z

크기가 작은 플라스틱의 경우 재활용 선별장에서 선별이 어렵기 때문에 일반 쓰레기로 분류될 수 있습니다.

1

텀블러와 뚜껑을 분리합니다.

2

분리한 텀블러와 뚜껑에 오염된 부분이 없도록 세척합니다.

3

뚜껑과 스트랩, 고무패킹을 분리합니다.

4

분리한 스트랩과 고무패킹은 종량제 봉투에 담아 배출합니다.

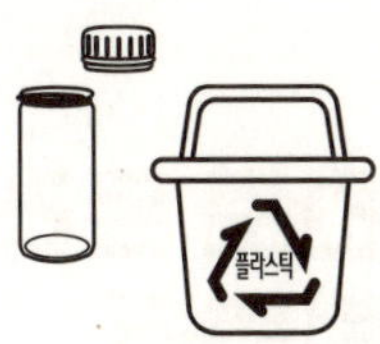

5

용기와 뚜껑은 플라스틱으로 배출합니다.

캔류 알미늄

플라스틱 PP

종량제 봉투

킨토 트레블 텀블러

새뉴

스테인리스 텀블러는 튼튼하고 보온성이 뛰어나다. 스테인리스 텀블러의 올바른 분리배출 방법은 무엇일까?

분리배출 요약

❶ 텀블러	캔류
❷ 뚜껑	플라스틱
❸ 고무 패킹	종량제 봉투

더 자세히 보기

분리배출 A to Z

크기가 작은 플라스틱의 경우 재활용 선별장에서 선별이 어렵기 때문에 일반 쓰레기로 분류될 수 있습니다.

1 텀블러와 뚜껑을 분리합니다.

2 분리한 용기와 뚜껑에 오염된 부분이 없도록 세척합니다.

3 뚜껑과 고무 패킹을 분리합니다.

4 분리한 고무 패킹은 종량제 봉투에 담아 배출합니다.

5 뚜껑은 플라스틱으로 배출합니다.

6 텀블러는 캔류로 배출합니다.

종량제 봉투

서울의 컵 에코젠 텀블러

소셜혁신연구소

환경 문제가 대두되면서 텀블러의 사용이 늘었다. 카페에서 텀블러 소지 시 할인하는 캠페인도 많아지고 있다. 한 번 쓰고 버리는 일회용 컵과 달리 여러번 사용이 가능해 친환경적인 서울의 컵 에코젠 텀블러의 올바른 분리배출 방법은 무엇일까?

분리배출 요약

❶ 서울의 컵	종량제 봉투

더 자세히 보기
분리배출 A to Z

생분해성 플라스틱은 일반플라스틱과 물성이 달라 종량제 봉투에 담아 배출해야 합니다.

1 텀블러에 오염된 부분이 없도록 세척합니다.

2 세척한 텀블러는 종량제 봉투에 담아 배출합니다.

특수 마대

플라스틱 PP

종량제 봉투

캔류 철

에프테르 스트레바 휴대용 머그

이케아

휴대용 머그는 유리로 된 휴대용 텀블러로 차를 우려먹기에 용이하다. 유리는 깨질 위험성이 있어 주의해서 사용해야 한다. 유리 텀블러의 올바른 분리배출 방법은 무엇일까?

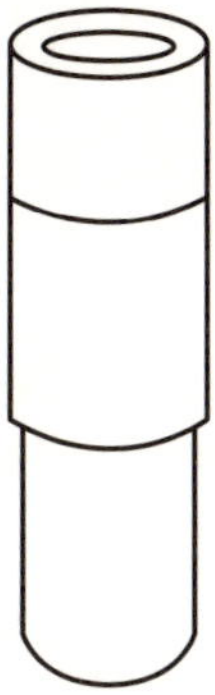

분리배출 요약

❶ 텀블러	특수마대
❷ 뚜껑	플라스틱
❸ 실리콘 홀더	종량제 봉투
❹ 거름망	캔류
❺ 고무 패킹	종량제 봉투

1

텀블러와 뚜껑을 분리합니다.

2

분리한 용기와 뚜껑에 오염된 부분이 없도록 세척합니다.

3

뚜껑과 고무 패킹을 분리합니다.

4

텀블러와 실리콘 홀더를 분리합니다.

5

분리한 실리콘 홀더와 고무 패킹은 종량제 봉투에 담아 배출합니다.

6

뚜껑은 플라스틱으로 배출합니다.

내열유리는 유리로 재활용되지 않기 때문에 특수마대에 담아 배출해야 합니다.
특수마대(불연성 쓰레기 봉투)의 명칭과 판매처는 지자체별로 차이가 있어 꼭 문의 후 배출해야 합니다.
크기가 작은 플라스틱의 경우 재활용 선별장에서 선별이 어렵기 때문에 일반 쓰레기로 분류될 수 있습니다.

7 거름망은 캔류로 배출합니다.

8 마트, 철물점, 동주민센터 등에서 특수마대를 구입합니다.

9 구매한 특수마대에 담아 배출합니다.

비닐류 HDPE

종이

위생백

일회용 위생백은 음식을 나누어 담는 등 주방에서의 활용도가 높다. 위생백의 올바른 분리배출 방법은 무엇일까?

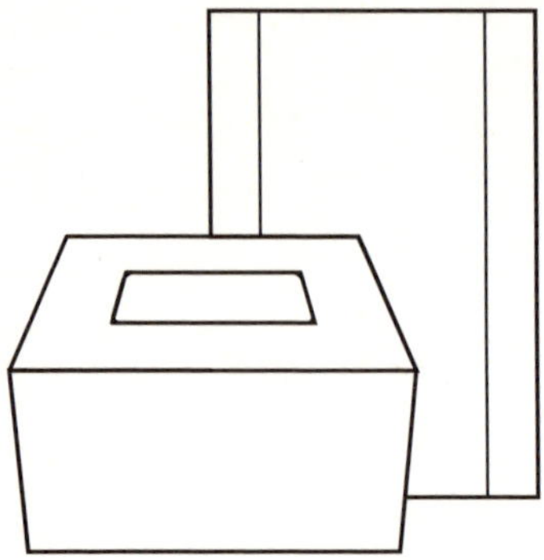

분리배출 요약

❶ 위생백	비닐류
❷ 포장 상자	종이

더 자세히 보기

분리배출 A to Z

오염물 제거가 어려울 경우에는 종량제 봉투에 담아 배출해야 합니다.
종이에 오염된 부분이 있을 경우 오염된 부분을 잘라내고 배출하거나 종량제 봉투에 담아 배출해야 합니다.
포장 상자에 테이프 등 이물질이 있는 경우에는 제거 후 반듯하게 접어 배출합니다.

1

위생백과 포장 상자를 분리합니다.

2

분리한 포장 상자는 종이로 배출합니다.

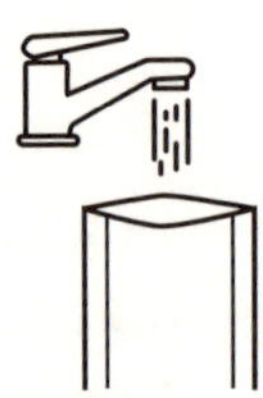

3

위생백에 오염된 부분이 없도록 세척합니다.

4

세척한 위생백은 비닐류로 배출합니다.

비닐류 LDPE

종이

지퍼백

지퍼백은 지퍼가 달려 있어 밀봉이 필요한 음식을 나누어 담을 때 좋다. 지퍼백의 올바른 분리배출 방법은 무엇일까?

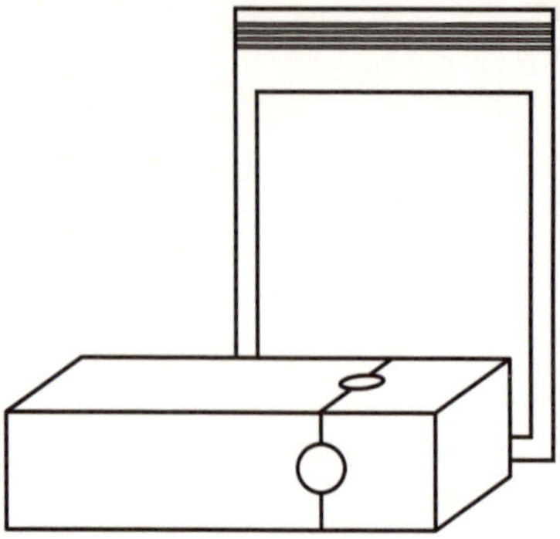

분리배출 요약

❶ 지퍼백	비닐류
❷ 포장 상자	종이

더 자세히 보기
분리배출 A to Z

지퍼백에 붙어있는 지퍼 부분은 따로 잘라낼 필요없이 그대로 비닐류로 배출하고, 슬라이딩 지퍼백의 경우 플라스틱 닫개는 떼어내 종량제 봉투에 담아 배출합니다.
종이에 오염된 부분이 있을 경우 오염된 부분을 잘라내고 배출하거나 종량제 봉투에 담아 배출해야 합니다.
포장 상자에 테이프 등 이물질이 있는 경우에는 제거 후 반듯하게 접어 배출합니다.

1 지퍼백과 포장 상자를 분리합니다.

2 분리한 포장 상자는 종이로 배출합니다.

3 지퍼백에 오염된 부분이 없도록 세척합니다.

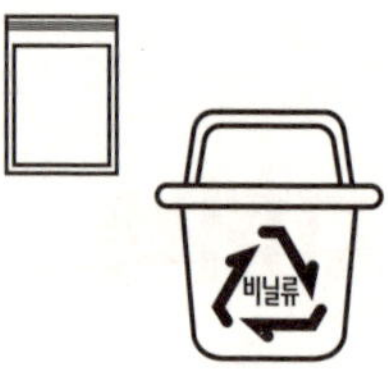

4 세척한 지퍼백은 비닐류로 배출합니다.

종량제 봉투

종이

캔류 철

크린랲
크린랲

비닐랩은 뚜껑이 없는 그릇에 담긴 음식을 덮어서 보관할 수 있어 편리하다. 비닐랩의 올바른 분리배출 방법은 무엇일까?

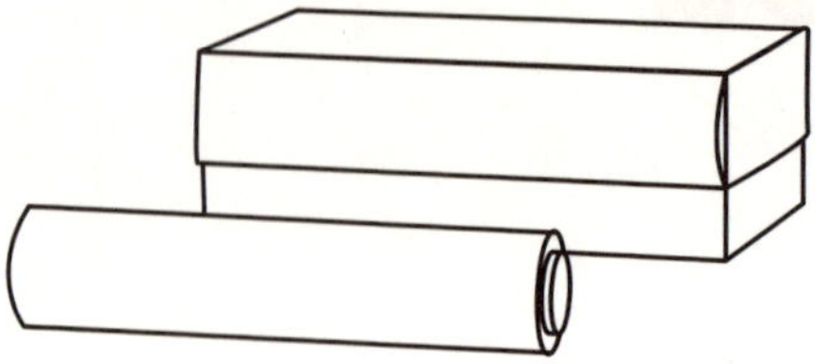

분리배출 요약

❶ 비닐랩	종량제 봉투
❷ 포장 상자	종이
❸ 심지	종이
❹ 커팅 날	캔류

더 자세히 보기

분리배출 A to Z

종이에 오염된 부분이 있을 경우 오염된 부분을 잘라내고 배출하거나 종량제 봉투에 담아 배출해야 합니다.
포장 상자에 테이프 등 이물질이 있는 경우에는 제거 후 반듯하게 접어 배출합니다.

1 사용한 비닐랩은 종량제 봉투에 담아 배출합니다.

2 커팅 날을 다치지 않도록 안전에 유의하여 포장 상자와 분리합니다.

3 분리한 커팅 날은 캔류로 배출합니다.

4 포장 상자와 심지를 분리합니다.

5 분리한 포장상자와 심지는 종이로 배출합니다.

종량제 봉투

종이

캔류 철

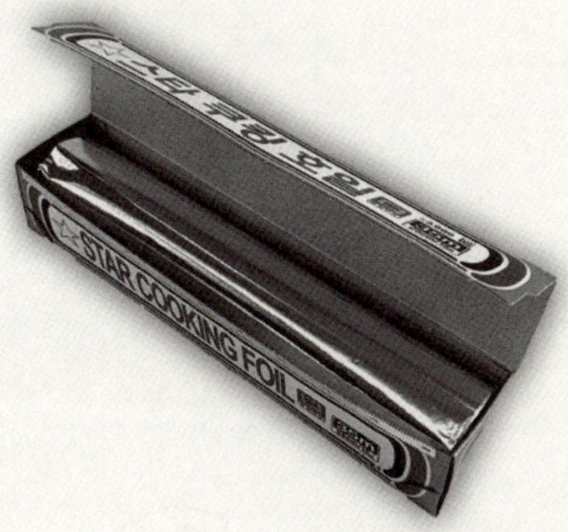

스타 쿠킹 호일
스타호일

쿠킹 호일은 요리를 하거나 음식을 보관할 때 온도를 보존하기 위해 사용된다. 오븐이나 에어프라이기에 넣어서 사용할 수도 있다. 쿠킹 호일의 올바른 분리배출 방법은 무엇일까?

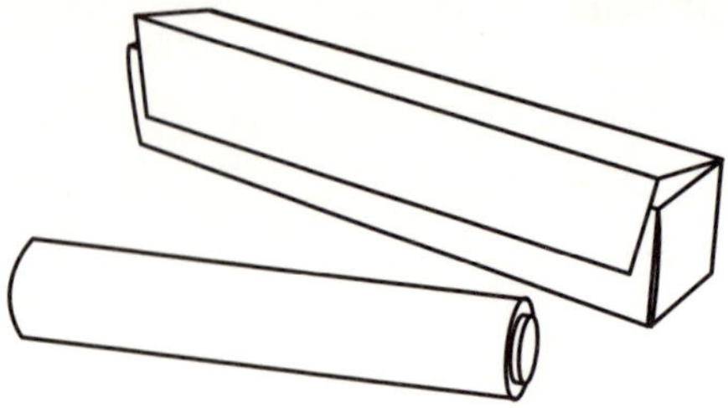

분리배출 요약

❶ 쿠킹호일	종량제 봉투
❷ 포장 상자	종이
❸ 심지	종이
❹ 커팅 날	캔류

더 자세히 보기

분리배출 A to Z

종이에 오염된 부분이 있을 경우 오염된 부분을 잘라내고 배출하거나 종량제 봉투에 담아 배출해야 합니다.
포장 상자에 테이프 등 이물질이 있는 경우에는 제거 후 반듯하게 접어 배출합니다.

1 사용한 쿠킹호일은 종량제 봉투에 담아 배출합니다.

2 커팅 날을 다치지 않도록 안전에 유의하여 포장 상자와 분리합니다.

3 분리한 커팅 날은 캔류로 배출합니다.

4 포장 상자와 심지를 분리합니다.

5 분리한 포장상자와 심지는 종이로 배출합니다.

종량제 봉투

종이

캔류 철

다이소 쿠킹 종이 호일
크린센스

종이 호일은 알루미늄 호일과 같은 용도로 사용된다. 알루미늄 호일에 비해 열 전도율은 낮지만, 전자레인지에서도 사용할 수 있다는 장점이 있는 종이 호일의 올바른 분리배출 방법은 무엇일까?

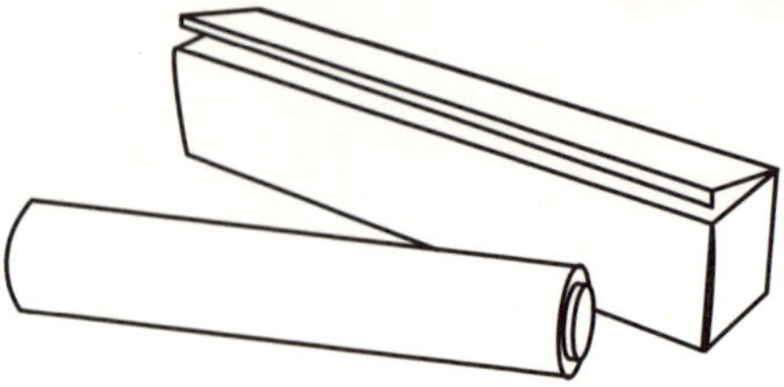

분리배출 요약

❶ 종이 호일	종량제 봉투
❷ 포장 상자	종이
❸ 심지	종이
❹ 커팅 날	캔류

더 자세히 보기

분리배출 A to Z

종이에 오염된 부분이 있을 경우 오염된 부분을 잘라내고 배출하거나 종량제 봉투에 담아 배출해야 합니다.

포장 상자에 테이프 등 이물질이 있는 경우에는 제거 후 반듯하게 접어 배출합니다.

1 사용한 종이 호일은 종량제 봉투에 담아 배출합니다.

2 커팅 날을 다치지 않도록 안전에 유의하여 포장 상자와 분리합니다.

3 분리한 커팅 날은 캔류로 배출합니다.

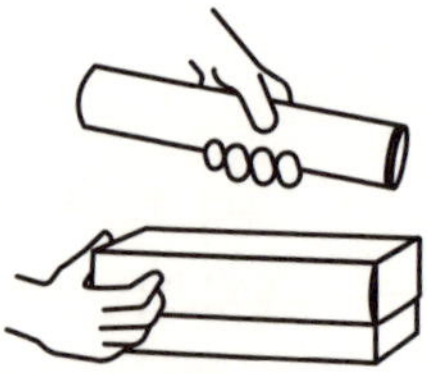

4 포장 상자와 심지를 분리합니다.

5 분리한 포장상자와 심지는 종이로 배출합니다.

194

오븐 장갑

오븐 장갑은 오븐이나 전자레인지에서 뜨거운 그릇을 꺼낼 때 주로 사용한다. 끓고 있는 냄비를 잡을 때도 사용하는 주방장갑의 올바른 분리배출 방법은 무엇일까?

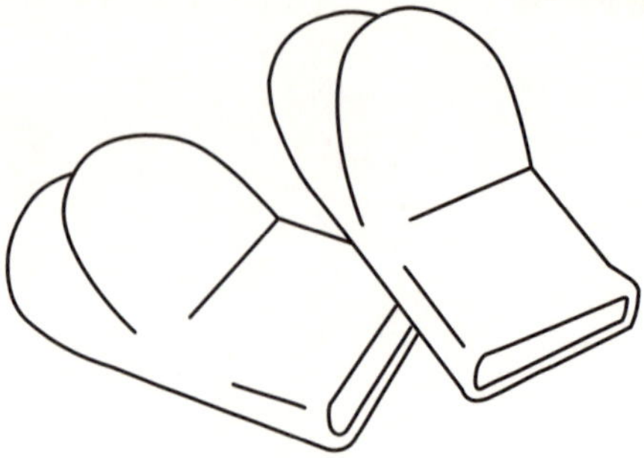

분리배출 요약

❶ 오븐 장갑	종량제 봉투

더 자세히 보기
분리배출 A to Z

재사용이 가능할 경우 의류 수거함으로 배출합니다.

1

종량제 봉투에 담아 배출합니다.

195

종량제
봉투

실리콘 냄비 손잡이

실리콘 냄비 손잡이는 오븐 장갑에 비해 크기가 작아 사용과 보관이 용이하다. 실리콘 냄비 손잡이의 올바른 분리배출 방법은 무엇일까?

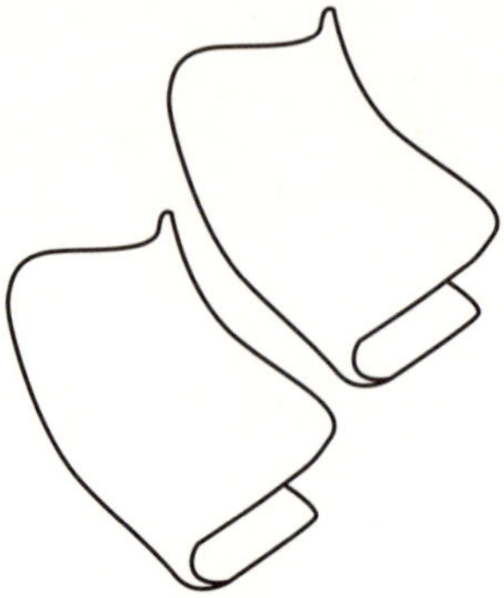

분리배출 요약

❶ 실리콘 냄비 손잡이	종량제 봉투

더 자세히 보기

분리배출 A to Z

실리콘 재질의 조리 용품은 모두 종량제 봉투에 담아 배출해야 합니다.

1 종량제 봉투에 담아 배출합니다.

캔류 철

와인 오프너

와인 오프너는 와인병과 맥주병 오프너가 하나로 결합되어 있어 와인을 마실 때도 병맥주를 마실 때도 사용할 수 있다. 와인 오프너의 올바른 분리배출 방법은 무엇일까?

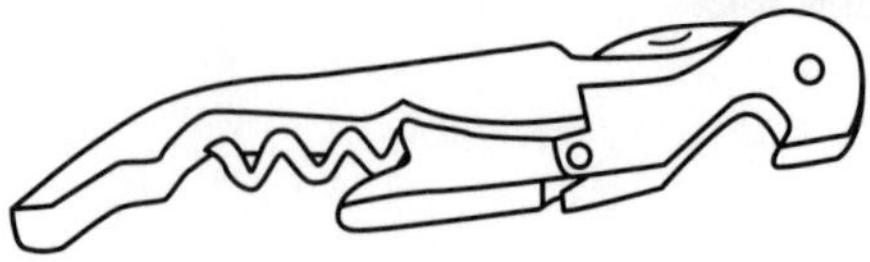

분리배출 요약

❶ 와인 오프너 캔류

1

캔류로 배출합니다.

캔류
철

러빙홈 와인 오프너

러빙홈 와인 오프너는 기존 와인 오프너보다 병을 따기가 쉽다. 러빙홈 와인 오프너의 올바른 분리배출 방법은 무엇일까?

분리배출 요약

❶ 와인 오프너	캔류

1

캔류로 배출합니다.

198

캔류 철

종량제 봉투

테라 미니박스 오프너
하이트진로

테라 미니박스 오프너는 테라 박스 모양으로 디자인되어 보기에도 귀엽다. 테라 미니박스 오프너의 올바른 분리배출 방법은 무엇일까?

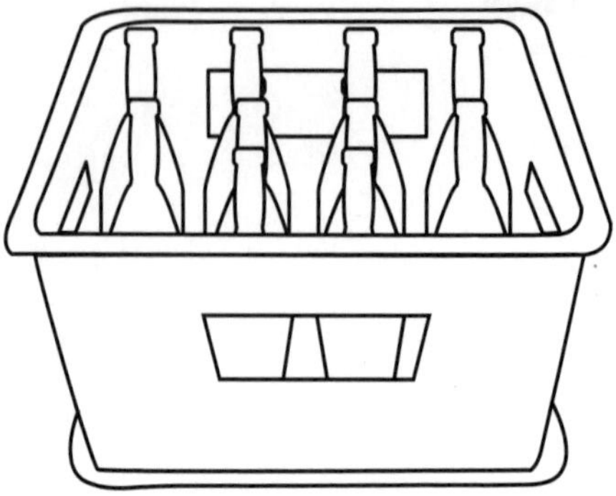

분리배출 요약

❶ 오프너	캔류
❷ 장식	종량제 봉투
❸ 자석	종량제 봉투

1 장식과 오프너를 분리합니다.

2 오프너와 자석을 분리합니다.

3 분리한 자석과 장식은 종량제 봉투에 담아 배출합니다.

4 오프너는 캔류로 배출합니다.

종량제
봉투

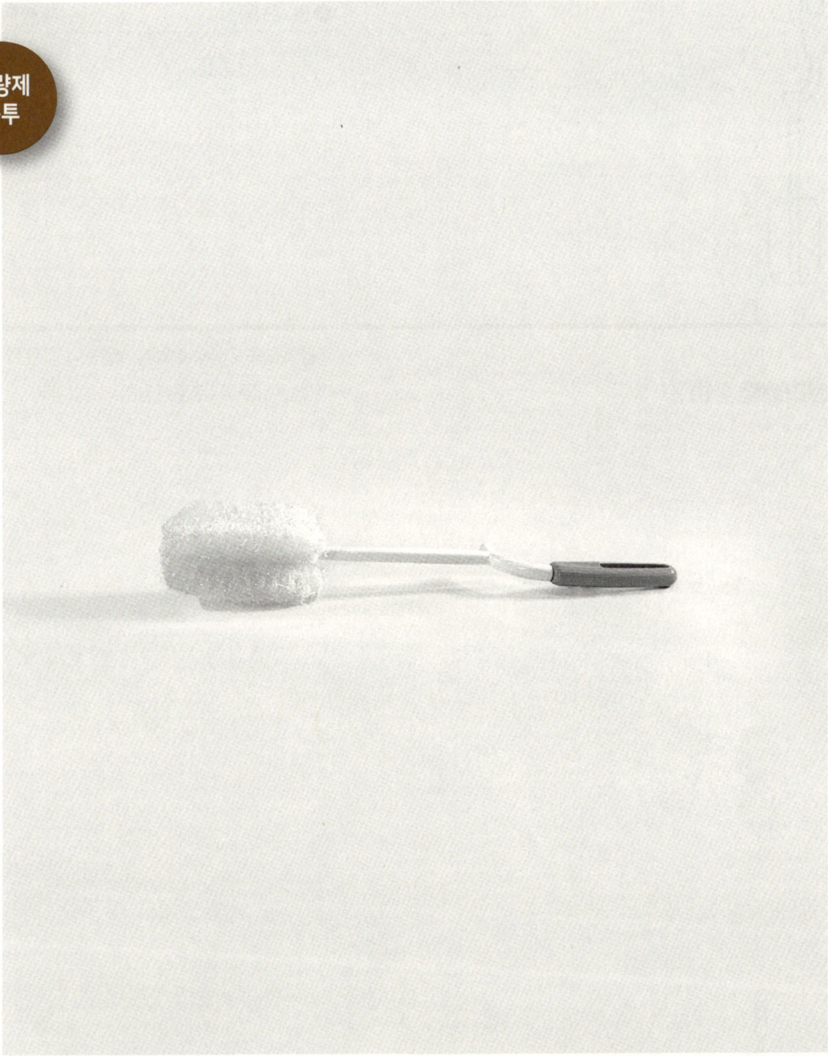

병 세척솔

기다란 병을 더욱 쉽게 세척하기 위해 만들어진 병 세척솔은 깊이가 깊어 손이 닿지 않는 병 내부를 편리하고 깨끗하게 닦을 수 있게 해준다. 병 세척솔의 올바른 분리배출 방법은 무엇일까?

분리배출 요약

❶ 병 세척솔	종량제 봉투

더 자세히 보기
분리배출 A to Z

복합재질로 구성되어 있어 재활용이 되지 않기 때문에 종량제 봉투에 담아 배출합니다.

1

종량제 봉투에 담아 배출합니다.

플라스틱 PET

비닐류 PET

종량제 봉투

자연퐁 크릴오일 주방세제

LG생활건강

설거지를 할 때 필요한 주방 세제는 그릇이나 주방 도구 등 주방에 있는 대부분 제품의 이물질을 없애 깨끗하게 해주는 역할을 한다. 주방 세제의 올바른 분리배출 방법은 무엇일까?

분리배출 요약

❶ 주방세제 용기	플라스틱
❷ 라벨	비닐류
❸ 펌프	종량제 봉투

1

주방세제 용기와 펌프형 뚜껑을 분리합니다.

2

분리한 뚜껑은 종량제 봉투에 담아 배출합니다.

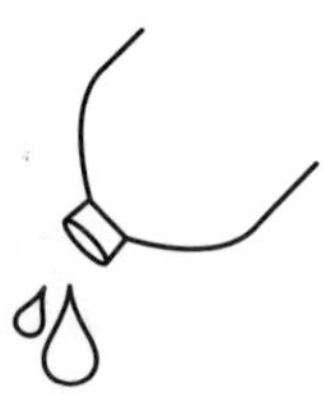

3

용기 내부에 내용물이 없도록 비웁니다.

4

용기에 오염된 부분이 없도록 세척합니다.

유색 페트의 경우 플라스틱으로 배출해야 합니다.

5 용기 외부에 부착된 라벨을 떼어냅니다.

6 떼어낸 라벨은 비닐류로 배출합니다.

7 용기는 플라스틱으로 배출합니다.

201

종량제 봉투

올바른 설거지 워싱바

동구밭

워싱바는 지구를 위한 착한 소비 열풍이 불면서 눈길을 끌게 된 친환경 제품이다. 비누 타입으로 그릇에 세제를 남기지 않는 장점이 있다. 설거지 워싱바의 올바른 분리배출 방법은 무엇일까?

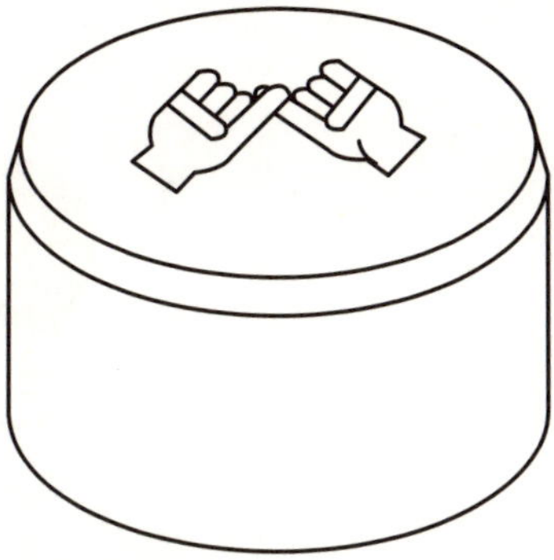

분리배출 요약

❶ 설거지 워싱바	종량제 봉투

비누는 물기가 없도록 잘 말린 후 분리배출해야 합니다.

더 자세히 보기

분리배출 A to Z

1

종량제 봉투에 담아 배출합니다.

다이소 베이킹 소다
제이에스홀딩스

베이킹 소다는 과일 세척, 청소, 소독까지 활용성이 높아 대량으로 구매하여 사용한다. 베이킹 소다의 올바른 분리배출 방법은 무엇일까?

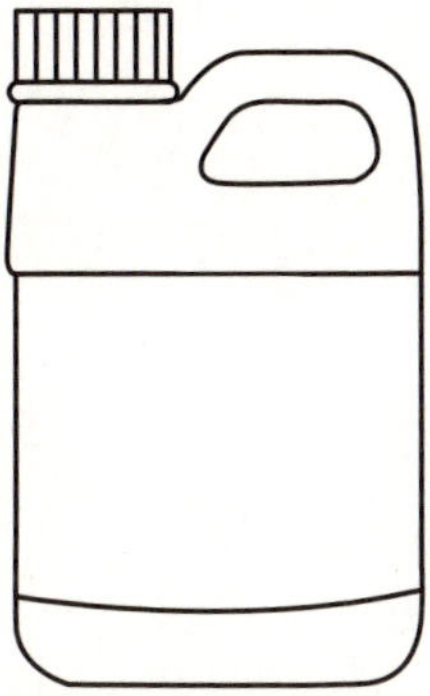

분리배출 요약

❶ 베이킹 소다 용기	플라스틱
❷ 뚜껑	플라스틱
❸ 라벨	비닐류

더 자세히 보기
분리배출 A to Z

크기가 작은 플라스틱의 경우 재활용 선별장에서 선별이 어렵기 때문에 일반 쓰레기로 분류될 수 있습니다.

1 베이킹 소다 용기와 뚜껑을 분리합니다.

2 용기 내부에 내용물이 없도록 비웁니다.

3 용기와 뚜껑에 오염된 부분이 없도록 세척합니다.

4 용기 외부에 부착된 라벨을 떼어냅니다.

5 떼어낸 라벨은 비닐류로 배출합니다.

6 용기와 뚜껑은 플라스틱으로 배출합니다.

식품

Foods

10

맥심 모카골드 커피믹스

동서식품

대한민국 국민이라면 누구나 아는 노란색 커피믹스 맥심 모카골드는 동서식품의 가장 유명한 제품으로 지난 30여 년간 시장 점유율 1위를 지켜왔다. 간편하게 집이나 회사에서도 맛있는 커피를 즐길 수 있게 해주는 스틱 커피의 올바른 분리배출 방법은 무엇일까?

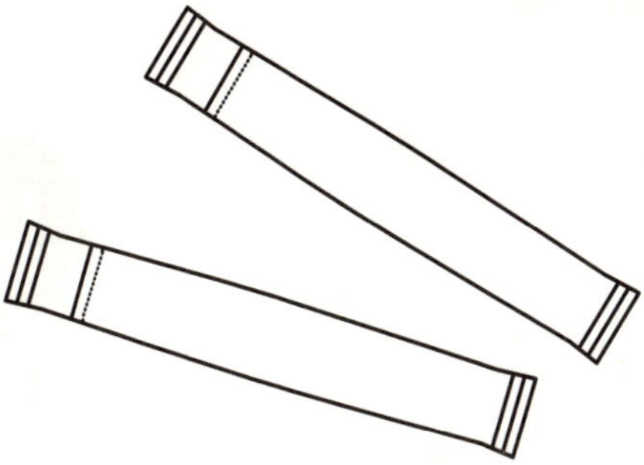

분리배출 요약

❶ 스틱 커피 포장재	비닐류

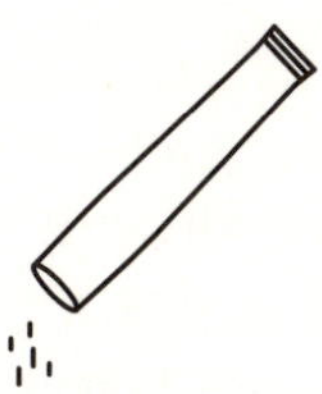

1
스틱 커피 포장재 내부에 내용물이 없도록 비웁니다.

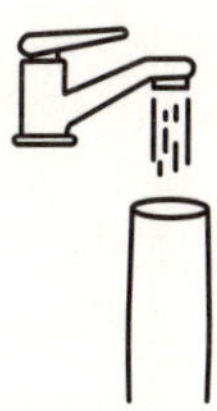

2
포장재에 오염된 부분이 없도록 세척합니다.

3
세척한 포장재는 비닐류로 배출합니다.

204

비닐류 OTHER

종이

G7 베트남 블랙 커피

쭝웬

진하고 고소한 맛이 인상적인 베트남 대표 인스턴트커피 G7 커피는 전 세계에서 판매되고 있는 제품으로, 마트나 인터넷에서도 쉽게 구매할 수 있다. G7 같은 파우치 커피의 올바른 분리배출 방법은 무엇일까?

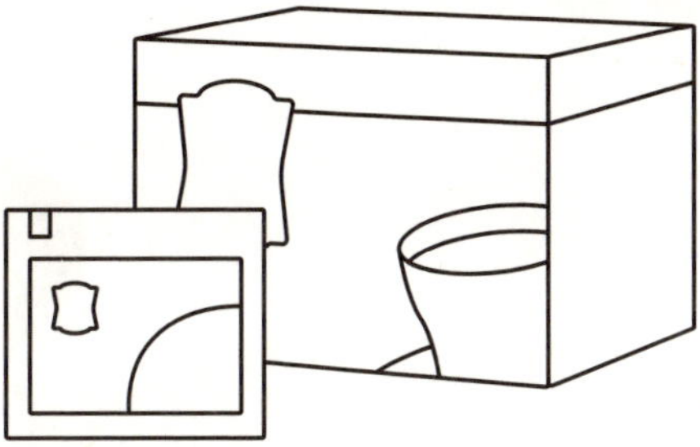

분리배출 요약

❶ 파우치 커피 포장재	비닐류
❷ 포장 상자	종이

더 자세히 보기

분리배출 A to Z

종이에 오염된 부분이 있을 경우 오염된 부분을 잘라내고 배출하거나 종량제 봉투에 담아 배출해야 합니다.
포장 상자에 테이프 등 이물질이 있는 경우에는 제거 후 반듯하게 접어 배출합니다.

1
파우치 커피 포장재 내부에 내용물이 없도록 비웁니다.

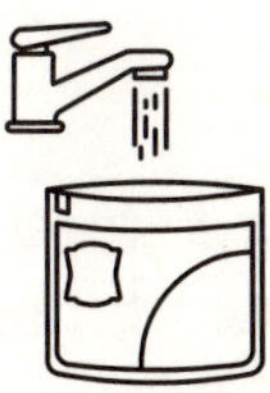

2
포장재에 오염된 부분이 없도록 세척합니다.

3
세척한 포장재는 비닐류로 배출합니다.

4
포장 상자는 종이로 배출합니다.

종량제 봉투

종이

돌체구스토 캡슐 커피

네스카페

캡슐 커피는 분쇄한 커피 원두를 조금씩 밀봉 보관하여 편리하게 커피를 내려먹을 수 있다. 캡슐 커피의 올바른 분리배출 방법은 무엇일까?

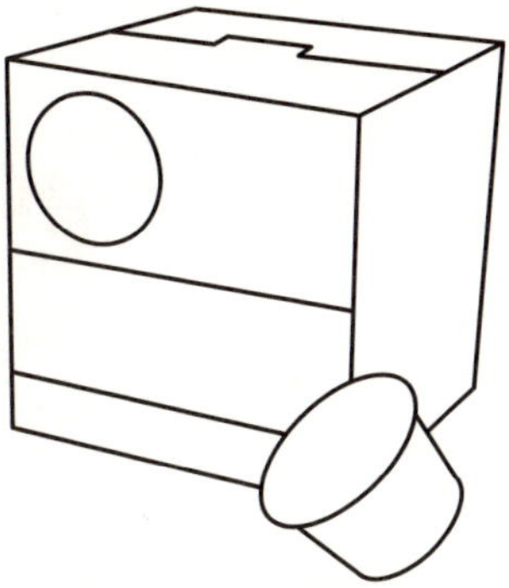

분리배출 요약

❶ 캡슐 커피	종량제 봉투
❷ 포장 상자	종이

더 자세히 보기

분리배출 A to Z

종이에 오염된 부분이 있을 경우 오염된 부분을 잘라내고 배출하거나 종량제 봉투에 담아 배출해야 합니다.

포장 상자에 테이프 등 이물질이 있는 경우에는 제거 후 반듯하게 접어 배출합니다.

캡슐 커피 회사에 따라서 캡슐을 회수하는 경우가 있으니 문의 후 배출합니다.

1 캡슐 커피는 종량제 봉투에 담아 배출합니다.

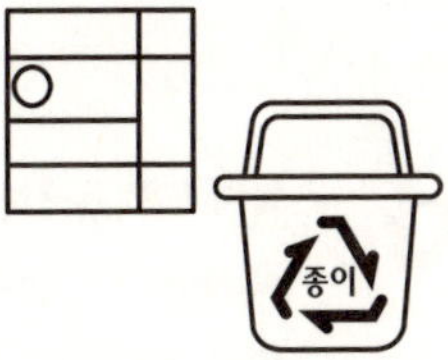

2 포장 상자는 종이로 배출합니다.

종량제 봉투

종이

동서 현미녹차
동서식품

녹차 티백은 간편하게 우려먹을 수 있도록 소량으로 포장되어 있다. 녹차 티백의 올바른 분리배출 방법은 무엇일까?

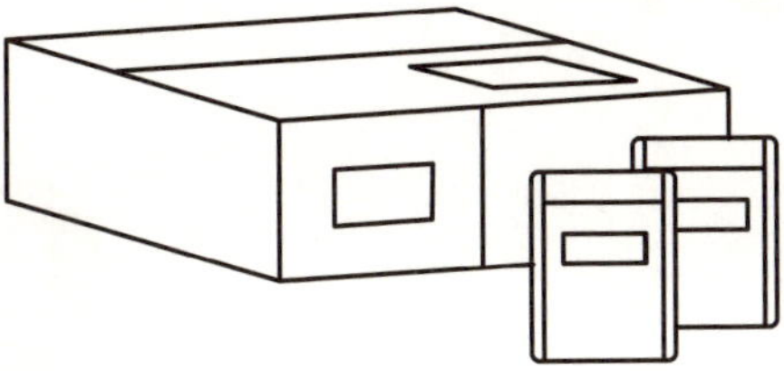

분리배출 요약

❶ 티백	종량제 봉투
❷ 포장재	종량제 봉투
❸ 포장 상자	종이

더 자세히 보기

분리배출 A to Z

종이에 오염된 부분이 있을 경우 오염된 부분을 잘라내고 배출하거나 종량제 봉투에 담아 배출해야 합니다.
포장 상자에 테이프 등 이물질이 있는 경우에는 제거 후 반듯하게 접어 배출합니다.

1 티백과 포장재는 종량제 봉투에 담아 배출합니다.

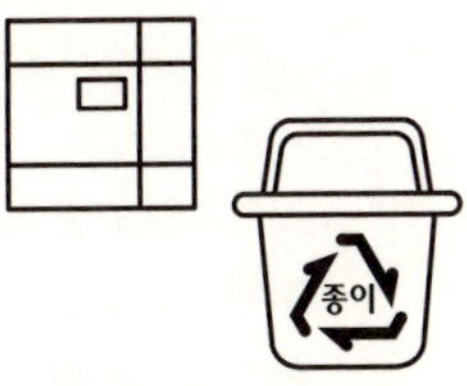

2 포장 상자는 종이로 배출합니다.

비닐류
OTHER

꼬깔콘
롯데제과

꼬깔콘은 꼬깔 형태의 과자가 들어 있어 손가락에 끼워 먹기도 한다. 고소하고 짭짤한 맛으로 인기가 많다. 꼬깔콘의 올바른 분리배출 방법은 무엇일까?

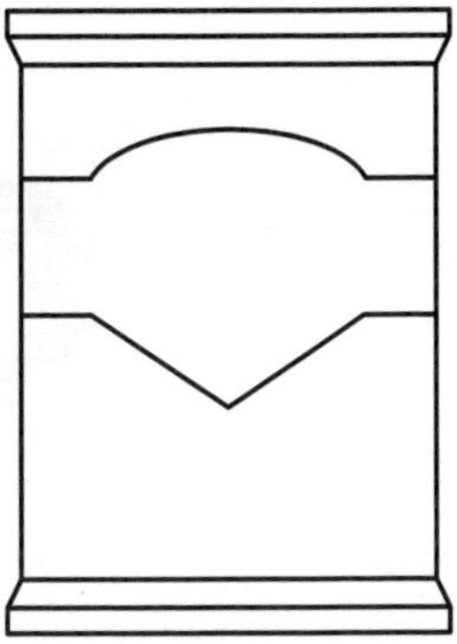

분리배출 요약

❶ 포장 비닐	비닐류

1 과자 포장 비닐 내부에 내용물이 없도록 비웁니다.

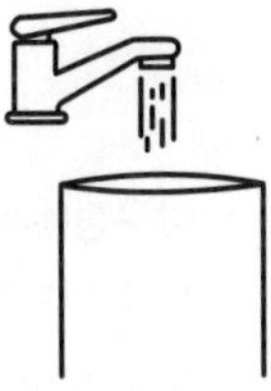

2 포장 비닐에 오염된 부분이 없도록 세척합니다.

3 세척한 포장 비닐은 비닐류로 배출합니다.

플라스틱 PS

비닐류 OTHER

홈런볼
해태제과

야구장에서 굉장히 많은 사람들이 찾는다는 홈런볼은 부드러운 과자 안에 초콜릿이 들어있어 남녀노소 모두에게 사랑받는다. 에어프라이기에 돌려 먹으면 더 맛있다는 홈런볼의 올바른 분리배출 방법은 무엇일까?

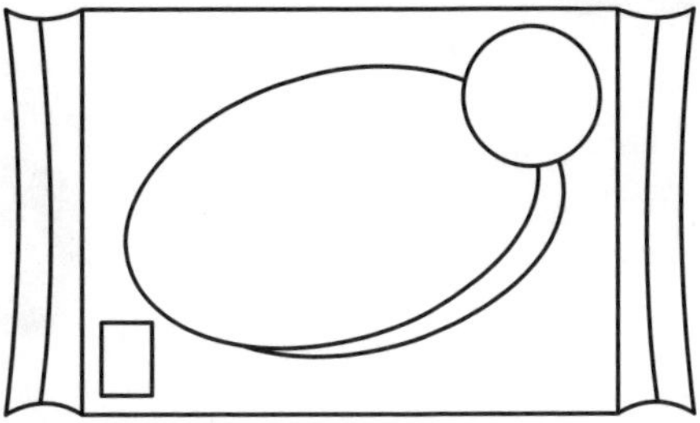

분리배출 요약

❶ 과자 용기	플라스틱
❷ 포장 비닐	비닐류

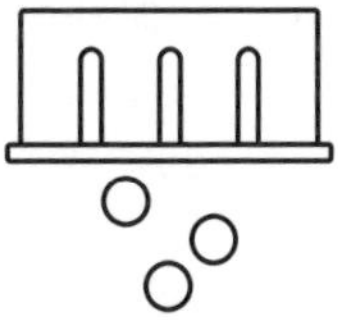

1

과자 용기 내부에 내용물이 없도록 비웁니다.

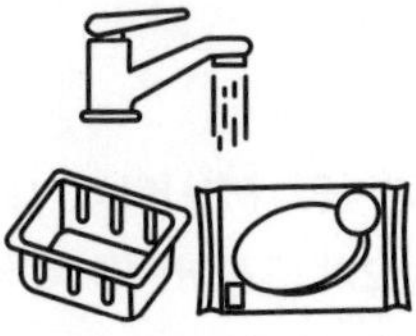

2

용기와 포장 비닐에 오염된 부분이 없도록 세척합니다.

3

세척한 용기는 플라스틱으로 배출합니다.

4

포장 비닐은 비닐류로 배출합니다.

209

빼빼로

롯데제과

빼빼로는 초콜릿 막대 과자의 대명사이다. 11월 11일 빼빼로데이에는 수요가 더 늘어난다. 빼빼로의 올바른 분리배출 방법은 무엇일까?

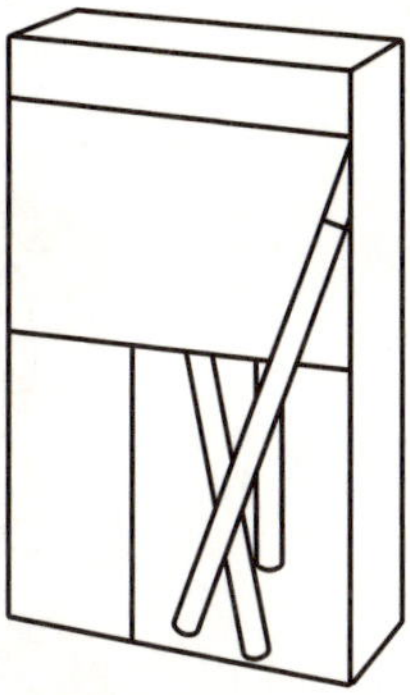

분리배출 요약

❶ 포장 비닐	비닐류
❷ 포장 상자	종이

더 자세히 보기

분리배출 A to Z

종이에 오염된 부분이 있을 경우 오염된 부분을 잘라내고 배출하거나 종량제 봉투에 담아 배출해야 합니다.
포장 상자에 테이프 등 이물질이 있는 경우에는 제거 후 반듯하게 접어 배출합니다.

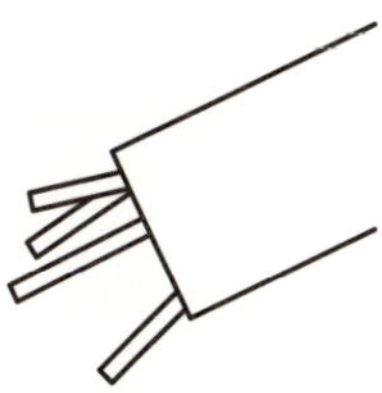

1

과자 포장 비닐 내부에 내용물이 없도록 비웁니다.

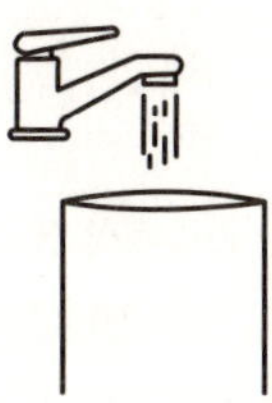

2

포장 비닐에 오염된 부분이 없도록 세척합니다.

3

세척한 포장 비닐은 비닐류로 배출합니다.

4

포장 상자는 종이로 배출합니다.

비닐류 PP

비닐류 OTHER

플라스틱 PS

카스타드
롯데제과

카스타드는 부드럽고 촉촉한 카스테라 빵 안에 커스터드 맛의 크림이 들어있다. 간식 뿐만 아니라 간단한 식사대용으로 먹는 사람도 많다. 카스타드의 올바른 분리배출 방법은 무엇일까?

분리배출 요약

❶ 개별 포장 비닐	비닐류
❷ 포장 비닐	비닐류
❸ 트레이	플라스틱

1

트레이는 플라스틱으로 배출합니다.

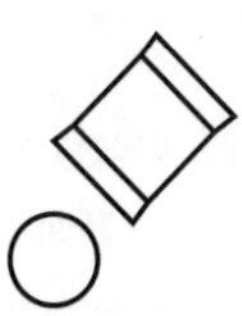

2

과자 개별 포장 비닐 내부에 내용물이 없도록 비웁니다.

3

개별 포장 비닐에 오염된 부분이 없도록 세척합니다.

4

세척한 개별 포장 비닐과 포장 비닐은 비닐류로 배출합니다.

종량제 봉투

월드콘
롯데제과

콘 아이스크림은 아이스크림과 바삭한 원뿔 모양의 과자를 함께 먹을 수 있어 아이들에게 인기가 많다. 콘 아이스크림의 올바른 분리배출 방법은 무엇일까?

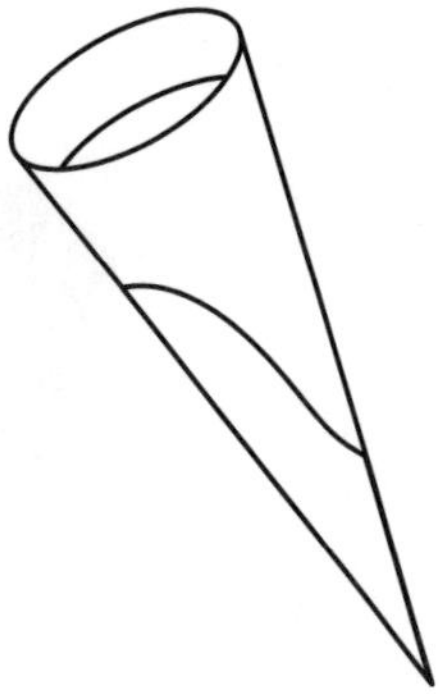

분리배출 요약

❶ 아이스크림 포장재	종량제 봉투

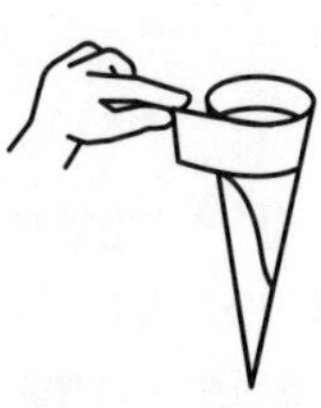

1
아이스크림 포장재를 분리합니다.

2
분리한 포장재는 종량제 봉투에 담아 배출합니다.

212

종량제 봉투

비닐류 OTHER

투게더
빙그레

통 아이스크림은 함께 먹는 아이스크림의 대명사이다. 커다란 통에 담겨 있어 여럿이 함께 스푼으로 떠먹는다. 통 아이스크림의 올바른 분리배출 방법은 무엇일까?

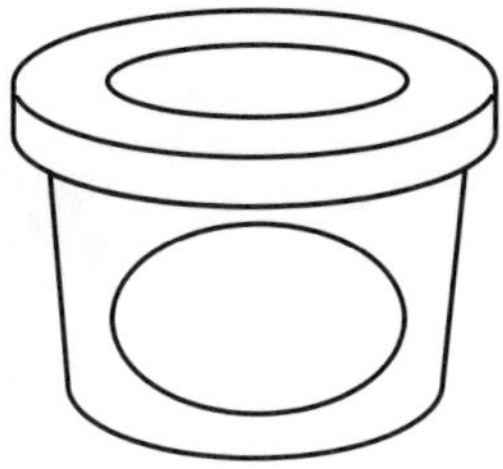

분리배출 요약

❶ 아이스크림 용기	종량제 봉투
❷ 밀폐용 비닐	비닐류

1

아이스크림 용기와 뚜껑을 분리합니다.

2

용기에 밀폐용 비닐을 떼어냅니다.

3

떼어낸 밀폐용 비닐에 오염된 부분이 없도록 세척합니다.

4

세척한 밀폐용 비닐은 비닐류로배출 합니다.

5

용기와 뚜껑은 종량제 봉투에 담아 배출합니다.

213

비닐류 OTHER

종량제 봉투

쿠키오

롯데푸드

쿠키오 아이스크림은 독특한 스타일로 인기를 얻고 있다. 흔한 샌드 아이스크림과 달리 빵이 아닌 쿠키로 만들어져 있다. 쿠키오의 올바른 분리배출 방법은 무엇일까?

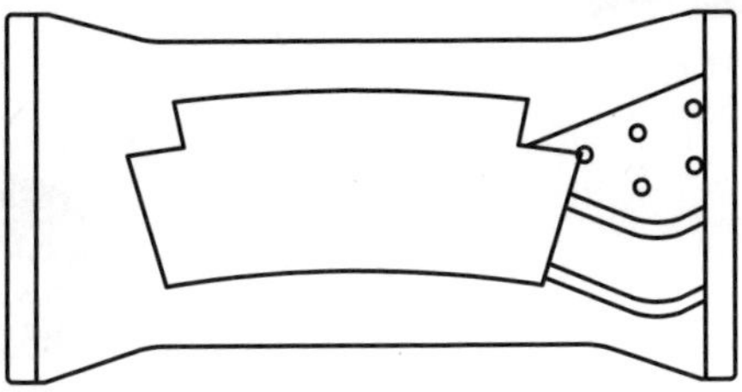

분리배출 요약

❶ 아이스크림 포장 비닐	비닐류
❷ 포장 종이	종량제 봉투

1

아이스크림 포장 비닐에 오염된 부분이 없도록 세척합니다.

2

세척한 포장 비닐은 비닐류로 배출합니다.

3

포장 종이는 종량제 봉투에 담아 배출합니다.

214

비닐류
PP

종량제
봉투

스크류바

롯데제과

스크류바는 빙빙 꼬여있는 듯한 디자인과 새콤달콤한 맛이 특징이다. 출시된 이후 남녀노소에게 모두 많은 사랑을 받고 있다. 딸기 맛과 사과 맛이 나는 스크류바의 올바른 분리배출 방법은 무엇일까?

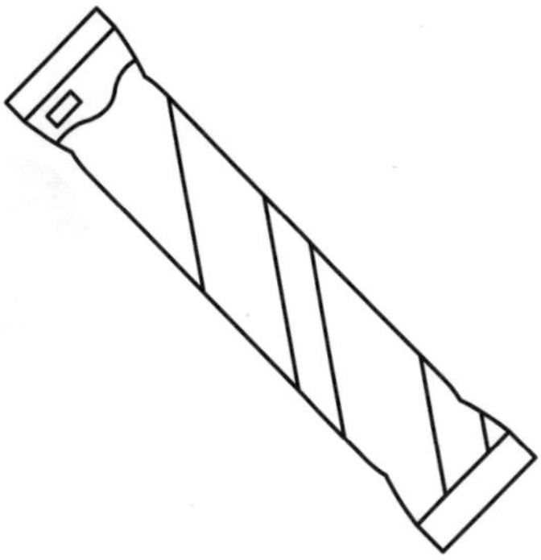

분리배출 요약

❶ 포장 비닐	비닐류
❷ 아이스크림 막대	종량제 봉투

1 아이스크림 포장 비닐에 오염된 부분이 없도록 세척합니다.

2 세척한 포장 비닐은 비닐류로 배출합니다.

3 아이스크림 막대는 종량제 봉투에 담아 배출합니다.

플라스틱 OTHER

비닐류 OTHER

초키초키

롯데제과

초키초키는 가볍게 주물러 먹는 쭈쭈바 형태의 아이스크림이다. 가나산 코코아빈을 사용한 초콜릿이 들어있어 진한 초코 맛이다. 바 아이스크림에 비해 녹아도 비교적 깔끔하게 먹을 수 있는 초키초키의 올바른 분리배출 방법은 무엇일까?

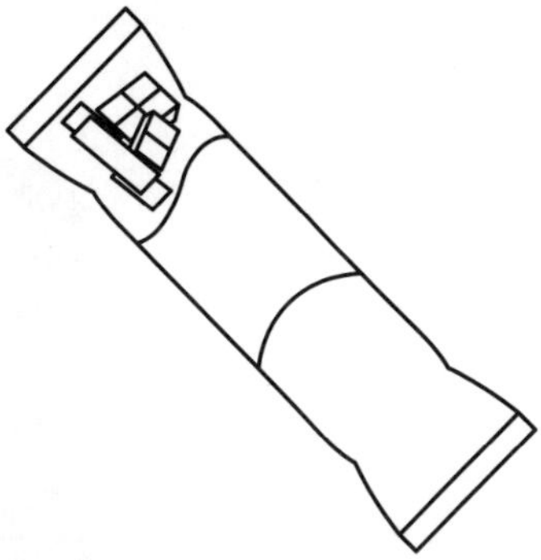

분리배출 요약

❶ 아이스크림 용기	플라스틱
❷ 포장 비닐	비닐류

1

아이스크림 용기에 오염된 부분이 없도록 세척합니다.

2

세척한 용기는 플라스틱으로 배출합니다.

3

포장 비닐은 비닐류로 배출합니다.

플라스틱 PS

비닐류 OTHER

종량제 봉투

찰떡 아이스
롯데제과

찰떡 아이스는 찹쌀떡 모양의 아이스크림으로 쫀득한 떡 안에 아이스크림이 들어있다. 독특한 맛과 식감때문인지 출시부터 꾸준한 사랑을 받고 있다. 찰떡 아이스의 올바른 분리배출 방법은 무엇일까?

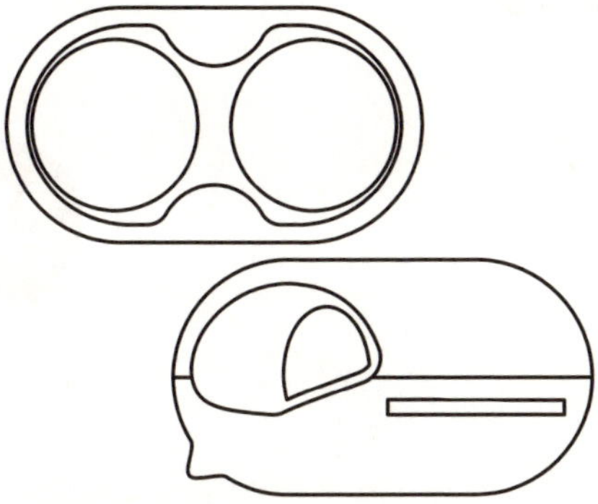

분리배출 요약

❶ 아이스크림 용기	플라스틱
❷ 밀폐용 비닐	비닐류
❸ 포크	종량제 봉투

더 자세히 보기
분리배출 A to Z

크기가 작은 플라스틱의 경우 재활용 선별장에서 선별이 어렵기 때문에 일반 쓰레기로 분류될 수 있습니다.
분리배출표시가 기재되어 있지 않은 경우 재활용이 어렵기 때문에 종량제 봉투에 담아 배출합니다.

1 아이스크림 용기와 밀폐용 비닐을 분리합니다.

2 분리한 용기와 밀폐용 비닐에 오염된 부분이 없도록 세척합니다.

3 세척한 용기는 플라스틱으로 배출합니다.

4 밀폐용 비닐은 비닐류로 배출합니다.

5 내장되어 있는 포크는 종량제 봉투에 담아 배출합니다.

217

감귤

감귤은 겨울철 대표 간식으로 많은 이들의 사랑을 받는 과일이다. 요즘은 품종 개량으로 인해 봄, 여름, 가을, 겨울 사계절 모두 다양하고 맛있는 귤을 언제 어디에서나 쉽게 구할 수 있다. 감귤의 올바른 분리배출 방법은 무엇일까?

분리배출 요약

❶ 감귤	음식물 쓰레기
❷ 껍질	음식물 쓰레기

1

껍질과 함께 전부 음식물쓰레기로 배출합니다.

음식물 쓰레기

종량제 봉투

사과

사과는 아삭한 식감에 맛있고 건강에도 좋다. 아침에 먹는 사과는 금이라는 말이 있을 정도다. 사과의 올바른 분리배출 방법은 무엇일까?

분리배출 요약

❶ 사과	음식물 쓰레기
❷ 껍질	음식물 쓰레기
❸ 씨	종량제 봉투

1
사과와 껍질은 음식물 쓰레기로 배출합니다.

2
씨는 종량제 봉투에 담아 배출합니다.

음식물 쓰레기

종량제 봉투

포도

여름 제철 과일인 포도는 피로회복과 소화촉진에 좋다. 한 송이에 여러 포도 알이 붙어있는 포도의 올바른 분리배출 방법은 무엇일까?

분리배출 요약

❶ 포도	음식물 쓰레기
❷ 껍질	음식물 쓰레기
❸ 씨	종량제 봉투
❹ 줄기	종량제 봉투

1 포도와 껍질은 음식물 쓰레기로 배출합니다.

2 씨와 줄기는 종량제 봉투에 담아 배출합니다.

음식물 쓰레기

종량제 봉투

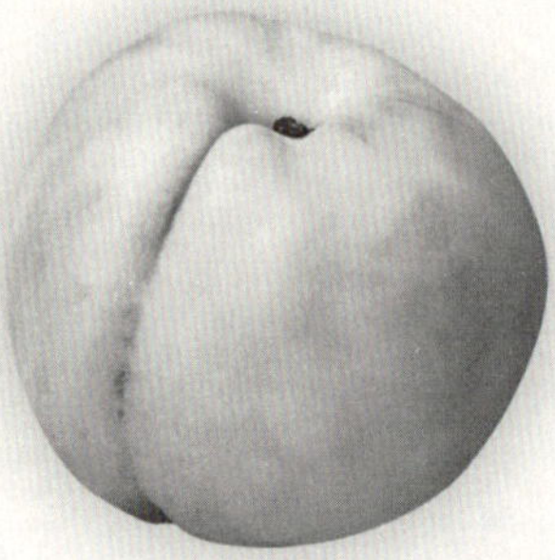

복숭아

복숭아는 모양도 예쁘고 맛도 좋으며 숙취 해소와 다이어트에도 효능이 있다. 단단하고 큰 씨가 들어 있는 복숭아의 올바른 분리배출 방법은 무엇일까?

분리배출 요약

❶ **복숭아**	음식물 쓰레기
❷ **껍질**	음식물 쓰레기
❸ **씨**	종량제 봉투

1

복숭아와 껍질은 음식물 쓰레기로 배출합니다.

2

씨는 종량제 봉투에 담아 배출합니다.

221

바나나

바나나는 부드럽고 달콤한 맛으로 많은 이들에게 사랑받고 있다. 배고플 때 먹으면 허기를 채우기에도 좋은 바나나의 올바른 분리배출 방법은 무엇일까?

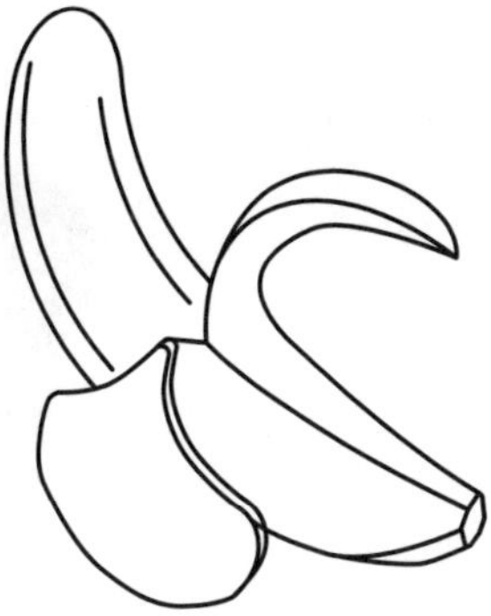

분리배출 요약

❶ 바나나	음식물 쓰레기
❷ 껍질	음식물 쓰레기
❸ 꼭지	종량제 봉투

1

바나나와 껍질은 음식물 쓰레기로 배출합니다.

2

꼭지는 종량제 봉투에 담아 배출합니다.

음식물 쓰레기

종량제 봉투

파인애플

파인애플은 두껍고 날카로운 껍질로 인해 손질하기는 쉽지 않지만 새콤달콤한 맛으로 입맛을 돋운다. 파인애플의 올바른 분리배출 방법은 무엇일까?

분리배출 요약

❶ 파인애플	음식물 쓰레기
❷ 껍질	종량제 봉투
❸ 잎	종량제 봉투

1
파인애플은 음식물 쓰레기로 배출합니다.

2
껍질과 잎은 종량제 봉투에 담아 배출합니다.

음식물 쓰레기

종량제 봉투

수박

수박은 여름을 대표하는 과일로 화채를 만들 때도 빠지지 않는다. 먹고 난 뒤 남은 두꺼운 껍질은 일반 쓰레기인지 음식물 쓰레기인지 자주 헷갈리곤 하는데, 수박의 올바른 분리배출 방법은 무엇일까?

분리배출 요약

❶ 수박	음식물 쓰레기
❷ 껍질	음식물 쓰레기
❸ 꼭지	종량제 봉투

수박 껍질은 작게 잘라 음식물 쓰레기로 배출해야 합니다.

더 자세히 보기

분리배출 A to Z

1 수박과 껍질은 음식물 쓰레기로 배출합니다.

2 씨는 종량제 봉투에 담아 배출합니다.

224

음식물 쓰레기

종량제 봉투

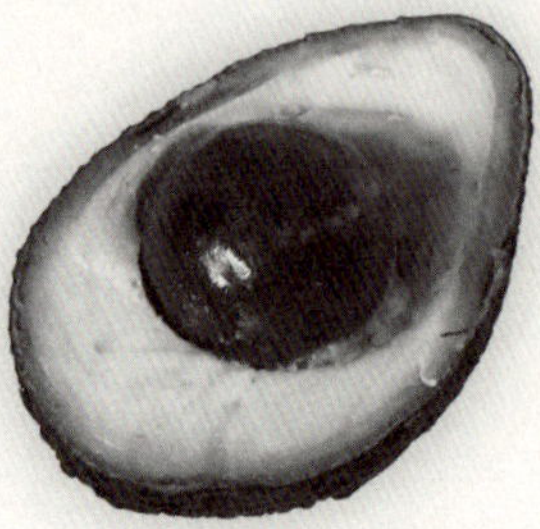

아보카도

아보카도는 초밥, 샐러드, 비빔밥 등 다양한 음식의 재료로 쓰인다. 다이어트 식품으로도 유명하다. 아보카도의 올바른 분리배출 방법은 무엇일까?

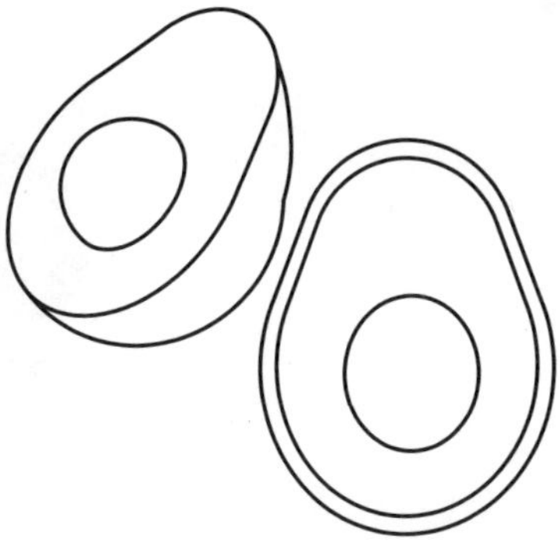

분리배출 요약

❶ 아보카도	음식물 쓰레기
❷ 껍질	종량제 봉투
❸ 씨	종량제 봉투

1 아보카도는 음식물 쓰레기로 배출합니다.

2 씨와 껍질은 종량제 봉투에 담아 배출합니다.

음식물 쓰레기

종량제 봉투

파

파는 한식 요리에 빠질 수 없는 재료이다. 찌개, 전, 김치, 구이 등 많은 요리에 활용된다. 파의 올바른 분리배출 방법은 무엇일까?

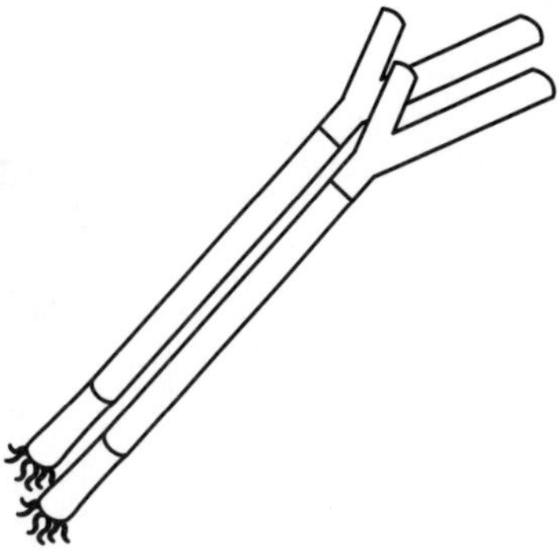

분리배출 요약

❶ 파	음식물 쓰레기
❷ 뿌리	종량제 봉투

1 파는 음식물 쓰레기로 배출합니다.

2 뿌리는 종량제 봉투에 담아 배출합니다.

음식물 쓰레기

종량제 봉투

양파

양파는 건강한 단맛 덕분에 많은 요리에 쓰이고 있다. 혈관을 깨끗하게 해주는 건강 식품인 양파의 올바른 분리배출 방법은 무엇일까?

분리배출 요약

❶ 양파	음식물 쓰레기
❷ 껍질	종량제 봉투

1 양파는 음식물 쓰레기로 배출합니다.

2 껍질은 종량제 봉투에 담아 배출합니다.

음식물 쓰레기

종량제 봉투

단호박

단호박은 미네랄과 비타민 같은 영양소가 풍부하다. 당도도 높아 죽, 스프, 찜, 튀김 등 많은 요리에 활용되는 단호박의 올바른 분리배출 방법은 무엇일까?

분리배출 요약

❶ 단호박	음식물 쓰레기
❷ 껍질	종량제 봉투
❸ 씨	종량제 봉투

1

단호박은 음식물 쓰레기로 배출합니다.

2

씨와 껍질은 종량제 봉투에 담아 배출합니다.

음식물 쓰레기

브로콜리

브로콜리는 다량의 칼슘과 항산화 물질이 함유되어 있어 골다공증과 암, 심장병 예방에 좋은 웰빙 식품이다. 감기 예방과 피부 건강에도 효과적이다. 브로콜리의 올바른 분리배출 방법은 무엇일까?

분리배출 요약

❶ 브로콜리	음식물 쓰레기

1

음식물 쓰레기로 배출합니다.

229

파프리카

파프리카는 다이어터들에게 많은 관심을 받는 음식이다. 알록달록한 색과 맛으로 샐러드에 많이 이용되고 있으며 생으로 먹어도 맛있고, 익혀 먹어도 좋다. 파프리카의 올바른 분리배출 방법은 무엇일까?

분리배출 요약

❶ 파프리카	음식물 쓰레기
❷ 꼭지	종량제 봉투
❸ 씨	종량제 봉투

1 파프리카는 음식물 쓰레기로 배출합니다.

2 씨와 꼭지는 종량제 봉투에 담아 배출합니다.

230

음식물 쓰레기

종량제 봉투

가지

가지는 특유의 물컹한 식감 때문에 호불호가 많이 갈리는 채소 중 하나이다. 하지만 피부에도 좋고 장이 안 좋은 사람에게도 좋아 선호하는 사람이 꽤 많기도 하다. 가지의 올바른 분리배출 방법은 무엇일까?

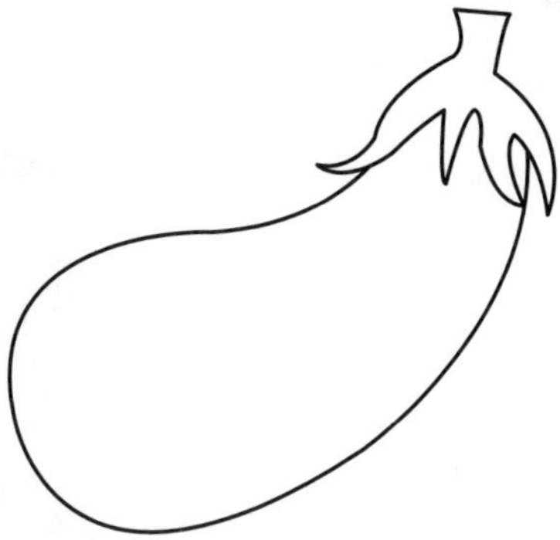

분리배출 요약

❶ 가지	음식물 쓰레기
❷ 꼭지	종량제 봉투

1 가지는 음식물 쓰레기로 배출합니다.

2 꼭지는 종량제 봉투에 담아 배출합니다.

플라스틱 PP

비닐류 OTHER

종량제 봉투

해표 순창 고추장

사조대림

고추장은 한국인에게 없어서는 안 될 식자재 중 하나이다. 보기만 해도 입맛을 돋운다. 고추장의 올바른 분리배출 방법은 무엇일까?

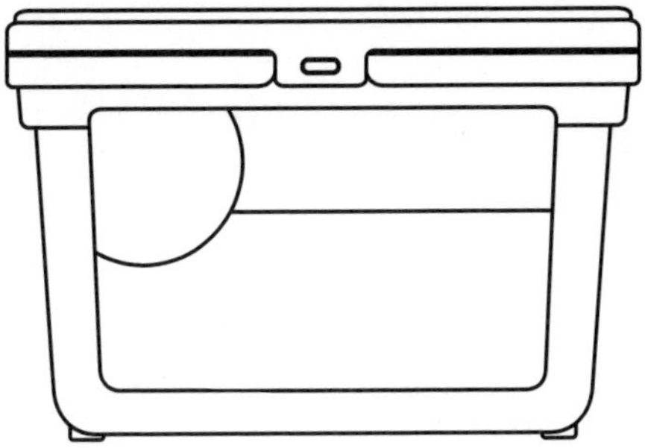

분리배출 요약

❶ 고추장 용기	플라스틱
❷ 뚜껑	플라스틱
❸ 밀폐용 비닐	비닐류
❹ 라벨	종량제 봉투

1 고추장 용기와 뚜껑을 분리합니다.

2 용기와 밀폐용 비닐을 분리합니다.

3 밀폐용 비닐에 오염된 부분이 없도록 세척합니다.

남은 장은 음식물 쓰레기로 배출합니다.

4 세척한 밀폐용 비닐은 비닐류로 배출합니다.

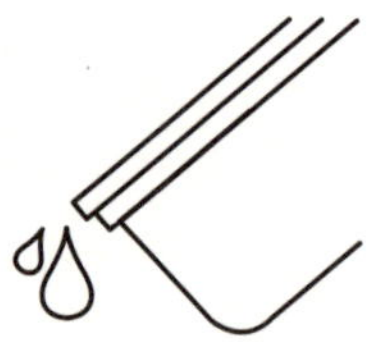

5 용기 내부에 내용물이 없도록 비웁니다.

6 용기와 뚜껑에 오염된 부분이 없도록 세척합니다.

7 용기 외부에 부착된 라벨을 떼어냅니다.

8 떼어낸 라벨은 종량제 봉투에 담아 배출합니다.

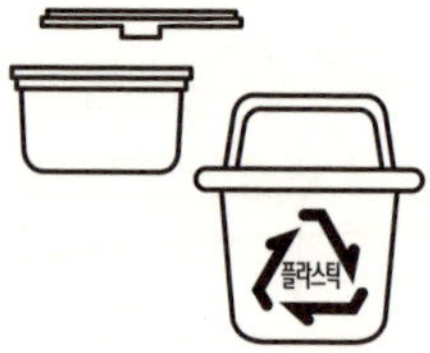

9 용기와 뚜껑은 플라스틱으로 배출합니다.

232

플라스틱 PP

비닐류 OTHER

종량제 봉투

해찬들 된장

CJ제일제당

된장도 한국인에게 없어서는 안 될 식자재다. 된장 하나에 각종 채소를 넣고 끓인 된장찌개는 대표 한식이다. 된장의 올바른 분리배출 방법은 무엇일까?

분리배출 요약

❶ 된장 용기	플라스틱
❷ 뚜껑	플라스틱
❸ 밀폐용 비닐	비닐류
❹ 라벨	종량제 봉투

1
된장 용기와 뚜껑을 분리합니다.

2
용기와 밀폐용 비닐을 분리합니다.

3
밀폐용 비닐에 오염된 부분이 없도록 세척합니다.

남은 장은 음식물 쓰레기로 배출합니다.

4 세척한 밀폐용 비닐은 비닐류로 배출합니다.

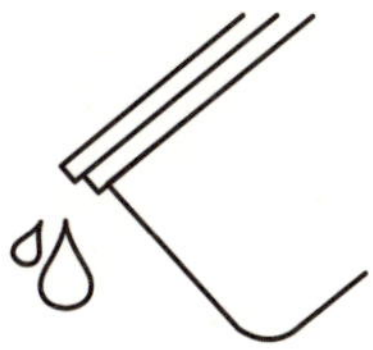

5 용기 내부에 내용물이 없도록 비웁니다.

6 용기와 뚜껑에 오염된 부분이 없도록 세척합니다.

7 용기 외부에 부착된 라벨을 떼어냅니다.

8 떼어낸 라벨은 종량제 봉투에 담아 배출합니다.

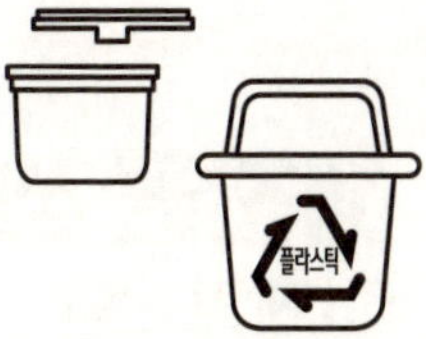

9 용기와 뚜껑은 플라스틱으로 배출합니다.

233

플라스틱 PP

비닐류 OTHER

종량제 봉투

해찬들 쌈장
CJ제일제당

쌈장은 삼겹살을 먹을 때 빠질 수 없다. 고기와 영혼의 단짝과도 같은 존재이다. 쌈장의 올바른 분리배출 방법은 무엇일까?

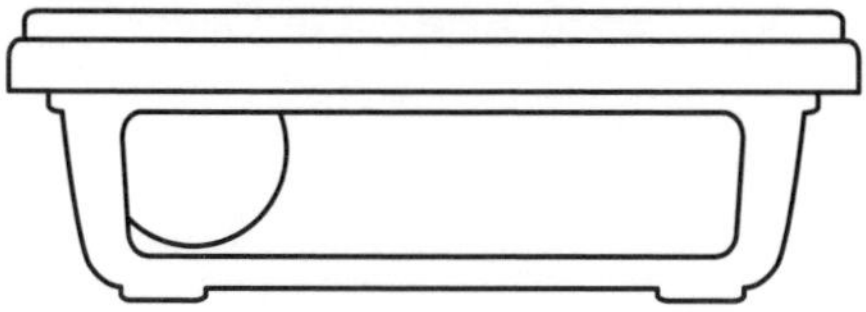

분리배출 요약

❶ 쌈장 용기	플라스틱
❷ 뚜껑	플라스틱
❸ 밀폐용 비닐	비닐류
❹ 라벨	종량제 봉투
❺ 선도 유지제	종량제 봉투

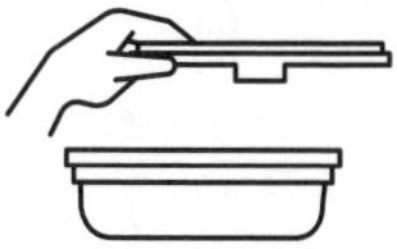

1

쌈장 용기와 뚜껑을 분리합니다.

2

용기와 밀폐용 비닐을 분리합니다.

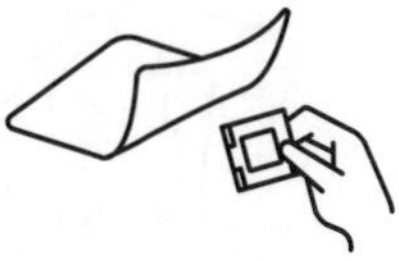

3

밀폐용 비닐과 선도 유지제를 분리합니다.

4

밀폐용 비닐에 오염된 부분이 없도록 세척합니다.

남은 장은 음식물 쓰레기로 배출합니다.

5

세척한 밀폐용 비닐은 비닐류로 배출합니다.

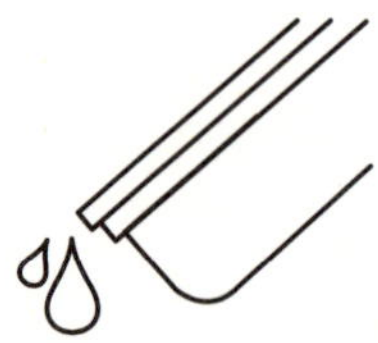

6

용기 내부에 내용물이 없도록 비웁니다.

7

용기와 뚜껑에 오염된 부분이 없도록 세척합니다.

8

용기 외부에 부착된 라벨을 떼어냅니다.

9

떼어낸 라벨과 선도 유지제는 종량제 봉투에 담아 배출합니다.

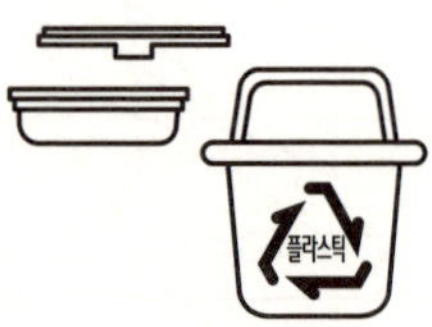

10

용기와 뚜껑은 플라스틱으로 배출합니다.

234

플라스틱 PET

플라스틱 LDPE

비닐류 PP

종량제 봉투

샘표 진간장
샘표식품

간장은 우리나라 음식에 기본적인 맛을 내는 중요한 조미료다. 간장이 안 들어가는 음식이 거의 없을 정도다. 간장의 올바른 분리배출 방법은 무엇일까?

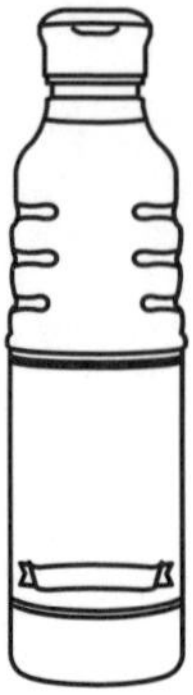

분리배출 요약

❶ 간장 용기	무색 페트
❷ 뚜껑	무색 페트
❸ 라벨	비닐류
❹ 뚜껑 보호 필름	종량제 봉투
❺ 밀폐용 마개	종량제 봉투

1 간장 용기와 뚜껑 보호 필름을 분리합니다.

2 용기와 밀폐용 마개를 분리합니다.

3 분리한 뚜껑 보호 필름과 밀폐용 마개는 종량제 봉투에 담아 배출합니다.

4 용기 내부에 내용물이 없도록 비웁니다.

5 용기와 뚜껑에 오염된 부분이 없도록 세척합니다.

무색 페트의 경우 용기를 찌그러트리고 뚜껑을 닫아 배출합니다.
분리배출표시가 기재되어 있지 않은 경우 재활용이 어렵기 때문에 종량제 봉투에 담아 배출합니다.

6

용기 외부에 부착된 라벨을 떼어냅니다.

7

떼어낸 라벨은 비닐류로 배출합니다.

8

용기는 뚜껑을 닫아 무색 페트로 배출합니다.

235

캔류 철
플라스틱 PP

순후추
오뚜기

후추는 냄새를 맡으면 재채기가 나올 정도로 자극적인 매운맛을 내는 향신료다. 느끼한 맛을 가리거나 감칠맛을 더하기 위해 사용하는 후추의 올바른 분리배출 방법은 무엇일까?

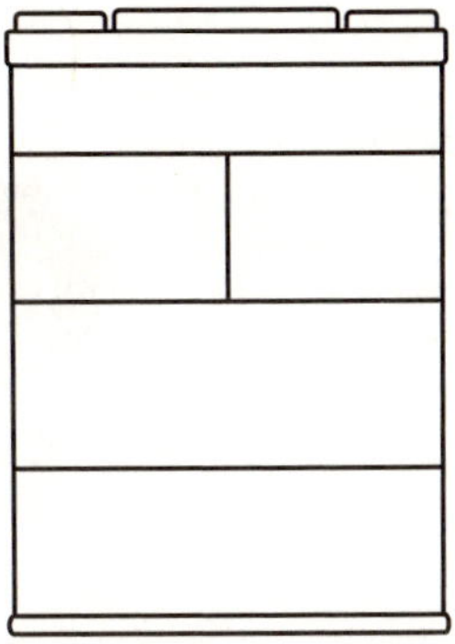

분리배출 요약

❶ 후추 용기	캔류
❷ 뚜껑	플라스틱

더 자세히 보기

분리배출 A to Z

크기가 작은 플라스틱의 경우 재활용 선별장에서 선별이 어렵기 때문에 일반 쓰레기로 분류될 수 있습니다.

1 후추 용기 내부에 내용물이 없도록 비웁니다.

2 용기와 뚜껑에 오염된 부분이 없도록 세척합니다.

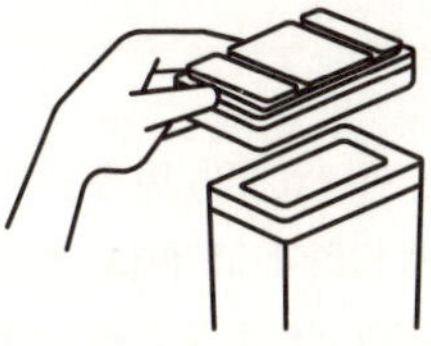

3 용기와 뚜껑을 분리합니다.

4 분리한 뚜껑은 플라스틱으로 배출합니다.

5 용기는 캔류로 배출합니다.

비닐류 OTHER

종량제 봉투

자연에서 갈아만든 생와사비

주비푸드

와사비는 흔한 식자재는 아니었지만, 이제는 마트에서도 쉽게 접할 수 있게 되었다. 고기에도 해산물에도 잘 어울린다. 와사비의 올바른 분리배출 방법은 무엇일까?

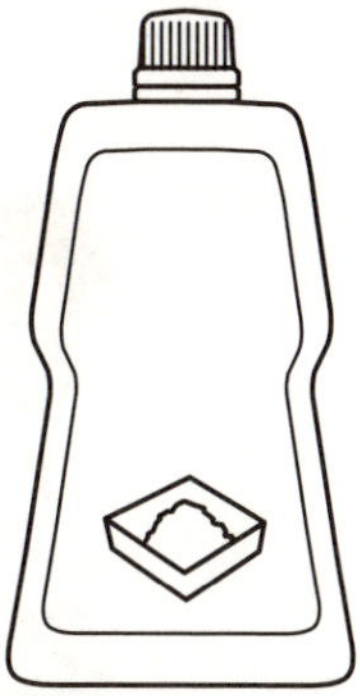

분리배출 요약

❶ 와사비 용기	비닐류
❷ 뚜껑	종량제 봉투
❸ 입구 부분	종량제 봉투

더 자세히 보기
분리배출 A to Z

내부를 완전히 세척할 수 없을 경우 종량제 봉투에 담아 배출하며, 재질별 분리가 어려운 경우 또한 종량제 봉투에 담아 배출해야 합니다 분리배출표시가 기재되어 있지 않은 경우 재활용이 어렵기 때문에 종량제 봉투에 담아 배출합니다.

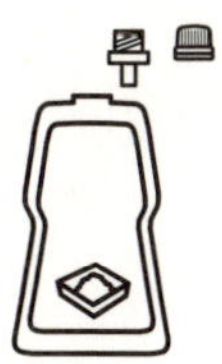

1
와사비 용기와 뚜껑, 입구 부분을 분리합니다.

2
분리한 뚜껑과 입구 부분은 종량제 봉투에 담아 배출합니다.

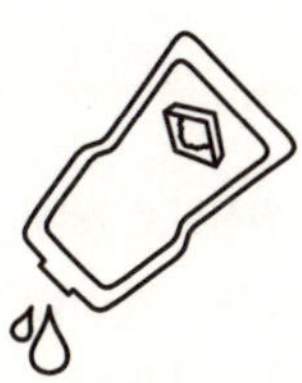

3
용기 내부에 내용물이 없도록 비웁니다.

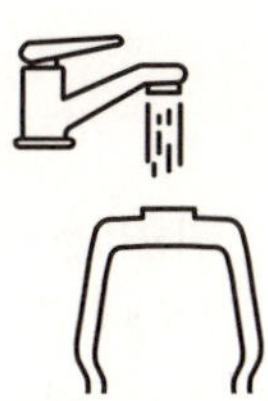

4
용기에 오염된 부분이 없도록 세척합니다.

5
세척한 용기는 비닐류로 배출합니다.

유리

플라스틱
PP

종량제
봉투

ISFI 파슬리
코만푸드

파슬리는 서양 요리의 3대 향신료로 꼽힌다. 우리나라에서도 이제 다양한 용도로 쓰이고 있다. 파슬리의 올바른 분리배출 방법은 무엇일까?

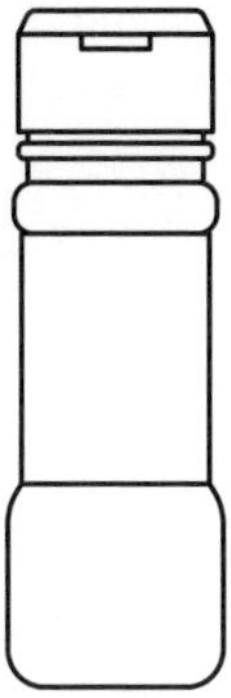

분리배출 요약

❶ 파슬리 용기	유리
❷ 뚜껑	플라스틱
❸ 라벨	종량제 봉투

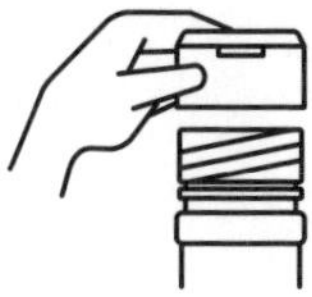

1

파슬리 용기와 뚜껑을 분리합니다.

2

용기 내부에 내용물이 없도록 비웁니다.

3

용기와 뚜껑에 오염된 부분이 없도록 세척합니다.

4

세척한 뚜껑은 플라스틱으로 배출합니다.

크기가 작은 플라스틱의 경우 재활용 선별장에서 선별이 어렵기 때문에 일반 쓰레기로 분류될 수 있습니다.

5 용기 외부에 부착된 라벨을 떼어냅니다.

6 떼어낸 라벨은 종량제 봉투에 담아 배출합니다.

7 용기는 유리로 배출합니다.

유리

플라스틱 LDPE

종량제 봉투

백설 참기름
CJ제일제당

참기름은 참깨를 짜 만든 기름으로, 나물 무침이나 비빔 요리의 마지막을 장식한다. 참기름의 올바른 분리배출 방법은 무엇일까?

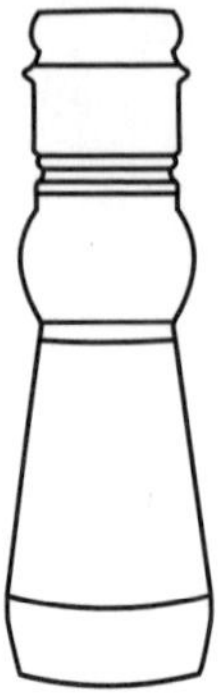

분리배출 요약

❶ 참기름 용기	유리
❷ 뚜껑	플라스틱
❸ 라벨	종량제 봉투
❹ 뚜껑 보호 필름	종량제 봉투
❺ 밀폐용 마개	종량제 봉투

1 참기름 용기와 뚜껑 보호 필름을 분리합니다.

2 용기와 밀폐용 마개를 분리합니다.

3 용기 외부에 부착된 라벨을 떼어냅니다.

크기가 작은 플라스틱의 경우 재활용 선별장에서 선별이 어렵기 때문에 일반 쓰레기로 분류될 수 있습니다.
분리배출표시가 기재되어 있지 않은 경우 재활용이 어렵기 때문에 종량제 봉투에 담아 배출합니다.

4 떼어낸 라벨과 뚜껑 보호 필름, 밀폐용 마개는 종량제 봉투에 담아 배출합니다.

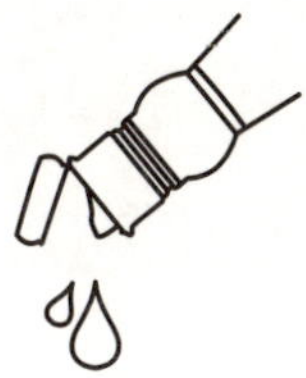

5 용기 내부에 내용물이 없도록 비웁니다.

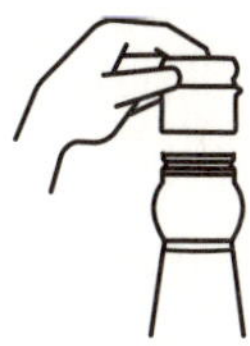

6 용기와 뚜껑을 분리합니다.

7 분리한 용기와 뚜껑에 오염된 부분이 없도록 세척합니다.

8 세척한 용기는 유리로 배출합니다.

9 뚜껑을 플라스틱으로 배출합니다.

239

플라스틱 HDPE

플라스틱 LDPE

비닐류 OTHER

종량제 봉투

해표 식용유

사조대림

식용유 하면 대표적으로 콩기름을 떠올리게 되는데 최근에는 포도씨유, 해바라기씨유 등 다양한 종류의 식용유가 출시되고 있다. 콩기름 식용유의 올바른 분리배출 방법은 무엇일까?

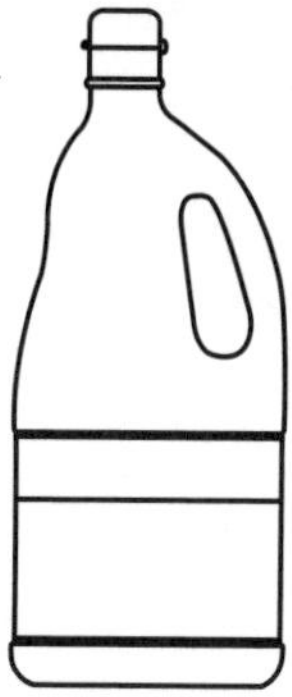

분리배출 요약

❶ 식용유 용기	플라스틱
❷ 뚜껑	플라스틱
❸ 라벨	비닐류
❹ 뚜껑 보호 필름	종량제 봉투
❺ 밀폐용 마개	종량제 봉투

1 식용유 용기와 뚜껑 보호 필름을 분리합니다.

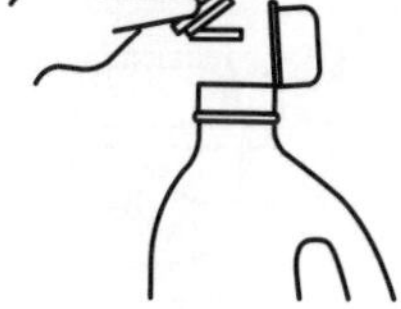

2 용기와 밀폐용 마개를 분리합니다.

3 분리한 밀폐용 마개와 뚜껑 보호 필름은 종량제 봉투에 담아 배출합니다.

더 자세히 보기

분리배출 A to Z

크기가 작은 플라스틱의 경우 재활용 선별장에서 선별이 어렵기 때문에 일반 쓰레기로 분류될 수 있습니다.

폐식용유는 전용 수거함으로 배출해야 하며, 36L 이상은 업체수거를 요청해야 합니다.

응고된 경우에는 종량제 봉투에 담아 배출합니다.

4

용기 내부에 내용물이 없도록 비웁니다.

5

용기와 뚜껑을 분리합니다.

6

용기와 뚜껑에 오염된 부분이 없도록 세척합니다.

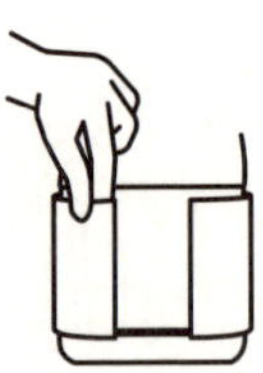

7

용기 외부에 부착된 라벨을 떼어냅니다.

8

떼어낸 라벨은 비닐류로 배출합니다.

9

용기와 뚜껑은 플라스틱으로 배출합니다.

플라스틱 PET

플라스틱 LDPE

종량제 봉투

백설 카놀라유

CJ제일제당

카놀라 오일은 유채꽃 종자에서 추출한 기름이다. 언제부턴가 명절 선물로 큰 인기다. 카놀라 오일의 올바른 분리배출 방법은 무엇일까?

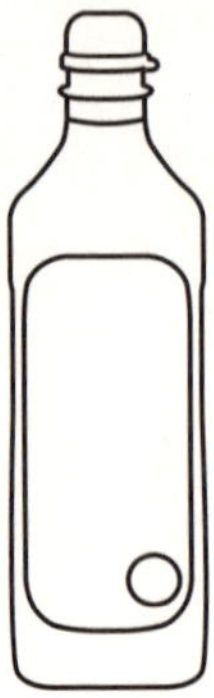

분리배출 요약

❶ 카놀라유 용기	무색 페트
❷ 뚜껑	무색 페트
❸ 라벨	종량제 봉투
❹ 뚜껑 보호 필름	종량제 봉투
❺ 밀폐용 마개	종량제 봉투

1

카놀라유 용기와 뚜껑 보호 필름을 분리합니다.

2

용기와 밀폐용 마개를 분리합니다.

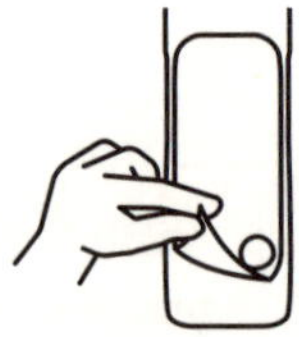

3

용기 외부에 부착된 라벨을 떼어냅니다.

4

떼어낸 라벨과 뚜껑 보호 필름, 밀폐용 마개는 종량제 봉투에 담아 배출합니다.

더 자세히 보기

분리배출 A to Z

무색 페트의 경우 용기를 찌그러트리고 뚜껑을 닫아 배출합니다.

폐식용유는 전용 수거함으로 배출해야 하며, 36L 이상은 업체수거를 요청해야 합니다.

응고된 경우에는 종량제 봉투에 담아 배출합니다.

분리배출표시가 기재되어 있지 않은 경우 재활용이 어렵기 때문에 종량제 봉투에 담아 배출합니다.

5

용기 내부에 내용물이 없도록 비웁니다.

6

용기와 뚜껑에 오염된 부분이 없도록 세척합니다.

7

용기는 뚜껑을 닫아 무색 페트로 배출합니다.

241

유리
캔류 알미늄
종량제 봉투

데체코 올리브 오일
보라티알

건강을 생각하는 사람들은 올리브 오일을 여러 음식에 자주 사용한다. 후라이팬에 오일을 둘러 튀김, 볶음, 구이를 굽기도 하고 샐러드나 빵의 드레싱으로 곁들여 먹는다. 올리브 오일의 올바른 분리배출 방법은 무엇일까?

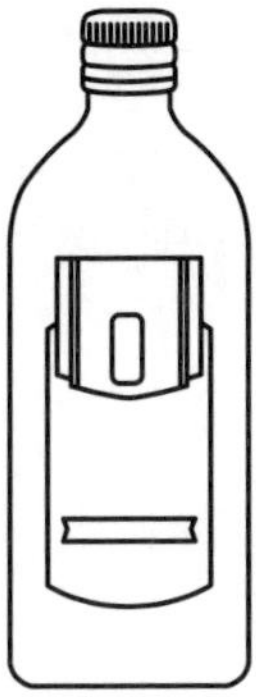

분리배출 요약

❶ 올리브 오일 용기	유리
❷ 뚜껑	캔류
❸ 라벨	종량제 봉투

1

올리브 오일 용기와 뚜껑을 분리합니다.

2

용기 내부에 내용물이 없도록 비웁니다.

3

용기와 뚜껑에 오염된 부분이 없도록 세척합니다.

4

세척한 뚜껑은 캔류로 배출합니다.

유리에서 라벨 스티커가 잘 떼어지지 않는 경우에는 그대로 유리로 배출합니다.
폐식용유는 전용 수거함으로 배출해야 하며, 36L 이상은 업체수거를 요청해야 합니다.
응고된 경우에는 종량제 봉투에 담아 배출합니다.

5 용기 외부에 부착된 라벨을 떼어냅니다.

6 떼어낸 라벨은 종량제 봉투에 담아 배출합니다.

7 용기는 유리로 배출합니다.

242

비닐류 LDPE

백설 다시다
CJ제일제당

다시다는 아무리 맛없는 음식이라도 마법처럼 살려낼 수 있다. 다시다의 올바른 분리배출 방법은 무엇일까?

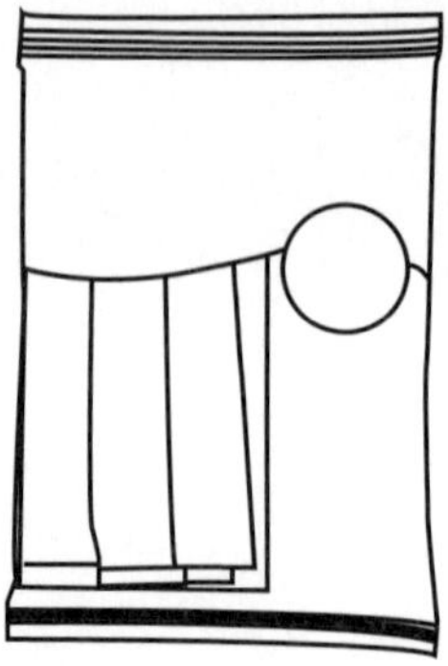

분리배출 요약

❶ 다시다 낱개 포장 용기	비닐류
❷ 포장 비닐	비닐류

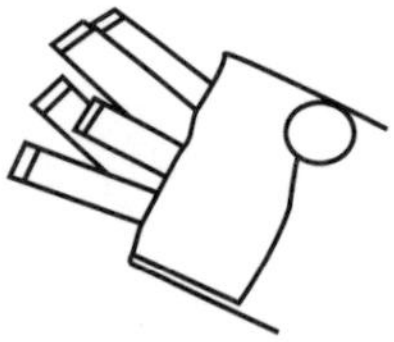

1

다시다 낱개 포장 용기와 포장 비닐을 분리합니다.

2

포장 용기 내부에 내용물이 없도록 비웁니다.

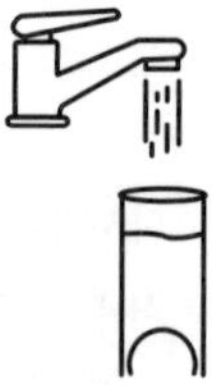

3

포장 용기에 오염된 부분이 없도록 세척합니다.

4

세척한 포장 용기와 포장 비닐은 비닐류로 배출합니다.

비닐류 OTHER

청정원 천일염 구운 소금
대상

소금은 맛을 위해서도 건강을 위해서도 필수적인 조미료다. 들어가지 않는 음식은 없다고 해도 과언이 아닐 정도다. 소금의 올바른 분리배출 방법은 무엇일까?

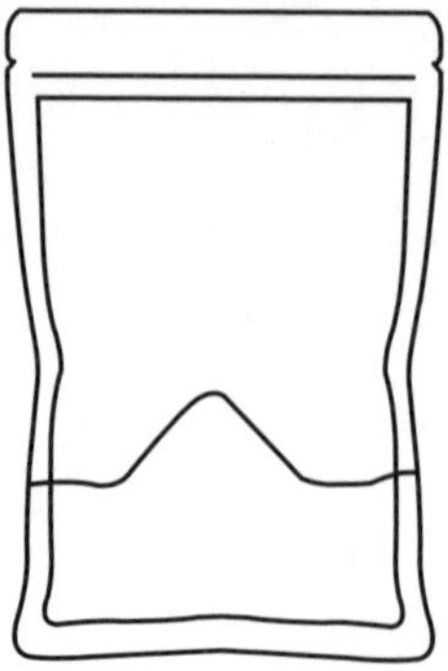

분리배출 요약

❶ 소금 포장 용기	비닐류

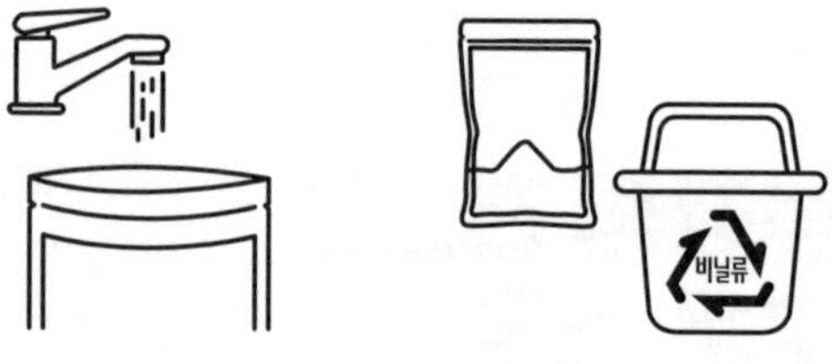

1 소금 포장 용기 내부에 내용물이 없도록 비웁니다.

2 포장 용기에 오염된 부분이 없도록 세척합니다.

3 세척한 포장 용기는 비닐류로 배출합니다.

캔류 철

캔류 알미늄

동원 참치

동원디어푸드

참치는 반찬이 없을 때 통조림 하나로 한 끼 식사를 거뜬히 해결할 수 있다. 날카로운 뚜껑이 있어 손을 베일 수 있기 때문에 조심해야 하는 참치 통조림의 올바른 분리배출 방법은 무엇일까?

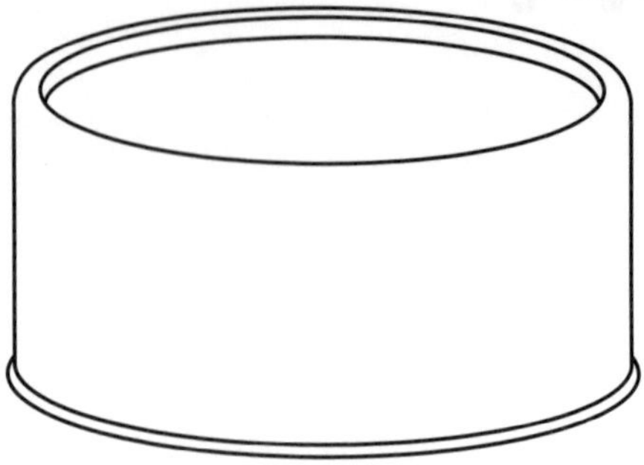

분리배출 요약

❶ 참치 통조림 용기	캔류
❷ 뚜껑	캔류

1
참치 통조림 용기와 뚜껑을 분리합니다.

2
통조림 용기 내부에 내용물이 없도록 비웁니다.

3
통조림 용기와 뚜껑에 오염된 부분이 없도록 세척합니다.

4
세척한 포장 용기와 뚜껑은 캔류로 배출합니다.

캔류 알미늄

플라스틱 PP

비닐류 PP

스팸
CJ제일제당

스팸은 갓 지은 쌀밥에 구워 올리면 순식간에 밥 한 끼를 해결할 수 있게 해주는 자취인들의 필수 재료이다. 찌개나 볶음밥에 넣어 먹어도 맛있는 스팸의 올바른 분리배출 방법은 무엇일까?

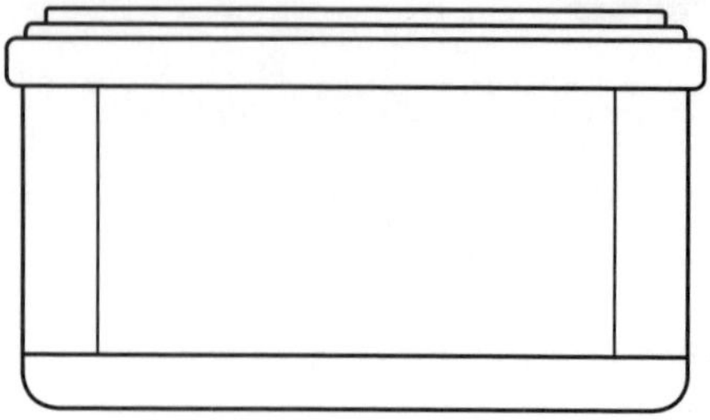

분리배출 요약

❶ 햄 통조림 용기	캔류
❷ 뚜껑	캔류
❸ 충격 완화용 뚜껑	플라스틱
❹ 라벨	비닐류

1 햄 통조림 용기와 충격 완화용 뚜껑을 분리합니다.

2 분리한 충격 완화용 뚜껑은 플라스틱으로 배출합니다.

3 통조림 용기와 뚜껑을 분리합니다.

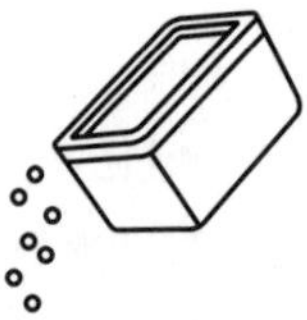

4 통조림 용기 내부에 내용물이 없도록 비웁니다.

5 통조림 용기와 뚜껑에 오염된 부분이 없도록 세척합니다.

크기가 작은 플라스틱의 경우 재활용 선별장에서 선별이 어렵기 때문에 일반 쓰레기로 분류될 수 있습니다.

6 통조림 용기 외부에 부착된 라벨을 떼어냅니다.

7 떼어낸 라벨은 비닐류로 배출합니다.

8 용기와 뚜껑은 캔류로 배출합니다.

캔류 철

종량제 봉투

오뚜기 스위트콘

오뚜기

달달하고 간편하게 먹을 수 있는 스위트콘. 통조림에 담겨 있어 뜰을 때 날카로운 뚜껑을 조심해야 한다. 다 먹고 난 스위트콘 통의 올바른 분리배출 방법은 무엇일까?

분리배출 요약

❶ 옥수수 통조림 용기	캔류
❷ 뚜껑	캔류
❸ 라벨	종량제 봉투

1
옥수수 통조림 용기와 뚜껑을 분리합니다.

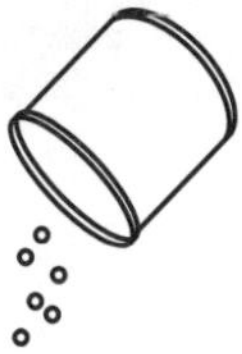

2
통조림 용기 내부에 내용물이 없도록 비웁니다.

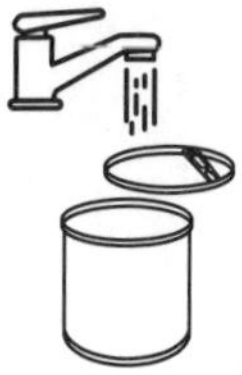

3
통조림 용기와 뚜껑에 오염된 부분이 없도록 세척합니다.

4
통조림 용기 외부에 부착된 라벨을 떼어냅니다.

5
떼어낸 라벨은 종량제 봉투에 담아 배출합니다.

6
용기와 뚜껑은 캔류로 배출합니다.

247

비닐류 OTHER

비닐류 PP

신라면 건면

농심

라면은 한국인에게 빼놓을 수 없는 간편 음식이다. 면과 스프만으로 한 끼를 해결할 수도 있고 다른 재료를 넣어도 금상첨화다. 라면의 올바른 분리배출 방법은 무엇일까?

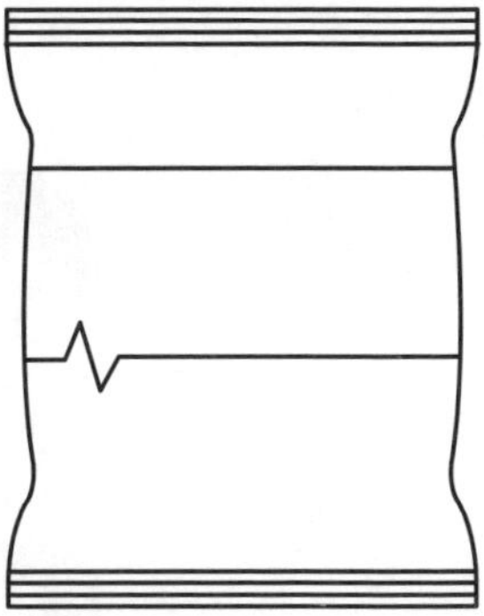

분리배출 요약

❶ 라면 포장 비닐	비닐류
❷ 후레이크 포장재	비닐류
❸ 분말 스프 포장재	비닐류

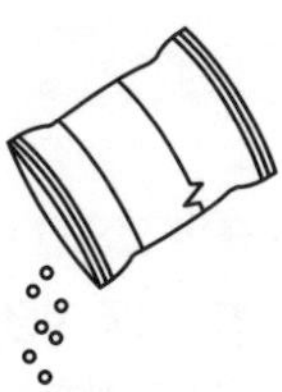

1 라면 포장 비닐 내부에 내용물이 없도록 비웁니다.

2 포장 비닐과 후레이크, 스프 포장재에 오염된 부분이 없도록 세척합니다.

3 세척한 포장 비닐과 포장재는 비닐류로 배출합니다.

스티로폼

비닐류 OTHER

비닐류 PP

육개장 사발면
농심

스티로폼 컵라면은 뜨거운 물만 있으면 어디에서나 쉽고 간편하게 먹을 수 있고 값도 저렴하다. 스티로폼 컵라면 용기의 올바른 분리배출 방법은 무엇일까?

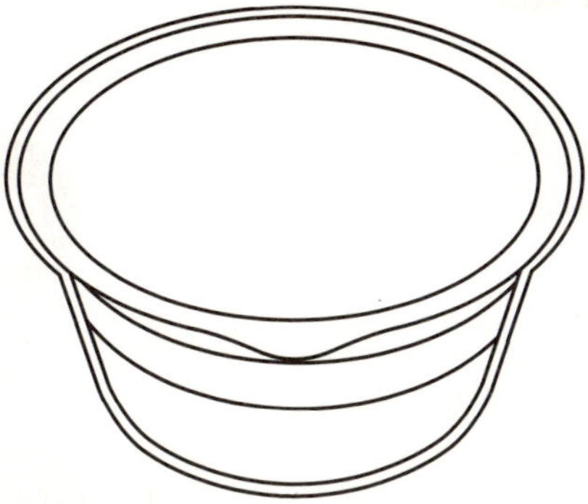

분리배출 요약

❶ 컵라면 용기	스티로폼
❷ 뚜껑	비닐류
❸ 분말 스프 포장재	비닐류
❹ 포장 비닐	비닐류

더 자세히 보기

분리배출 A to Z

스티로폼 컵라면 용기는 물로 세척한 후 햇빛에 말리면 용기에 오염된 자국이 사라집니다. 스티로폼은 플라스틱의 일종이지만 재활용 과정이 다르기 때문에 스티로폼 분리수거 장소로 배출합니다.

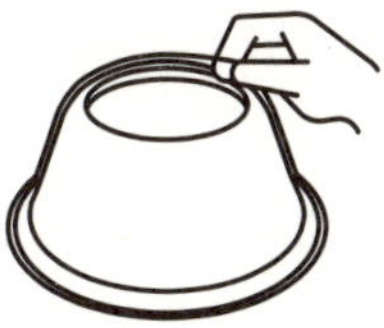

1 컵라면 용기와 포장 비닐을 분리합니다.

2 용기와 뚜껑을 분리합니다.

3 용기 내부에 내용물이 없도록 비웁니다.

4 용기와 뚜껑, 분말 스프 포장재, 포장 비닐에 오염된 부분이 없도록 세척합니다.

5 뚜껑과 분말 스프 포장재, 포장 비닐은 비닐류로 배출합니다.

6 용기는 스티로폼으로 배출합니다.

249

종량제 봉투

비닐류 OTHER

비닐류 PP

신라면 컵
농심

종이 컵라면은 스티로폼 용기로 된 컵라면과 달리 환경 호르몬 걱정이 없다. 종이 컵라면의 올바른 분리배출 방법은 무엇일까?

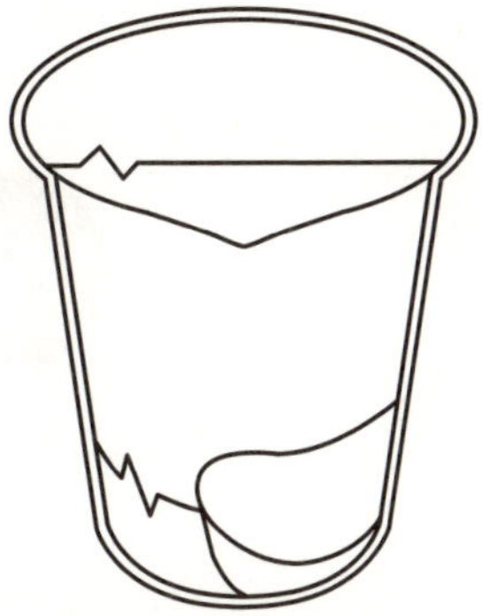

분리배출 요약

❶ 컵라면 용기	종량제 봉투
❷ 뚜껑	비닐류
❸ 분말 스프 포장재	비닐류
❹ 포장 비닐	비닐류

더 자세히 보기

분리배출 A to Z

종이 컵라면 용기는 내부에 코팅이 되어 있기 때문에 종이로 재활용이 불가능합니다.

1 컵라면 용기와 포장 비닐을 분리합니다.

2 용기와 뚜껑을 분리합니다.

3 용기 내부에 내용물이 없도록 비웁니다.

4 용기와 뚜껑, 분말 스프 포장재, 포장 비닐에 오염된 부분이 없도록 세척합니다.

5 뚜껑과 분말 스프 포장재, 포장 비닐은 비닐류로 배출합니다.

6 용기는 종량제 봉투에 담아 배출합니다.

250

서울우유 팩
서울우유협동조합

우유는 콜라겐과 칼슘, 비타민 B2가 들어있어 뼈와 치아를 튼튼하게 만들어주는 1등 공신이다. 한 번에 마시기 좋게 여러 맛의 우유가 일반팩에 담겨 출시된다. 일반팩에 포장된 우유의 올바른 분리배출 방법은 무엇일까?

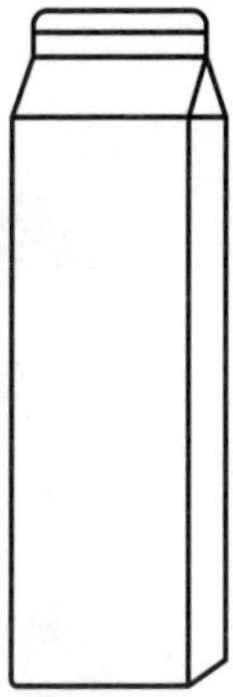

분리배출 요약

❶ 우유 팩 일반팩

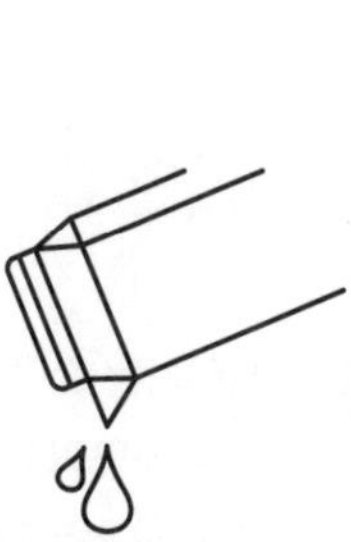

1. 우유 팩 내부에 내용물이 없도록 비웁니다.
2. 팩에 오염된 부분이 없도록 세척합니다.
3. 팩은 일반팩으로 배출합니다.

플라스틱 HDPE

비닐류 LDPE

종량제 봉투

서울우유

서울우유협동조합

대용량 우유는 많은 우유가 들어가는 요리를 할 때 사용하기 좋다. 컵에 적절한 양을 조금씩 따라 먹을 수도 있다. 대용량 우유 통의 올바른 분리배출 방법은 무엇일까?

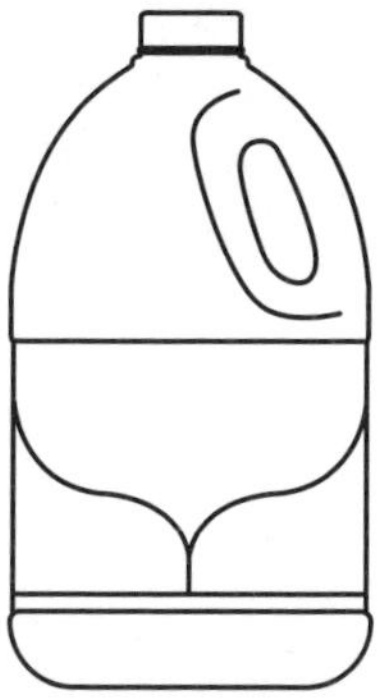

분리배출 요약

❶ 우유 용기	플라스틱
❷ 뚜껑	플라스틱
❸ 라벨	비닐류
❹ 밀폐용 필름	종량제 봉투

1
우유 용기와 뚜껑을 분리합니다.

2
용기와 밀폐용 필름을 분리합니다.

3
분리한 밀폐용 필름은 종량제 봉투에 담아 배출합니다.

4
용기 내부에 내용물이 없도록 비웁니다.

5
용기에 오염된 부분이 없도록 세척합니다.

크기가 작은 플라스틱의 경우 재활용 선별장에서 선별이 어렵기 때문에 일반 쓰레기로 분류될 수 있습니다.

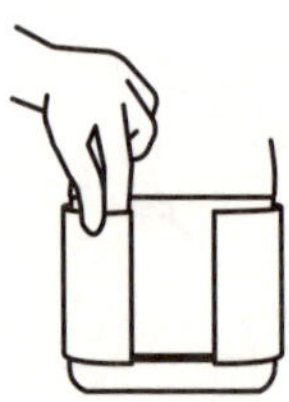

6 용기 외부에 부착된 라벨을 떼어냅니다.

7 떼어낸 라벨은 비닐류로 배출합니다.

8 용기와 뚜껑은 플라스틱으로 배출합니다.

멸균팩
플라스틱 HDPE

아몬드 브리즈
매일유업

아몬드 브리즈는 우유나 두유를 대신할 수 있는 건강 음료다. 아몬드의 고소하고 달콤한 맛이 더해져 인기가 좋고 다이어트에도 도움이 된다. 아몬드 브리즈의 올바른 분리배출 방법은 무엇일까?

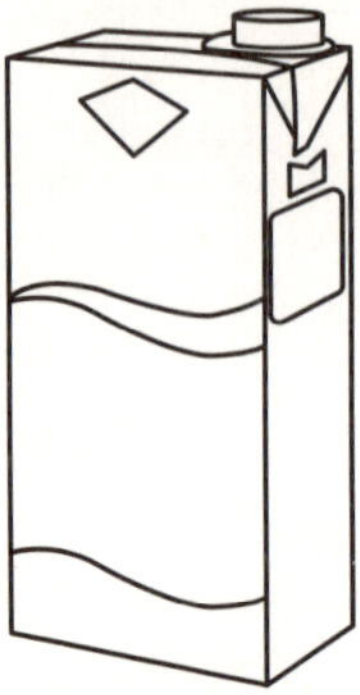

분리배출 요약

❶ 아몬드 브리즈 용기	멸균팩
❷ 마개	플라스틱
❸ 뚜껑	플라스틱

더 자세히 보기

분리배출 A to Z

크기가 작은 플라스틱의 경우 재활용 선별장에서 선별이 어렵기 때문에 일반 쓰레기로 분류될 수 있습니다.
용기와 플라스틱 마개를 분리하기 어렵다면 종량제 봉투에 담아 배출해야 합니다.

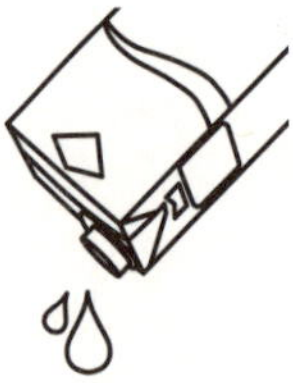

1 아몬드 브리즈 용기 내부에 내용물이 없도록 비웁니다.

2 용기에 오염된 부분이 없도록 세척합니다.

3 용기와 마개, 뚜껑을 분리합니다.

4 분리한 마개와 뚜껑은 플라스틱으로 배출합니다.

5 용기는 깨끗이 접어 멸균팩으로 배출합니다.

253

플라스틱 PS
비닐류 OTHER
종이

요플레
빙그레

우유를 발효시켜 만든 떠먹는 요플레는 다양한 맛이 나와 있어 그냥 먹기도 하고, 다른 잼이나 그래놀라 등과 함께 섞어 먹기도 한다. 요플레 용기의 올바른 분리배출 방법은 무엇일까?

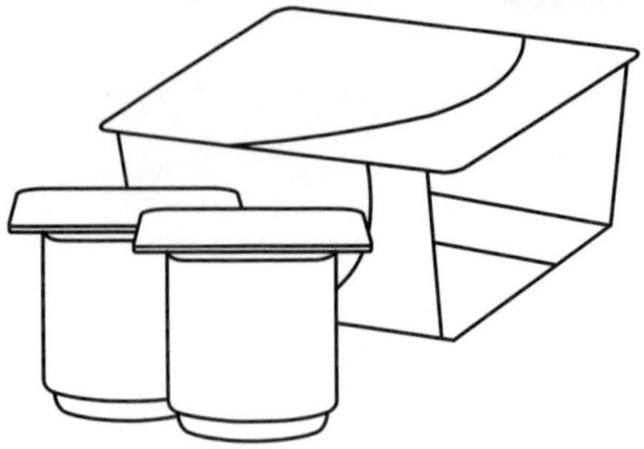

분리배출 요약

❶ 요플레 용기	플라스틱
❷ 뚜껑	비닐류
❸ 포장 상자	종이
❹ 라벨	종이

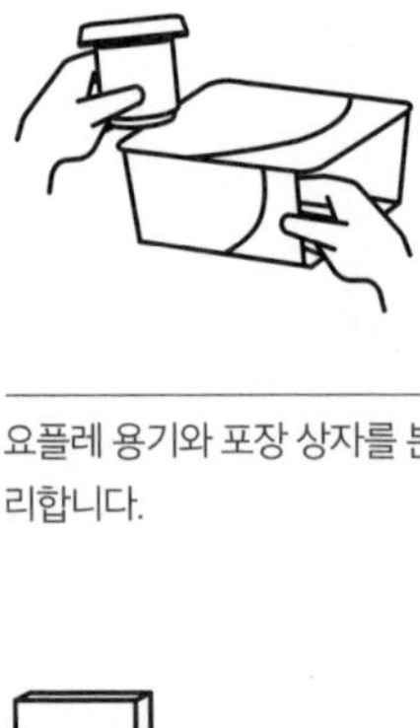

1 요플레 용기와 포장 상자를 분리합니다.

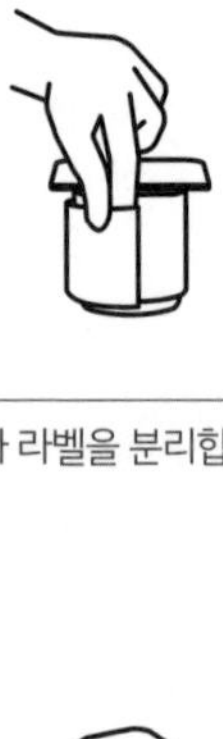

2 용기와 라벨을 분리합니다.

3 분리한 포장 상자와 라벨은 종이로 배출합니다.

4 용기와 뚜껑을 분리합니다.

5 용기 내부에 내용물이 없도록 비웁니다.

크기가 작은 플라스틱의 경우 재활용 선별장에서 선별이 어렵기 때문에 일반 쓰레기로 분류될 수 있습니다.
종이에 오염된 부분이 있을 경우 오염된 부분을 잘라내고 배출하거나 종량제 봉투에 담아 배출해야 합니다.

6

용기와 뚜껑에 오염된 부분이 없도록 세척합니다.

7

세척한 용기는 플라스틱으로 배출합니다.

8

뚜껑은 비닐류로 배출합니다.

플라스틱 PS

종량제 봉투

비닐류 PP

요구르트

동원디어푸드

앉은 자리에서 순식간에 한 줄을 해치울 수 있는 요구르트는 뚜껑을 따 바로 마실 수 있는 유제품이다. 요구르트의 올바른 분리배출 방법은 무엇일까?

분리배출 요약

❶ 요구르트 용기	플라스틱
❷ 뚜껑	종량제 봉투
❸ 포장 비닐	비닐류

1
요구르트와 포장 비닐을 분리합니다.

2
분리한 포장 비닐은 비닐류로 배출합니다.

3
요구르트 용기와 뚜껑을 분리합니다.

4
분리한 뚜껑은 종량제 봉투에 담아 배출합니다.

크기가 작은 플라스틱의 경우 재활용 선별장에서 선별이 어렵기 때문에 일반 쓰레기로 분류될 수 있습니다.

5

용기 내부에 내용물이 없도록 비웁니다.

6

용기에 오염된 부분이 없도록 세척합니다.

7

세척한 용기는 플라스틱으로 배출합니다.

비닐류 OTHER

종이

짜요짜요
서울우유협동조합

다양한 맛으로 입맛을 사로잡는 짜 먹는 요거트는 아이들에게 인기가 많다. 봉지를 뜯어 입에 대고 짜기만 하면 먹을 수 있다. 요거트의 올바른 분리배출 방법은 무엇일까?

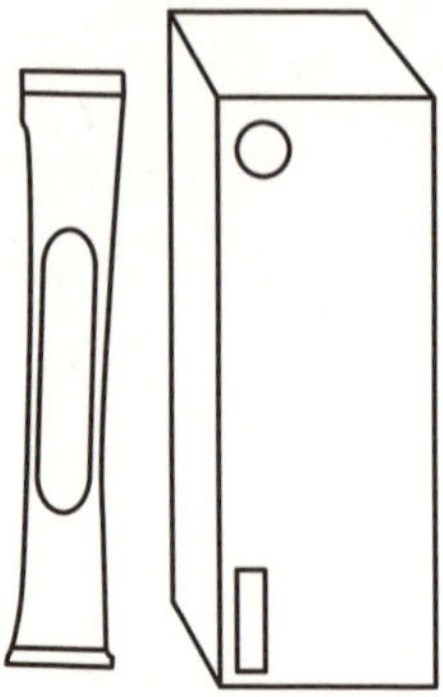

분리배출 요약

❶ 짜요짜요 용기	비닐류
❷ 포장 상자	종이

더 자세히 보기

분리배출 A to Z

내부를 완전히 세척할 수 없을 경우 종량제 봉투에 담아 배출합니다.

종이에 오염된 부분이 있을 경우 오염된 부분을 잘라내고 배출하거나 종량제 봉투에 담아 배출해야 합니다.

포장 상자에 테이프 등 이물질이 있는 경우에는 제거 후 반듯하게 접어 배출합니다.

1

포장 상자는 종이로 배출합니다.

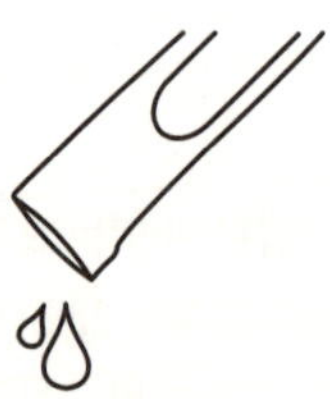

2

짜요짜요 용기 내부에 내용물이 없도록 비웁니다.

3

용기에 오염된 부분이 없도록 세척합니다.

4

세척한 용기는 비닐류로 배출합니다.

플라스틱 LDPE

플라스틱 PP

비닐류 PP

종량제 봉투

토마토 케찹

오뚜기

우리나라에서 무난하게 사용되는 소스인 토마토 케찹은 특히 어린아이들이 좋아하는 새콤달콤한 맛으로 많은 사랑을 받고 있다. 튀김이나 오믈렛의 맛을 북돋워 주는 토마토 케찹의 올바른 분리배출 방법은 무엇일까?

분리배출 요약

❶ 케찹 용기	플라스틱
❷ 뚜껑	플라스틱
❸ 포장 비닐	비닐류
❹ 라벨	종량제 봉투
❺ 밀폐용 필름	종량제 봉투

1

포장 비닐은 비닐류로 배출합니다.

2

케찹 용기와 뚜껑을 분리합니다.

3

용기와 밀폐용 필름을 분리합니다.

4

용기 외부에 부착된 라벨을 떼어냅니다.

5

떼어낸 라벨과 밀폐용 필름은 종량제 봉투에 담아 배출합니다.

더 자세히 보기
분리배출 A to Z

크기가 작은 플라스틱의 경우 재활용 선별장에서 선별이 어렵기 때문에 일반 쓰레기로 분류될 수 있습니다.

6 용기 내부에 내용물이 없도록 비웁니다.

7 용기와 뚜껑에 오염된 부분이 없도록 세척합니다.

8 세척한 용기와 뚜껑은 플라스틱으로 배출합니다.

257

플라스틱 LDPE

플라스틱 PP

비닐류 PP

종량제 봉투

마요네스
오뚜기

마요네즈는 활용도가 높아서 다양한 음식에 사용된다. 매운 음식과도 어울리고 마른안주와도 잘 어울리는 마요네즈의 올바른 분리배출 방법은 무엇일까?

분리배출 요약

❶ 마요네즈 용기	플라스틱
❷ 뚜껑	플라스틱
❸ 포장 비닐	비닐류
❹ 라벨	종량제 봉투

1

포장 비닐은 비닐류로 배출합니다.

2

마요네즈 용기와 뚜껑을 분리합니다.

3

용기 내부에 내용물이 없도록 비웁니다.

4

용기와 뚜껑에 오염된 부분이 없도록 세척합니다.

크기가 작은 플라스틱의 경우 재활용 선별장에서 선별이 어렵기 때문에 일반 쓰레기로 분류될 수 있습니다.

5

용기 외부에 부착된 라벨을 떼어냅니다.

6

떼어낸 라벨은 종량제 봉투에 담아 배출합니다.

7

용기와 뚜껑을 플라스틱으로 배출합니다.

허니 머스타드
오뚜기

샐러드, 튀김류 등 여러 음식에 사용되는 머스타드는 약간의 겨자 맛 때문에 매운맛이 나기도 한다. 시중에 판매되는 머스타드는 매운맛이 거의 느껴지지 않아 남녀노소 좋아하는 소스 중 하나이다. 머스타드의 올바른 분리배출 방법은 무엇일까?

분리배출 요약

❶ 머스타드 용기	플라스틱
❷ 뚜껑	플라스틱
❸ 라벨	종량제 봉투
❹ 뚜껑 보호 필름	종량제 봉투

1

머스타드 용기와 뚜껑 보호 필름을 분리합니다.

2

용기 외부에 부착된 라벨을 떼어냅니다.

3

떼어낸 라벨과 뚜껑 보호 필름은 종량제 봉투에 담아 배출합니다.

4

용기와 뚜껑을 분리합니다.

크기가 작은 플라스틱의 경우 재활용 선별장에서 선별이 어렵기 때문에 일반 쓰레기로 분류될 수 있습니다.

5
용기 내부에 내용물이 없도록 비웁니다.

6
용기와 뚜껑에 오염된 부분이 없도록 세척합니다.

7
세척한 용기와 뚜껑은 플라스틱으로 배출합니다.

259

유리

캔류
철

종량제
봉투

청정원
스파게티 소스
대상

스파게티는 본래 파스타 면의 일종이지만 우리나라에서는 음식의 한 종류로 알려져 있다. 토마토소스는 스파게티의 기본 소스다. 스파게티 소스의 올바른 분리배출 방법은 무엇일까?

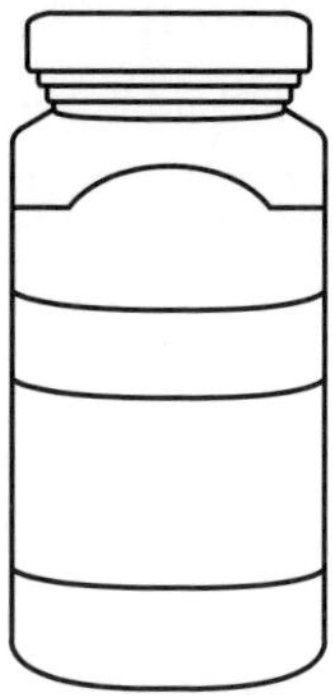

분리배출 요약

❶ 스파게티 소스 용기	유리
❷ 뚜껑	캔류
❸ 라벨	종량제 봉투

1
스파게티 소스 용기 외부에 부착된 라벨을 떼어냅니다.

2
떼어낸 라벨은 종량제 봉투에 담아 배출합니다.

3
용기와 뚜껑을 분리합니다.

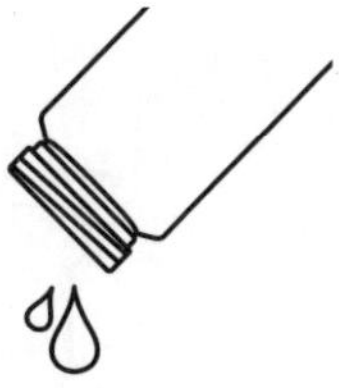

4
용기 내부에 내용물이 없도록 비웁니다.

크기가 작은 플라스틱의 경우 재활용 선별장에서 선별이 어렵기 때문에 일반 쓰레기로 분류될 수 있습니다.

5

용기와 뚜껑에 오염된 부분이 없도록 세척합니다.

6

세척한 용기는 유리로 배출합니다.

7

뚜껑은 캔류로 배출합니다.

비닐류 OTHER

비닐류 LDPE

종량제 봉투

노브랜드 숯불 닭꼬치

SKYFOODS

집에서 간단하게 즐기는 간식으로 많은 사람들이 애용하는 냉동 음식 중 닭꼬치는 연령 불문 인기가 많다. 안주로도 제격인 냉동 닭꼬치의 올바른 분리 배출 방법은 무엇일까?

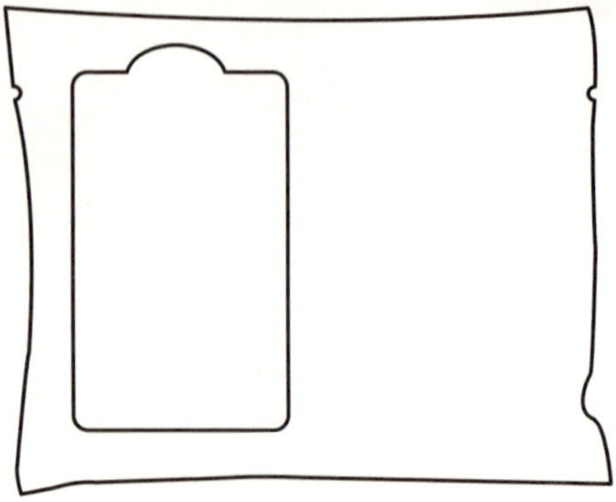

분리배출 요약

❶ 꼬치	종량제 봉투
❷ 포장 비닐	비닐류
❸ 비닐 시트	비닐류

더 자세히 보기
분리배출 A to Z

내부를 완전히 세척할 수 없을 경우 종량제 봉투에 담아 배출합니다.

1 꼬치는 종량제 봉투에 담아 배출합니다.

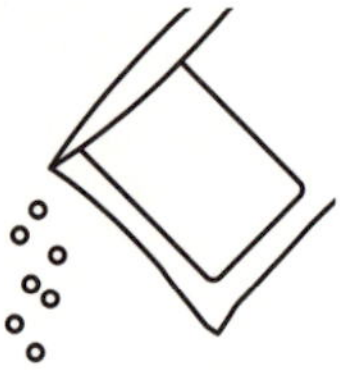

2 포장 비닐 내부에 내용물이 없도록 비웁니다.

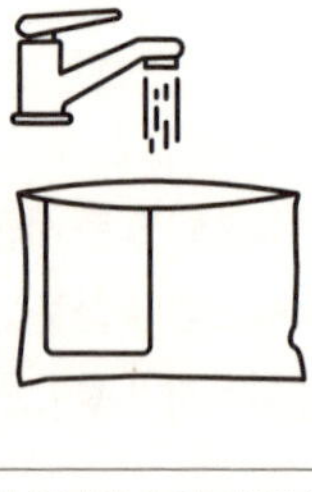

3 포장 비닐에 오염된 부분이 없도록 세척합니다.

4 포장 비닐과 비닐 시트를 분리합니다.

5 분리한 포장 비닐과 비닐 시트는 비닐류로 배출합니다.

261

플라스틱 PP

비닐류 OTHER

미정당 국물떡볶이

CJ제일제당

한국인이 사랑하는 음식인 떡볶이는 동네 분식점에서 쉽게 접할 수 있다. 집에서 간편하게 만들어 먹을 수 있도록 밀키트 형식으로 만들어진 떡볶이의 올바른 분리배출 방법은 무엇일까?

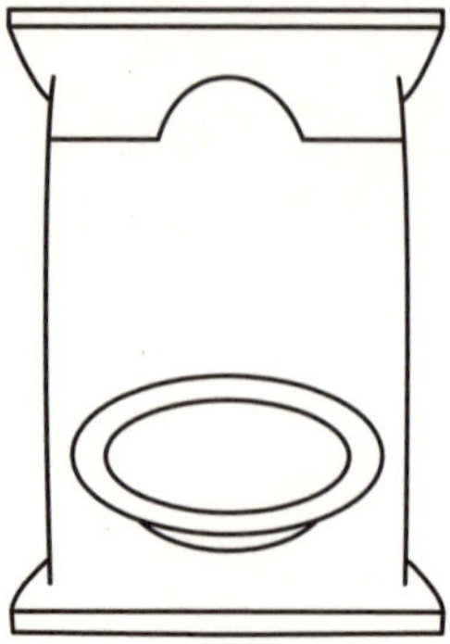

분리배출 요약

❶ 포장 용기	플라스틱
❷ 포장 비닐	비닐류
❸ 떡 포장재	비닐류
❹ 떡볶이 소스 포장재	비닐류
❺ 건조 파 포장재	비닐류

더 자세히 보기

분리배출 A to Z

내부를 완전히 세척할 수 없을 경우 종량제 봉투에 담아 배출합니다.

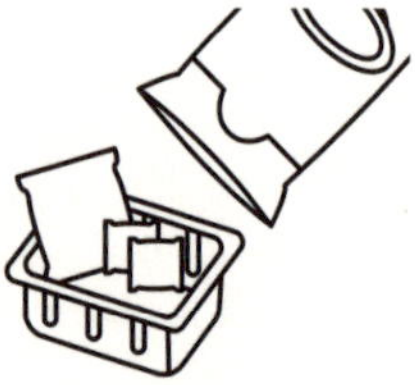

1

떡볶이와 포장 비닐을 분리합니다.

2

포장 용기는 플라스틱으로 배출합니다.

3

떡과 소스, 건조 파의 포장재에 오염된 부분이 없도록 세척합니다.

4

세척한 포장재와 포장 비닐은 비닐류로 배출합니다.

비닐류
OTHER

비비고 왕교자
CJ제일제당

냉동만두는 전자레인지에 돌리기만 해도 먹을 수 있을 정도로 간편하다. 구워 먹을 수도 있고 쪄서 먹을 수도 있다. 냉동 만두의 올바른 분리배출 방법은 무엇일까?

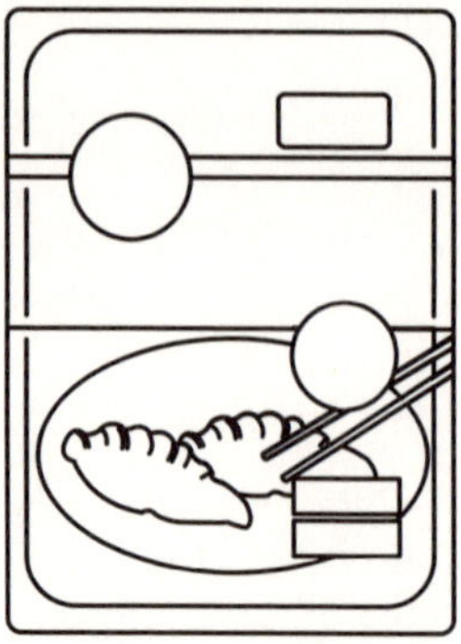

분리배출 요약

❶ 냉동 만두 포장 비닐	비닐류

묶음 상품의 경우 테이핑으로 묶여 있으면 비닐에 붙어 있는 테이프를 떼어내고 배출해야 합니다.

더 자세히 보기

분리배출 A to Z

1

냉동 만두 포장 비닐 내부에 내용물이 없도록 비웁니다.

2

포장 비닐에 오염된 부분이 없도록 세척합니다.

3

세척한 포장 비닐은 비닐류로 배출합니다.

플라스틱 OTHER

비닐류 OTHER

음식물 쓰레기

비비고 고등어구이

CJ제일제당

고등어구이는 한국인의 대표 생선 요리다. 고등어구이 팩은 따로 손질하지 않고 바로 먹을 수 있어 편리하다. 고등어구이 팩의 올바른 분리배출 방법은 무엇일까?

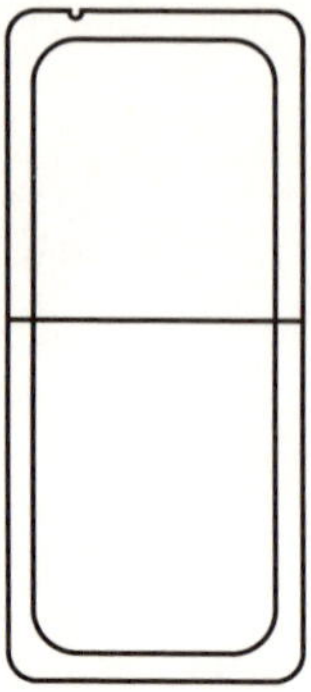

분리배출 요약

❶ 고등어 포장 용기	플라스틱
❷ 뚜껑	비닐류
❸ 생선 살	음식물 쓰레기

생선 가시는 종량제 봉투에 담아 배출합니다.

더 자세히 보기

분리배출 A to Z

1 고등어 포장 용기와 밀폐용 비닐을 분리합니다.

2 용기와 뚜껑은 오염된 부분이 없도록 세척합니다.

3 세척한 용기는 플라스틱으로 배출합니다.

4 뚜껑은 비닐류로 배출합니다.

5 남은 생선 살은 음식물 쓰레기로 배출합니다.

음식물 쓰레기

종량제 봉투

홍합

감칠맛이 나는 홍합은 짬뽕이나 탕 등 국물 재료로 많이 쓰인다. 붉은 색을 띠고 있어 홍합이라는 이름이 붙여진 홍합의 올바른 분리배출 방법은 무엇일까?

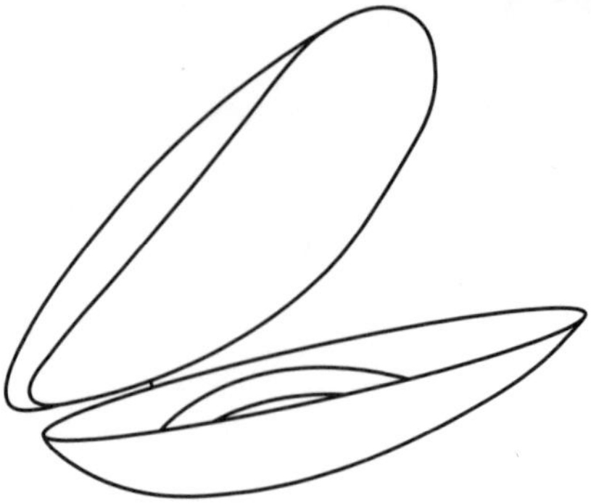

분리배출 요약

❶ **홍합**	음식물 쓰레기
❷ **껍데기**	종량제 봉투

1 홍합과 껍데기를 분리합니다.

2 홍합은 음식물 쓰레기로 배출합니다.

3 껍데기는 종량제 봉투에 담아 배출합니다.

대합

대합은 백합과에 속하는 조개로, 탕이나 찜, 구이 등 다양한 요리에 사용된다. 껍데기는 바둑돌이나 물감의 재료로도 쓰인다. 대합의 올바른 분리배출 방법은 무엇일까?

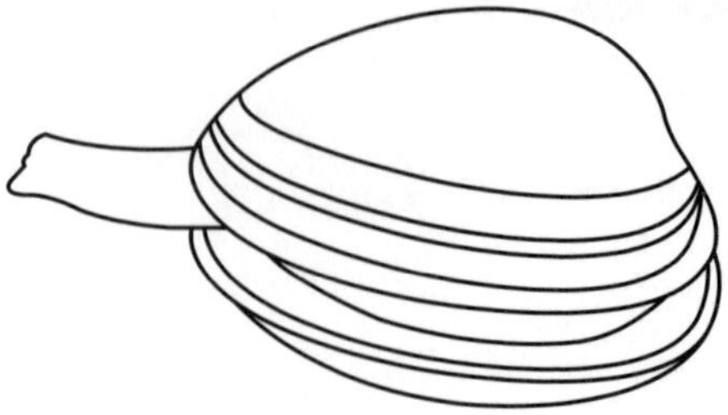

분리배출 요약

❶ 대합	음식물 쓰레기
❷ 껍데기	종량제 봉투

1 대합과 껍데기를 분리합니다.

2 대합은 음식물 쓰레기로 배출합니다.

3 껍데기는 종량제 봉투에 담아 배출합니다.

음식물 쓰레기

종량제 봉투

갈비

뼈에 고기가 붙어 있어 뜯어 먹기 좋은 갈비는 밥과 함께 먹어도, 냉면과 함께 먹어도 맛있다. 달달한 간장 양념과 잘 어울리는 갈비의 올바른 분리배출 방법은 무엇일까?

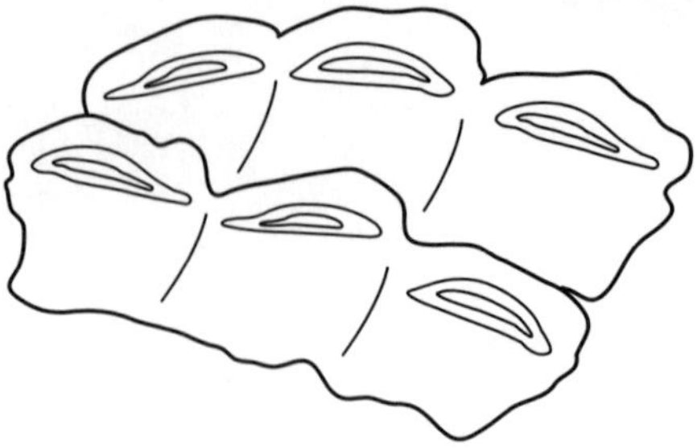

분리배출 요약

❶ 갈비	음식물 쓰레기
❷ 뼈	종량제 봉투

1 갈비와 뼈를 분리합니다.

2 갈비는 음식물 쓰레기로 배출합니다.

3 뼈는 종량제 봉투에 담아 배출합니다.

267

음식물 쓰레기

종량제 봉투

게

게는 게장이나 찜, 탕 같은 다양한 요리로 활용이 가능하다. 단단한 등딱지를 접시처럼 활용해 밥을 비벼 먹기도 한다. 게의 올바른 분리배출 방법은 무엇일까?

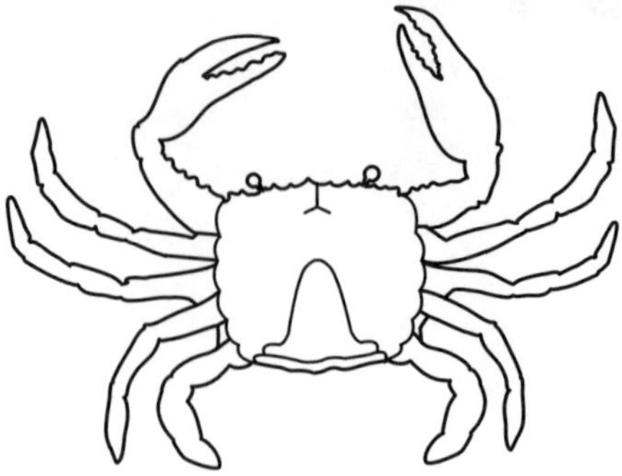

분리배출 요약

❶ 게살	음식물 쓰레기
❷ 껍데기	종량제 봉투

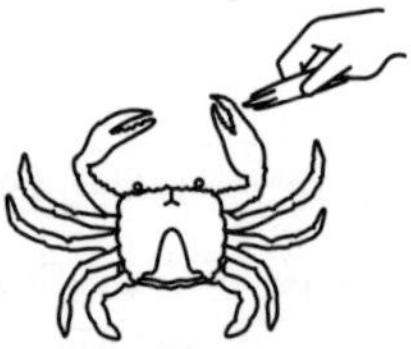

1 게살과 껍데기를 분리합니다.

2 게살은 음식물 쓰레기로 배출합니다.

3 껍데기는 종량제 봉투에 담아 배출합니다.

268

음식물 쓰레기

종량제 봉투

새우

구워도 맛있고 튀김으로 먹어도 맛있는 새우는 특유의 담백한 맛 덕분에 남녀노소 많은 사람들이 좋아하는 음식 중 하나이다. 머리부터 꼬리까지 버릴 게 없기로 유명한 새우의 올바른 분리배출 방법은 무엇일까?

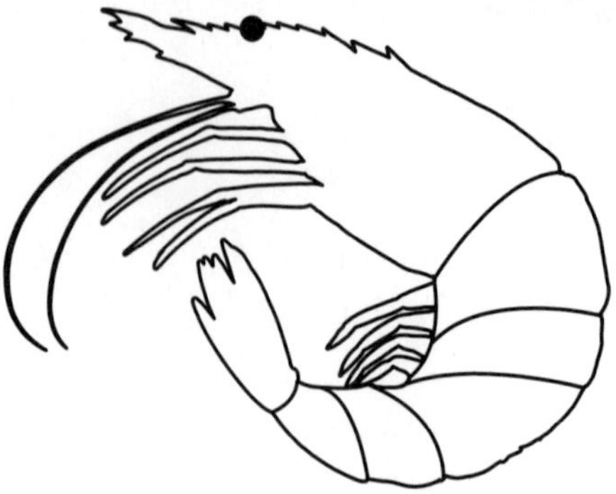

분리배출 요약

❶ 새우살	음식물 쓰레기
❷ 껍데기	종량제 봉투

1
새우살과 껍데기를 분리합니다.

2
새우살은 음식물 쓰레기로 배출합니다.

3
껍데기는 종량제 봉투에 담아 배출합니다.

269

플라스틱 OTHER

비닐류 OTHER

햇반
CJ제일제당

1인 가구에 없어서는 안되는 존재인 햇반은 전자레인지에 데우면 간편하게 따뜻한 밥을 먹을 수 있다. 밥솥이 없어도 따뜻한 집밥이 되는 햇반의 올바른 분리배출 방법은 무엇일까?

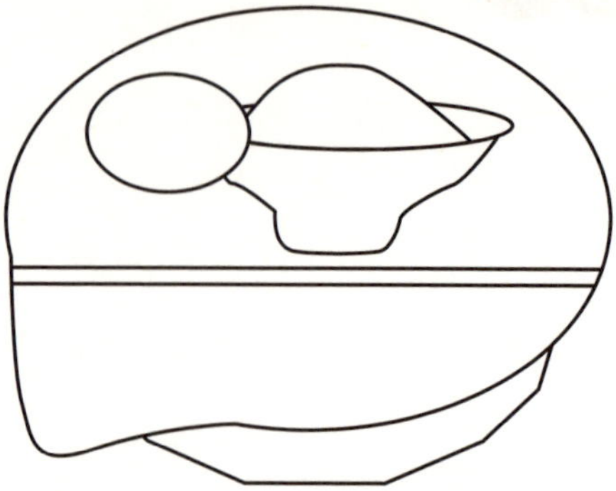

분리배출 요약

❶ 즉석밥 용기	플라스틱
❷ 뚜껑	비닐류

더 자세히 보기
분리배출 A to Z

플라스틱 OTHER의 경우 원료 재질 확인이 어렵고, 재활용할 방법도 마땅치 않아 선별장에서 일반 쓰레기로 분류될 수 있습니다.

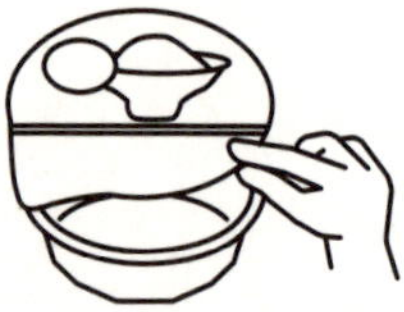

1
즉석밥 용기와 뚜껑을 분리합니다.

2
용기와 뚜껑에 오염된 부분이 없도록 세척합니다.

3
세척한 용기는 플라스틱으로 배출합니다.

4
뚜껑은 비닐류로 배출합니다.

종량제 봉투

플라스틱 PP

비닐류 OTHER

컵밥
오뚜기

간편한 즉석밥의 인기가 늘어가며 국밥이나 덮밥 등 즉석밥을 활용한 다양한 컵밥이 출시되고 있다. 즉석밥과 각종 재료를 함께 전자레인지에 돌리면 다양한 종류의 밥이 완성되는 컵밥의 올바른 배출 방법은 무엇일까?

분리배출 요약

❶ 컵밥 용기	종량제 봉투
❷ 즉석밥 용기	플라스틱
❸ 밀폐용 뚜껑	비닐류
❹ 숟가락	플라스틱
❺ 소스 포장재	비닐류
❻ 김자반 포장재	비닐류
❼ 참기름 포장재	비닐류
❽ 포장 비닐	비닐류

1

컵밥 용기와 포장 비닐을 분리합니다.

2

컵밥 용기와 즉석밥, 소스, 숟가락을 분리합니다.

3

컵밥 용기는 종량제 봉투에 담아 배출합니다.

4

즉석밥 용기와 뚜껑을 분리합니다.

크기가 작은 플라스틱의 경우 재활용 선별장에서 선별이 어렵기 때문에 일반 쓰레기로 분류될 수 있습니다.

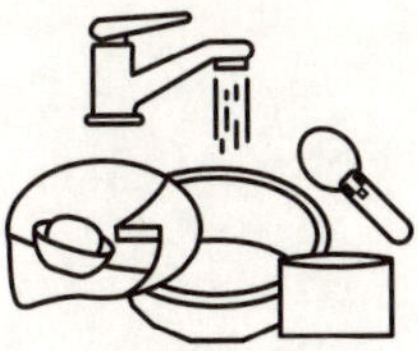

5

분리한 즉석밥 용기와 뚜껑, 포장재, 숟가락에 오염된 부분이 없도록 세척합니다

6

세척한 즉석밥 용기와 숟가락은 플라스틱으로 배출합니다.

7

포장 비닐과 뚜껑, 포장재는 비닐류로 배출합니다.

생수/음료/주류

Water / Drink / Alcohol

11

271

무색페트

플라스틱 HDPE

비닐류 PP

제주 삼다수
광동제약

제주의 물을 브랜드화한 삼다수는 사람들에게 많은 사랑을 받고 있다. 1인 가구에서 주로 찾는 큰 용량 생수의 올바른 분리배출 방법은 무엇일까?

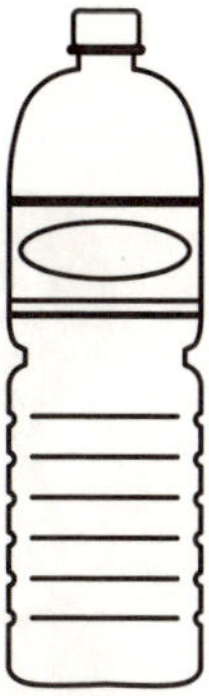

분리배출 요약

❶ 생수 용기	무색 페트
❷ 뚜껑	무색 페트
❸ 라벨	비닐류

더 자세히 보기
분리배출 A to Z

무색 페트의 경우 용기를 찌그러트리고 뚜껑을 닫아 배출합니다.
오염된 부분이 있을 경우 반드시 세척 후 배출해야 합니다.

1
생수 용기 내부에 내용물이 없도록 비웁니다.

2
용기 외부에 부착된 라벨을 떼어냅니다.

3
떼어낸 라벨은 비닐류로 배출합니다.

4
용기는 뚜껑을 닫아 무색 페트로 배출합니다.

HEYROO 미네랄워터

산청음료

생수는 어느덧 우리나라에서도 필수품이 되었다. 쉽고 간편하게 물을 마실 수 있어 편리하다. 필요에 따라 다양한 크기의 용기에 담겨 판매되는 생수의 올바른 분리배출 방법은 무엇일까?

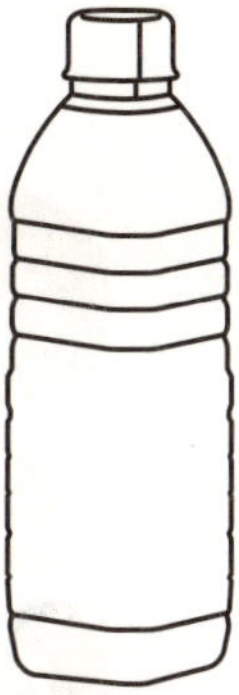

분리배출 요약

❶ 생수 용기	무색 페트
❷ 뚜껑	무색 페트
❸ 뚜껑 필름 라벨	비닐류

더 자세히 보기

분리배출 A to Z

무색 페트의 경우 용기를 찌그러트리고 뚜껑을 닫아 배출합니다.

오염된 부분이 있을 경우 반드시 세척 후 배출해야 합니다.

1 생수 용기와 뚜껑 필름 라벨을 분리합니다.

2 분리한 뚜껑 필름 라벨은 비닐류로 배출합니다.

3 용기 내부에 내용물이 없도록 비웁니다.

4 용기는 뚜껑을 닫아 무색 페트로 배출합니다.

무색페트
플라스틱 HDPE
비닐류 PP

코카콜라

코카콜라는 톡 쏘는 탄산에 달달한 맛으로 많은 이들에게 사랑받는다. 기름진 음식에도, 느끼한 음식에도 잘 어울리는 콜라의 올바른 분리배출 방법은 무엇일까?

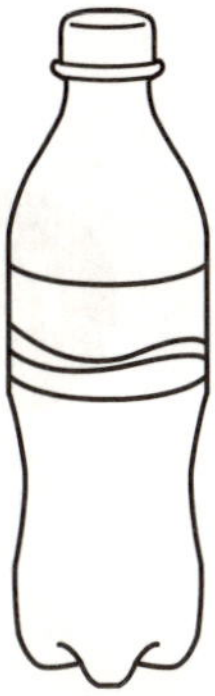

분리배출 요약

❶ 음료 용기	무색 페트
❷ 뚜껑	무색 페트
❸ 밀폐용 라벨	비닐류

더 자세히 보기

분리배출 A to Z

무색 페트의 경우 용기를 찌그러트리고 뚜껑을 닫아 배출합니다.

오염된 부분이 있을 경우 반드시 세척 후 배출해야 합니다.

1 음료 용기 내부에 내용물이 없도록 비웁니다.

2 용기와 뚜껑에 오염된 부분이 없도록 세척합니다.

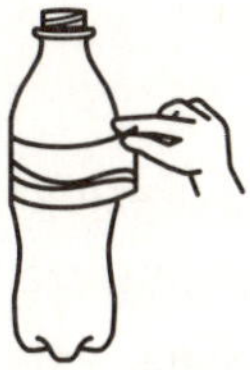

3 용기 외부에 부착된 라벨을 떼어냅니다.

4 떼어낸 라벨은 비닐류로 배출합니다.

5 용기는 뚜껑을 닫아 무색 페트로 배출합니다.

274

칠성 사이다 캔

롯데칠성음료

캔에 담긴 사이다는 청량함의 대명사이다. 자판기나 편의점에서 손쉽게 구입해 갈증을 해결할 수 있다. 음료수 캔의 올바른 배출 방법은 무엇일까?

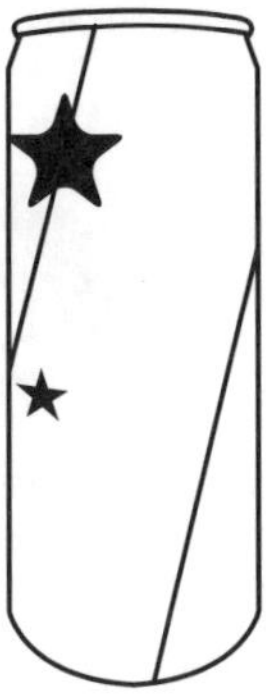

분리배출 요약

❶ 음료 용기	캔류

1 음료 용기 내부에 내용물이 없도록 비웁니다.

2 용기에 오염된 부분이 없도록 세척합니다.

3 세척한 용기는 캔류로 배출합니다.

275

비닐류
OTHER

종량제 봉투

카프리썬

농심

소풍 간식으로 챙겨 가던 카프리썬은 빨대가 달려 있어 편리하게 먹을 수 있지만, 분리배출 방법은 복잡하다. 카프리썬의 올바른 배출 방법은 무엇일까?

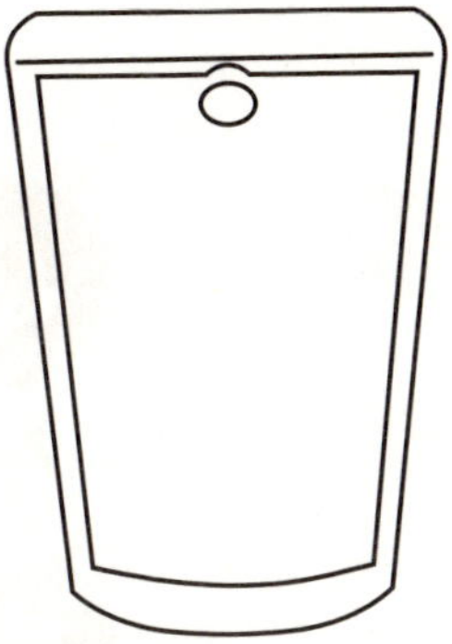

분리배출 요약

❶ 음료 용기	비닐류
❷ 빨대	종량제 봉투
❸ 빨대 포장재	종량제 봉투

더 자세히 보기
분리배출 A to Z

분리배출표시가 기재되어 있지 않은 경우 재활용이 어렵기 때문에 종량제 봉투에 담아 배출합니다.

1 음료 용기와 빨대를 분리합니다.

2 빨대와 빨대 포장재를 분리합니다.

3 분리한 빨대와 빨대 포장재는 종량제 봉투에 담아 배출합니다.

4 용기 내부에 내용물이 없도록 비웁니다.

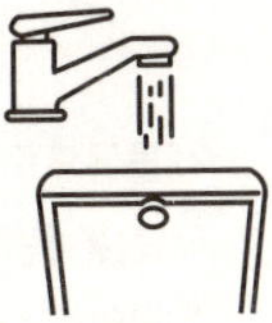

5 용기에 오염된 부분이 없도록 세척합니다.

6 세척한 용기는 비닐류로 배출합니다.

유리

캔류 알미늄

종량제 봉투

자연은 제주감귤
웅진식품

선물용으로 많이 주고받는 병 음료는 과일주스부터 전통 음료까지 다양하게 병에 담겨 판매된다. 병 음료의 올바른 분리배출 방법은 무엇일까?

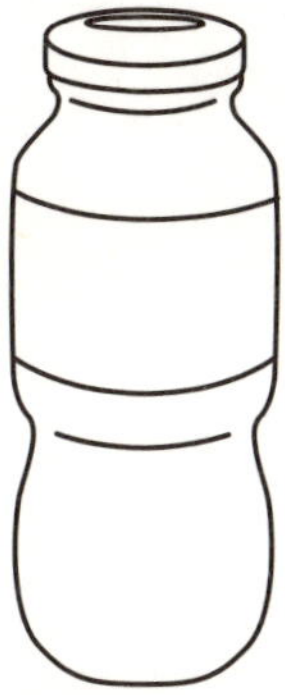

분리배출 요약

❶ 음료 용기	유리
❷ 뚜껑	캔류
❸ 라벨	종량제 봉투
❹ 뚜껑 보호 필름	종량제 봉투

더 자세히 보기

분리배출 A to Z

분리배출표시가 기재되어 있지 않은 경우 재활용이 어렵기 때문에 종량제 봉투에 담아 배출합니다.

1 음료 용기와 뚜껑 보호 필름을 분리합니다.

2 용기 외부에 부착된 라벨을 떼어냅니다.

3 떼어낸 라벨과 뚜껑 보호 필름은 종량제 봉투에 담아 배출합니다.

4 용기와 뚜껑을 분리합니다.

5 용기 내부에 내용물이 없도록 비웁니다.

유리에서 라벨 스티커가 잘 떼어지지 않는 경우에는 그대로 유리로 배출합니다.

6 용기와 뚜껑에 오염된 부분이 없도록 세척합니다.

7 세척한 용기는 유리로 배출합니다.

8 뚜껑은 캔류로 배출합니다.

277

무색페트

플라스틱 HDPE

비닐류 PET

종량제 봉투

처음처럼
롯데칠성음료

페트병 소주는 파손 위험이 없어 안전하고 유리병 보다 가볍다. 아웃도어족이 늘어나면서 더 인기를 얻고 있는 페트병 소주의 올바른 분리배출 방법은 무엇일까?

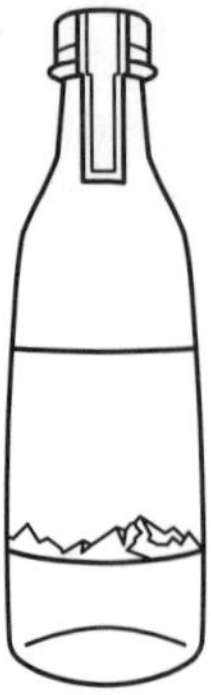

분리배출 요약

❶ 소주 용기	무색 페트
❷ 뚜껑	무색 페트
❸ 라벨	비닐류
❹ 뚜껑 라벨	종량제 봉투

1

소주 뚜껑에 부착된 뚜껑 라벨을 떼어냅니다.

2

떼어낸 뚜껑 라벨은 종량제 봉투에 담아 배출합니다.

3

용기 외부에 부착된 라벨을 떼어냅니다.

4

떼어낸 라벨은 비닐류로 배출합니다.

무색 페트의 경우 용기를 찌그러트리고 뚜껑을 닫아 배출합니다.

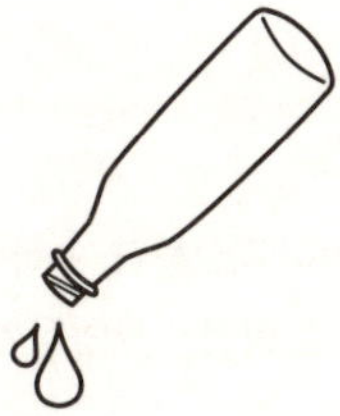

5
용기 내부에 내용물이 없도록 비웁니다.

6
용기와 뚜껑에 오염된 부분이 없도록 세척합니다.

7
용기는 뚜껑을 닫아 무색 페트로 배출합니다.

유리

캔류 알미늄

종량제 봉투

참이슬
하이트진로

소주 하면 친근한 초록색 병이 떠오른다. 초록색 유리 소주병의 올바른 분리배출 방법은 무엇일까?

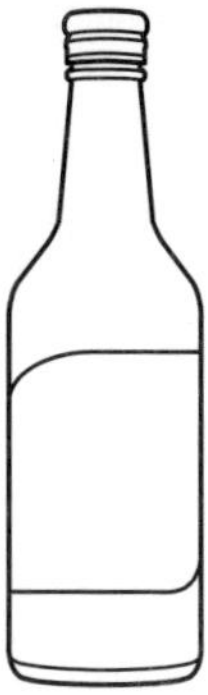

분리배출 요약

❶ 소주 용기	유리
❷ 뚜껑	캔류
❸ 라벨	종량제 봉투

1

소주 용기와 뚜껑을 분리합니다.

2

용기 내부에 내용물이 없도록 비웁니다.

3

용기와 뚜껑에 오염된 부분이 없도록 세척합니다.

4

세척한 뚜껑은 캔류로 배출합니다.

유리에서 라벨 스티커가 잘 떼어지지 않는 경우에는 그대로 유리로 배출합니다.

5

용기 외부에 부착된 라벨을 떼어냅니다.

6

떼어낸 라벨은 종량제 봉투에 담아 배출합니다.

7

용기는 유리로 배출합니다.

일반팩

참이슬 팩
하이트진로

팩 소주는 손바닥 정도의 크기로 휴대성이 뛰어나 인기가 많다. 팩 소주의 올바른 분리배출 방법은 무엇일까?

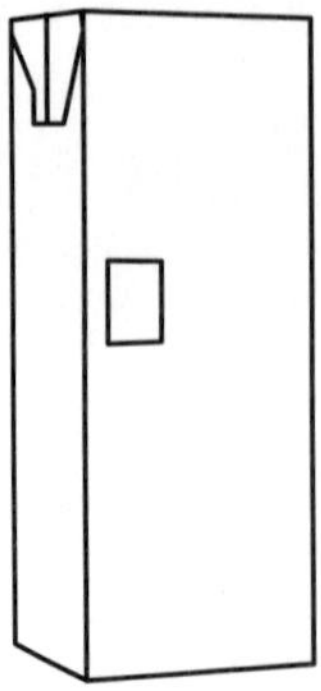

분리배출 요약

❶ 소주 용기	멸균팩

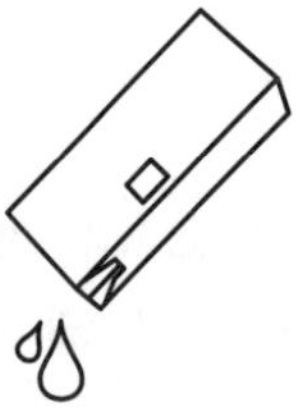

1 소주 용기 내부에 내용물이 없도록 비웁니다.

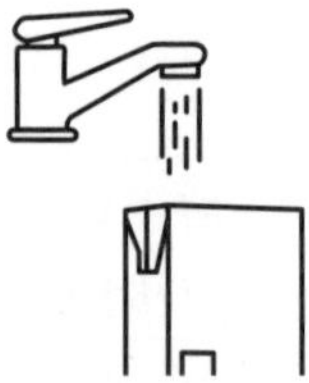

2 용기에 오염된 부분이 없도록 세척합니다.

3 세척한 용기는 멸균팩으로 배출합니다.

유리

캔류 철

종량제 봉투

카스 병
오비맥주

병 맥주는 음식점에서 흔히 볼 수 있다. 우리가 흔히 떠올리는 맥주병의 색은 갈색이지만, 갈색 유리병이 재활용에 용이하지 않다고 알려진 이후 투명한 병으로 바뀌었다. 카스 병 맥주의 올바른 분리배출 방법은 무엇일까?

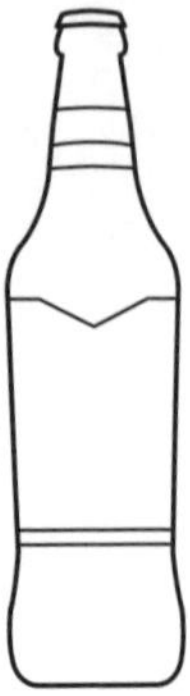

분리배출 요약

❶ 맥주 용기	유리
❷ 뚜껑	캔류
❸ 라벨	종량제 봉투

1

맥주 용기와 뚜껑을 분리합니다.

2

용기 내부에 내용물이 없도록 비웁니다.

3

용기와 뚜껑에 오염된 부분이 없도록 세척합니다.

4

세척한 뚜껑은 캔류로 배출합니다.

유리에서 라벨 스티커가 잘 떼어지지 않는 경우에는 그대로 유리로 배출합니다.

5 용기 외부에 부착된 라벨을 떼어냅니다.

6 떼어낸 라벨은 종량제 봉투에 담아 배출합니다.

7 용기는 유리로 배출합니다.

281

카스 캔
오비맥주

캔 맥주는 병 맥주보다 가볍고 보관이 용이하다. 실내뿐만 아니라 실외에서 가볍게 마시기 좋아 많은 이들이 선호한다. 캔 맥주의 올바른 분리배출 방법은 무엇일까?

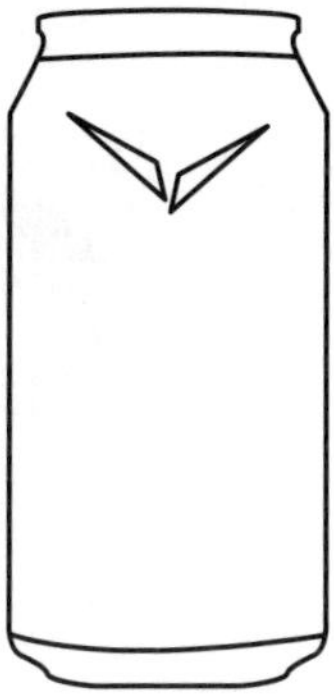

분리배출 요약

❶ 맥주 용기	캔류

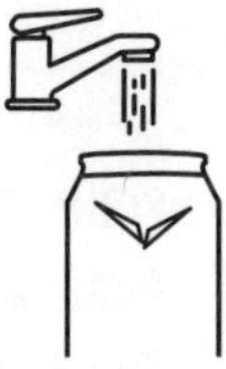

1 맥주 용기 내부에 내용물이 없도록 비웁니다.

2 용기에 오염된 부분이 없도록 세척합니다.

3 세척한 용기는 캔류로 배출합니다.

와인

와인은 고급스러운 맛과 디자인 덕분에 기념일 등 특별한 날 음식과 함께 곁들여 먹는다. 최근에는 마트나 편의점에서도 쉽게 접할 수 있는 대중 주류가 되었다. 와인의 올바른 분리배출 방법은 무엇일까?

분리배출 요약

❶ 와인 용기	유리
❷ 코르크 마개	종량제 봉투
❸ 라벨	종량제 봉투
❹ 마개 보호 호일	종량제 봉투

1

와인 용기와 마개 보호 호일을 분리합니다.

2

용기 외부에 부착된 라벨을 떼어냅니다.

3

용기와 코르크 마개를 분리합니다.

4

분리한 코르크 마개와 마개 보호 호일, 라벨은 종량제 봉투에 담아 배출합니다.

유리에서 라벨 스티커가 잘 떼어지지 않는 경우에는 그대로 유리로 배출합니다.

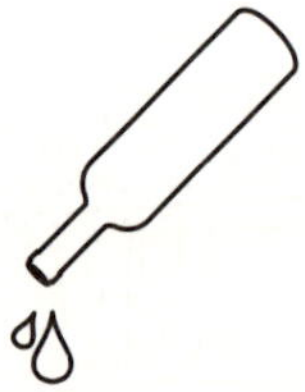

5 용기 내부에 내용물이 없도록 비웁니다.

6 용기에 오염된 부분이 없도록 세척합니다.

7 세척한 용기는 유리로 배출합니다.

유리

종량제 봉투

샴페인

샴페인은 스파클링 와인의 일종으로, 고급 와인으로 분류된다. 코르크 마개가 분리되면서 뿜어져 나오는 탄산과 술의 모습이 축포와 비슷해 축하할 일이 있는 행사나 파티에 많이 쓰인다. 샴페인의 올바른 분리배출 방법은 무엇일까?

분리배출 요약

❶ 샴페인 용기	유리
❷ 코르크 마개	종량제 봉투
❸ 라벨	종량제 봉투
❹ 마개 보호 호일	종량제 봉투
❺ 마개 보호 철사	종량제 봉투

1 샴페인 용기와 마개 보호 호일을 분리합니다.

2 용기와 마개 보호 철사를 분리합니다.

3 용기와 코르크 마개를 분리합니다.

4 용기 외부에 부착된 라벨을 떼어냅니다.

5 떼어낸 라벨과 마개 보호 호일, 철사, 코르크 마개는 종량제 봉투에 담아 배출합니다.

유리에서 라벨 스티커가 잘 떼어지지 않는 경우에는 그대로 유리로 배출합니다.

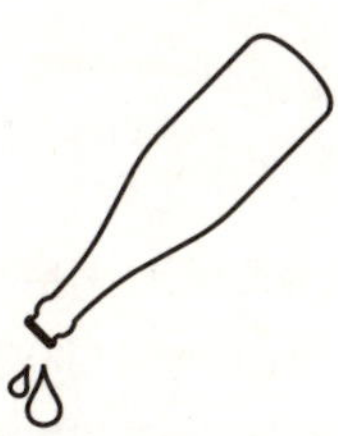

6

용기 내부에 내용물이 없도록 비웁니다.

7

용기에 오염된 부분이 없도록 세척합니다.

8

세척한 용기는 유리로 배출합니다.

국순당 막걸리

막걸리는 우리나라의 전통술로 어르신들뿐만 아니라 젊은 세대층도 즐긴다. 막걸리 병의 디자인도 다양하다. 막걸리 병의 올바른 분리배출 방법은 무엇일까?

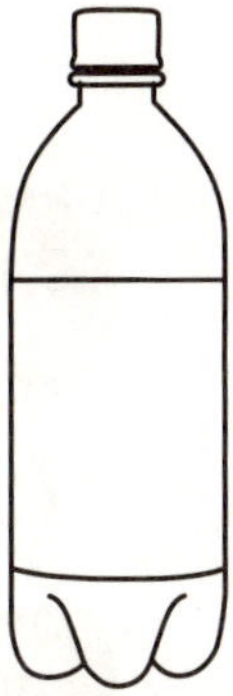

분리배출 요약

❶ 막걸리 용기	플라스틱
❷ 뚜껑	플라스틱
❸ 라벨	비닐류

더 자세히 보기

분리배출 A to Z

유색 페트의 경우 플라스틱으로 배출해야 합니다.

크기가 작은 플라스틱의 경우 재활용 선별장에서 선별이 어렵기 때문에 일반 쓰레기로 분류될 수 있습니다.

1 막걸리 용기와 뚜껑을 분리합니다.

2 용기 내부에 내용물이 없도록 비웁니다.

3 용기와 뚜껑에 오염된 부분이 없도록 세척합니다.

4 용기 외부에 부착된 라벨을 떼어냅니다.

5 떼어낸 라벨은 비닐류로 배출합니다.

6 용기와 뚜껑은 플라스틱으로 배출합니다.

유리

캔류 알미늄

종량제 봉투

위스키

위스키는 소주, 맥주 등 대중 주류가 많아진 오늘날도 꾸준한 인기를 누리고 있다. 토닉워터와 레몬, 얼음을 섞은 하이볼은 젊은이들에게 빠질 수 없는 메뉴이기도 하다. 위스키의 올바른 분리배출 방법은 무엇일까?

분리배출 요약

❶ 위스키 용기	유리
❷ 뚜껑	캔류
❸ 라벨	종량제 봉투

1
위스키 용기와 뚜껑을 분리합니다.

2
용기 내부에 내용물이 없도록 비웁니다.

3
용기와 뚜껑에 오염된 부분이 없도록 세척합니다.

4
세척한 뚜껑은 캔류로 배출합니다.

유리에서 라벨 스티커가 잘 떼어지지 않는 경우에는 그대로 유리로 배출합니다.

5 용기 외부에 부착된 라벨을 떼어냅니다.

6 떼어낸 라벨은 종량제 봉투에 담아 배출합니다.

7 용기는 유리로 배출합니다.

286

유리

종량제
봉투

보드카

보드카는 러시아의 대표적인 증류주다. 도수는 높지만 깔끔한 맛에 우리나라 사람들에게도 인기가 좋다. 칵테일을 만들기에도 좋은 보드카의 올바른 분리배출 방법은 무엇일까?

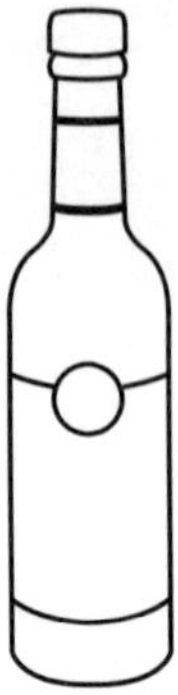

분리배출 요약

❶ 보드카 용기	유리
❷ 뚜껑	종량제 봉투
❸ 라벨	종량제 봉투

1 보드카 용기와 뚜껑을 분리합니다.

2 용기 내부에 내용물이 없도록 비웁니다.

3 용기에 오염된 부분이 없도록 세척합니다.

유리에서 라벨 스티커가 잘 떼어지지 않는 경우에는 그대로 유리로 배출합니다.

4
용기 외부에 부착된 라벨을 떼어냅니다.

5
떼어낸 라벨과 뚜껑은 종량제 봉투에 담아 배출합니다.

6
용기는 유리로 배출합니다.

배달/외식

Delivery / Eating-out

12

종이

종량제 봉투

플라스틱 PP

비닐류 OTHER

캔류 알미늄

교촌치킨

후라이드 치킨, 양념 치킨과는 다른 간장치킨이 메인 메뉴로 많은 인기를 끌고있는 교촌치킨. 뼈 있는 치킨을 먹을 때마다 헷갈리는 분리배출. 교촌 치킨의 올바른 분리배출 방법은 무엇일까?

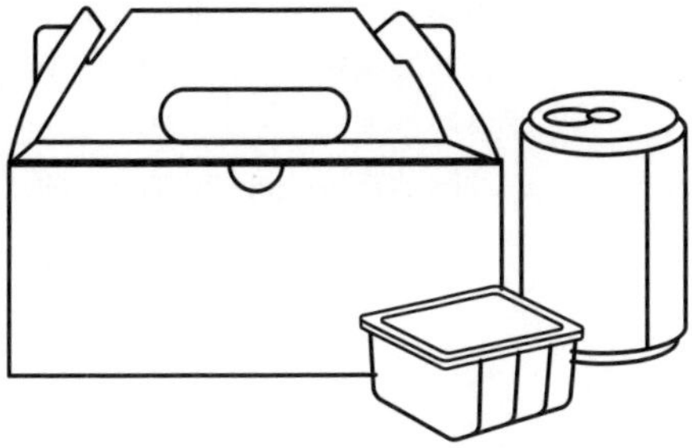

분리배출 요약

❶ 포장 상자	종이
❷ 유산지	종량제 봉투
❸ 닭 뼈	종량제 봉투
❹ 치킨무 용기	플라스틱
❺ 밀폐용 비닐	비닐류
❻ 음료 용기	캔류

1 포장 상자와 유산지를 분리합니다.

2 분리한 유산지와 닭 뼈는 종량제 봉투에 담아 배출합니다.

3 포장 상자는 종이로 배출합니다.

더 자세히 보기

분리배출 A to Z

종이에 오염된 부분이 있을 경우 오염된 부분을 잘라내고 배출하거나 종량제 봉투에 담아 배출해야 합니다.
크기가 작은 플라스틱의 경우 재활용 선별장에서 선별이 어렵기 때문에 일반 쓰레기로 분류될 수 있습니다.

4 치킨무 용기와 밀폐용 비닐을 분리합니다.

5 분리한 용기와 밀폐용 비닐에 오염된 부분이 없도록 세척합니다.

6 세척한 용기는 플라스틱으로 배출합니다.

7 밀폐용 비닐은 비닐류로 배출합니다.

8 음료 용기에 오염된 부분이 없도록 세척합니다.

9 음료 용기는 캔류로 배출합니다.

종이

종량제 봉투

플라스틱 PS

비닐류 OTHER

푸라닭치킨

푸라닭치킨은 고급 치킨의 대명사다. 오븐에 굽는 조리법과 다양하고 독특한 메뉴로 인기를 끌기 시작했다. 푸라닭 치킨의 올바른 분리배출 방법은 무엇일까?

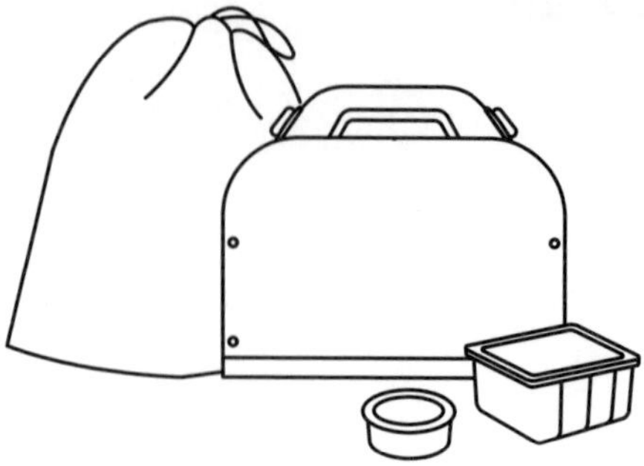

분리배출 요약

❶ 포장 상자	종이
❷ 치킨 용기	종량제 봉투
❸ 유산지	종량제 봉투
❹ 닭 뼈	종량제 봉투
❺ 치킨무 용기	플라스틱
❻ 소스 용기	플라스틱
❼ 밀폐용 비닐	비닐류
❽ 더스트 백	종량제 봉투

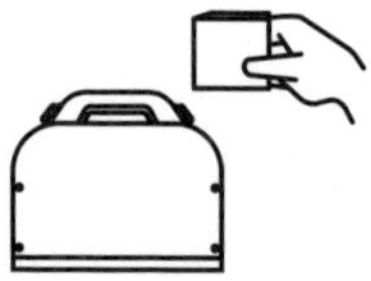

1

포장 상자와 치킨 용기를 분리합니다.

2

치킨 용기와 유산지를 분리합니다.

3

분리한 치킨 용기와 유산지, 닭 뼈, 더스트 백은 종량제 봉투에 담아 배출합니다.

4

포장 상자는 종이로 배출합니다.

종이에 오염된 부분이 있을 경우 오염된 부분을 잘라내고 배출하거나 종량제 봉투에 담아 배출해야 합니다.
크기가 작은 플라스틱의 경우 재활용 선별장에서 선별이 어렵기 때문에 일반 쓰레기로 분류될 수 있습니다.

5

치킨무 용기와 밀폐용 비닐을 분리합니다.

6

분리한 용기와 밀폐용 비닐에 오염된 부분이 없도록 세척합니다.

7

소스 용기와 밀폐용 비닐을 분리합니다.

8

분리한 용기와 밀폐용 비닐에 오염된 부분이 없도록 세척합니다.

9

세척한 용기는 플라스틱으로 배출합니다.

10

밀폐용 비닐은 비닐류로 배출합니다.

종이

종량제 봉투

플라스틱 PP

비닐류 OTHER

무색페트

플라스틱 PS

피자헤븐

피자는 치킨과 양대 산맥을 이룰 정도로 많은 이들이 선호하는 배달 음식이다. 밀가루로 된 원형의 얇은 반죽에 다양한 소스와 토핑을 얹어서 구워낸다. 피자의 올바른 분리배출 방법은 무엇일까?

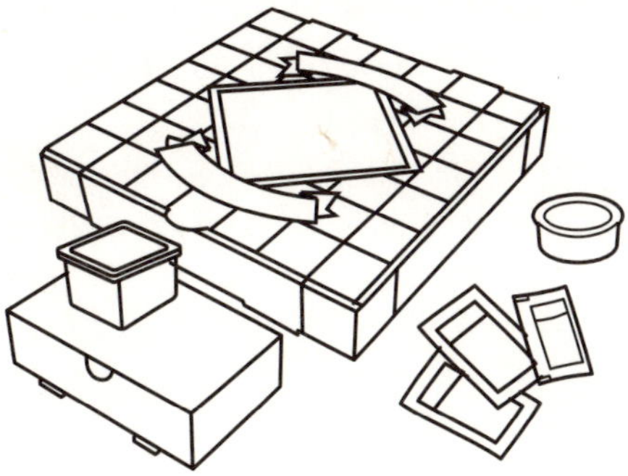

분리배출 요약

❶ 피자 상자	종이
❷ 피자 세이버	종량제 봉투
❸ 유산지	종량제 봉투
❹ 파스타 상자	종이
❺ 파스타 용기	종량제 봉투
❻ 뚜껑	종량제 봉투
❼ 피클 용기	플라스틱
❽ 밀폐용 비닐	비닐류
❾ 콘샐러드 용기	무색 페트
❿ 소스 포장재	비닐류
⓫ 포크	플라스틱

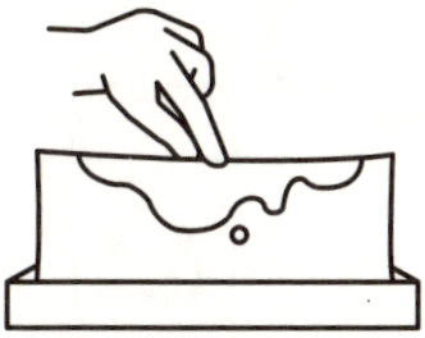

1

피자 상자와 유산지를 분리합니다.

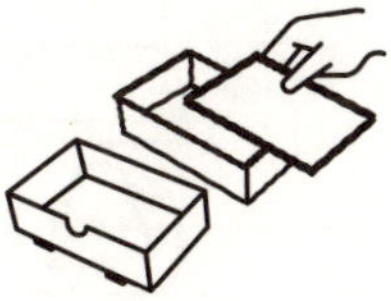

2

파스타 상자와 파스타 용기를 분리합니다.

3

분리한 파스타 용기와 유산지, 피자 세이버는 종량제 봉투에 담아 배출합니다.

4

피자 상자와 파스타 상자는 종이로 배출합니다.

종이에 오염된 부분이 있을 경우 오염된 부분을 잘라내고 배출하거나 종량제 봉투에 담아 배출해야 합니다.
크기가 작은 플라스틱의 경우 재활용 선별장에서 선별이 어렵기 때문에 일반 쓰레기로 분류될 수 있습니다.

5
피클 용기와 밀폐용 비닐을 분리합니다.

6
분리한 용기와 밀폐용 비닐, 소스 포장재, 포크에 오염된 부분이 없도록 세척합니다.

7
세척한 피클 용기와 포크는 플라스틱으로 배출합니다.

8
밀폐용 비닐과 소스 포장재는 비닐류로 배출합니다.

9
큰 샐러드 용기에 오염된 부분이 없도록 세척합니다.

10
세척한 용기은 무색 페트로 배출합니다.

290

플라스틱 PP

비닐류 PP

종이

종량제 봉투

한솥 도시락

도시락은 한 끼 식사를 간편하지만 든든하게 먹고 싶을 때 찾는다. 수많은 종류와 다양한 음식들로 고르는 재미도 쏠쏠하다. 도시락의 올바른 분리배출 방법은 무엇일까?

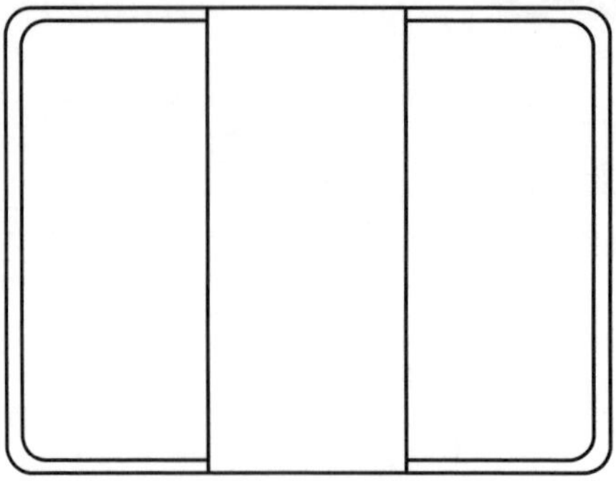

분리배출 요약

❶ 도시락 용기	플라스틱
❷ 뚜껑	플라스틱
❸ 나무젓가락	종량제 봉투
❹ 나무젓가락 포장재	종이
❺ 숟가락	플라스틱
❻ 숟가락 포장재	비닐류

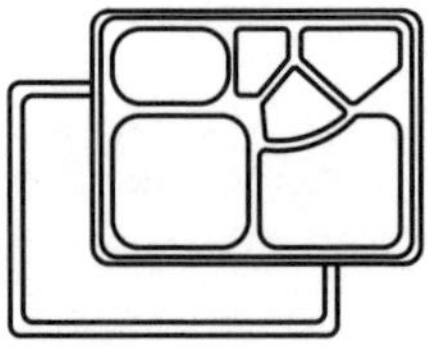

1

도시락 용기 내부에 내용물이 없도록 비웁니다.

2

용기와 뚜껑을 분리합니다.

3

분리한 용기와 뚜껑, 숟가락에 오염된 부분이 없도록 세척합니다.

4

세척한 용기와 뚜껑, 숟가락은 플라스틱으로 배출합니다.

종이에 오염된 부분이 있을 경우 오염된 부분을 잘라내고 배출하거나 종량제 봉투에 담아 배출해야 합니다.
크기가 작은 플라스틱의 경우 재활용 선별장에서 선별이 어렵기 때문에 일반 쓰레기로 분류될 수 있습니다.

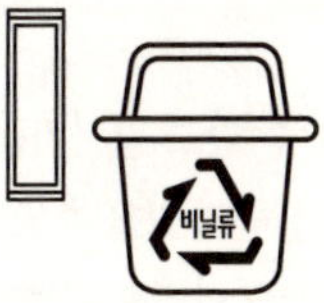

5

숟가락 포장재는 비닐류로 배출합니다.

6

나무젓가락 포장재는 종이로 배출합니다.

7

나무젓가락은 종량제 봉투에 담아 배출합니다.

종량제 봉투

종이

일반팩

플라스틱 PS

비닐류 OTHER

맥도날드 햄버거

햄버거는 단품으로도 먹을 수 있고 감자튀김이나 콜라까지 곁들여 세트로 푸짐하게 먹을 수도 있다. 햄버거 세트의 올바른 분리배출 방법은 무엇일까?

분리배출 요약

❶ 햄버거 포장재	종량제 봉투
❷ 햄버거 지지대	종량제 봉투
❸ 감자튀김 용기	종량제 봉투
❹ 치즈스틱 포장재	종이
❺ 너겟 용기	종이
❻ 음료 용기	일반팩
❼ 음료 뚜껑	플라스틱
❽ 빨대	종량제 봉투
❾ 소스 용기	플라스틱
❿ 밀폐용 비닐	비닐류
⓫ 케찹 포장재	비닐류
⓬ 포장 봉투	종이

1

포장 봉투와 너겟 용기, 치즈스틱 포장재는 종이로 배출합니다.

2

음료 용기와 뚜껑을 분리합니다.

3

음료 용기와 뚜껑에 오염된 부분이 없도록 세척합니다.

더 자세히 보기

분리배출 A to Z

종이에 오염된 부분이 있을 경우 오염된 부분을 잘라내고 배출하거나 종량제 봉투에 담아 배출해야 합니다.
크기가 작은 플라스틱의 경우 재활용 선별장에서 선별이 어렵기 때문에 일반 쓰레기로 분류될 수 있습니다.
종이컵은 종이컵끼리 모아 배출하는 것이 재활용에 용이하며, 종이와 일반팩은 다른 방식으로 재활용되므로 반드시 종이가 아닌 일반팩으로 분리 배출해야 합니다. 일반팩 전용 수거함이 없을 경우, 종이컵끼리 모아 종이로 배출합니다.

4 세척한 음료 용기는 일반팩으로 배출합니다.

5 소스 용기와 밀폐용 비닐을 분리합니다.

6 분리한 소스 용기와 밀폐용 비닐, 케찹 포장재에 오염된 부분이 없도록 세척합니다.

7 세척한 소스 용기와 음료 뚜껑은 플라스틱으로 배출합니다.

8 밀폐용 비닐과 케찹 포장재는 비닐류로 배출합니다.

9 감자튀김 용기와 햄버거 포장재, 햄버거 지지대, 빨대는 종량제 봉투에 담아 배출합니다.

플라스틱 PS

무색페트

비닐류 OTHER

종량제 봉투

초밥

초밥은 다양한 종류의 회를 밥에 얹어 먹는 요리다. 이제는 초밥도 간단하게 마트에서 구매해 먹을 수 있다. 마트 초밥은 저렴한 가격에 많은 양으로 가성비가 좋다. 초밥의 올바른 분리배출 방법은 무엇일까?

분리배출 요약

❶ 초밥 용기	무색 페트
❷ 뚜껑	플라스틱
❸ 간장 포장재	비닐류
❹ 인조 대잎	종량제 봉투

더 자세히 보기

분리배출 A to Z

코팅된 일회용 용기는 종량제 봉투에 담아 배출해야 합니다.
제조사별로 재질이 다를 수 있으니 분리배출 표시를 확인 후 배출해야 합니다.

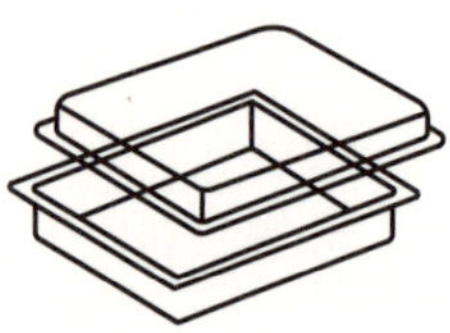

1

초밥 용기와 뚜껑을 분리합니다.

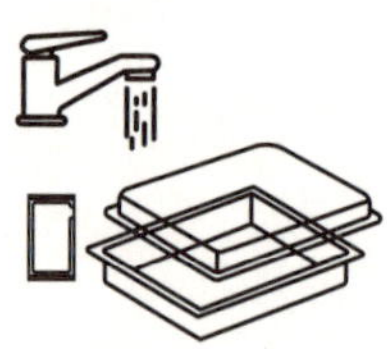

2

분리한 용기와 뚜껑, 간장 포장재에 오염된 부분이 없도록 세척합니다.

2

세척한 용기는 플라스틱으로 배출합니다

3

뚜껑은 무색 페트로 배출합니다.

4

간장 포장재는 비닐류로 배출합니다.

5

인조 대잎은 종량제 봉투에 담아 배출합니다.

플라스틱 PP

비닐류 OTHER

종량제 봉투

일반팩

동대문 엽기떡볶이

떡볶이는 우리나라 매운맛을 대표하는 간식의 하나이다. 맛도 재료도 점점 더 다양해지고 있다. 떡볶이의 올바른 분리배출 방법은 무엇일까?

분리배출 요약

❶ 떡볶이 용기	플라스틱
❷ 뚜껑	플라스틱
❸ 단무지 용기	플라스틱
❹ 밀폐용 비닐	비닐류
❺ 튀김 포장재	종량제 봉투
❻ 주먹밥 용기	종량제 봉투
❼ 음료 용기	일반팩
❽ 나무젓가락	종량제 봉투
❾ 나무젓가락 포장재	비닐류
❿ 숟가락	플라스틱
⓫ 숟가락 포장재	비닐류

1
떡볶이 용기와 뚜껑을 분리합니다.

2
떡볶이 용기 내부에 내용물이 없도록 비웁니다.

3
떡볶이 용기와 뚜껑, 숟가락에 오염된 부분이 없도록 세척합니다.

4
단무지 용기와 밀폐용 비닐을 분리합니다.

5
분리한 단무지 용기와 밀폐용 비닐에 오염된 부분이 없도록 세척합니다.

6
세척한 떡볶이 용기와 뚜껑, 숟가락, 단무지 용기는 플라스틱으로 배출합니다.

종이에 오염된 부분이 있을 경우 오염된 부분을 잘라내고 배출하거나 종량제 봉투에 담아 배출해야 합니다.
크기가 작은 플라스틱의 경우 재활용 선별장에서 선별이 어렵기 때문에 일반 쓰레기로 분류될 수 있습니다.

7
밀폐용 비닐과 숟가락 포장재, 나무젓가락 포장재는 비닐류로 배출합니다.

8
튀김 포장재 내부에 내용물이 없도록 비웁니다.

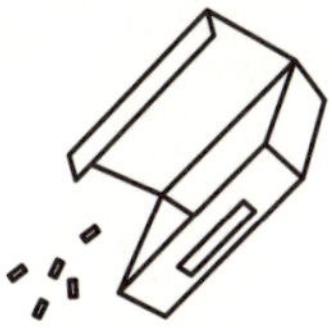

9
주먹밥 용기 내부에 내용물이 없도록 비웁니다.

10
튀김 포장재와 주먹밥 용기, 나무젓가락은 종량제 봉투에 담아 배출합니다.

11
음료 용기 내부에 내용물이 없도록 비웁니다.

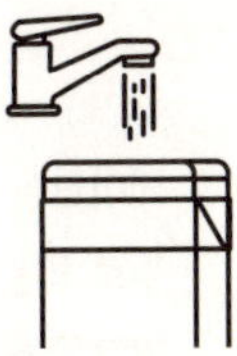

12
음료 용기에 오염된 부분이 없도록 세척합니다.

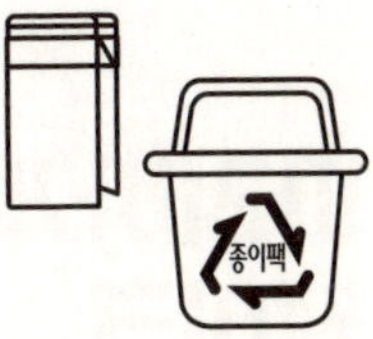

13
세척한 음료 용기는 일반팩으로 배출합니다.

294

종이

종량제 봉투

비닐류 PET

플라스틱 PS

비닐류 PP

파리바게뜨 케이크

케이크는 생일이나 크리스마스와 같은 기념일에 주로 먹는 음식이었지만 요즘에는 간식으로도 케이크를 찾는 이들도 많다. 케이크의 올바른 분리배출 방법은 무엇일까?

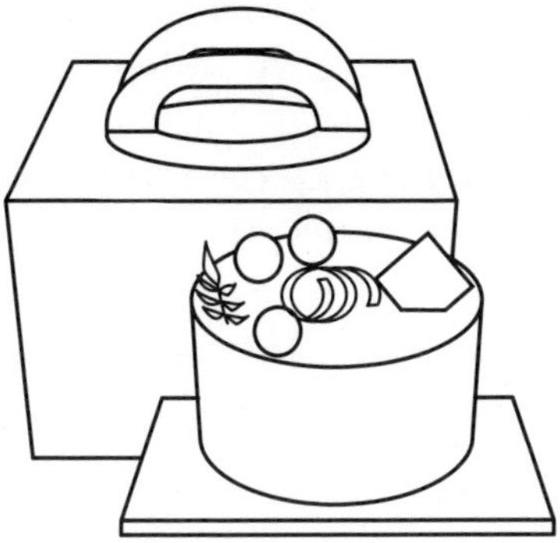

분리배출 요약

❶ 케이크 상자	기타종이류
❷ 케이크 받침대	종량제 봉투
❸ 상자 비닐	종량제 봉투
❹ 케이크 보호 띠	비닐류
❺ 초	종량제 봉투
❻ 성냥	종량제 봉투
❼ 성냥 포장재	종량제 봉투
❽ 빵칼	플라스틱
❾ 빵칼 포장재	비닐류
❿ 초, 빵칼 포장 봉투	기타종이류
⓫ 케이크 장식품	종량제 봉투

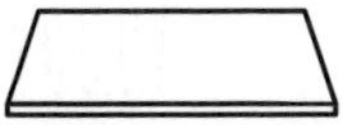

1 케이크 받침대에 내용물을 비웁니다.

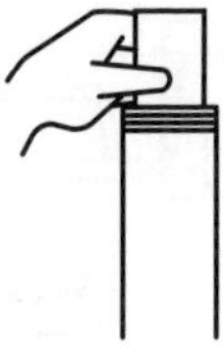

2 초, 빵칼 포장 봉투와 빵칼 포장재를 분리합니다.

3 빵칼 포장재와 빵칼을 분리합니다.

종이에 오염된 부분이 있을 경우 오염된 부분을 잘라내고 배출하거나 종량제 봉투에 담아 배출해야 합니다.
포장 상자에 테이프 등 이물질이 있는 경우에는 제거 후 반듯하게 접어 배출합니다.
크기가 작은 플라스틱의 경우 재활용 선별장에서 선별이 어렵기 때문에 일반 쓰레기로 분류될 수 있습니다.

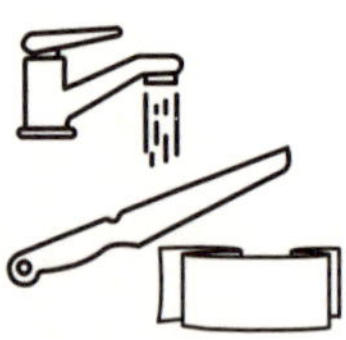

4 분리한 빵칼과 케이크 보호 띠에 오염된 부분이 없도록 세척합니다.

5 세척한 빵칼은 플라스틱으로 배출합니다.

6 빵칼 포장재와 케이크 보호 띠는 비닐류로 배출합니다.

7 케이크 상자와 상자 비닐을 분리합니다.

8 케이크 상자와 초, 빵칼 포장 봉투는 종이로 배출합니다.

9 케이크 받침대와 장식, 초, 성냥, 성냥 포장재, 상자 비닐은 종량제 봉투에 담아 배출합니다.

295

무색페트

종이

종량제 봉투

스타벅스 아이스 아메리카노

아메리카노는 사계절 가리지 않고 인기가 많은 커피 메뉴의 하나이다. 추운 겨울에는 따뜻한 핫초코 못지않게 인기가 많다. 아메리카노의 올바른 분리배출 방법은 무엇일까?

분리배출 요약

❶ 카페 음료 용기	무색 페트
❷ 뚜껑	무색 페트
❸ 컵 홀더	종이
❹ 라벨	종량제 봉투

1

카페 음료 용기와 컵 홀더를 분리합니다.

2

분리한 컵 홀더는 종이로 배출합니다.

3

음료 용기 내부에 내용물이 없도록 비웁니다.

4

음료 용기와 뚜껑에 오염된 부분이 없도록 세척합니다.

종이에 오염된 부분이 있을 경우 오염된 부분을 잘라내고 배출하거나 종량제 봉투에 담아 배출해야 합니다.
크기가 작은 플라스틱의 경우 재활용 선별장에서 선별이 어렵기 때문에 일반 쓰레기로 분류될 수 있습니다.

5
용기 외부에 부착된 라벨을 떼어냅니다.

6
떼어낸 라벨은 종량제 봉투에 담아 배출합니다.

7
용기와 뚜껑은 무색 페트로 배출합니다.

이디야 아메리카노

추운 겨울 따뜻한 아메리카노는 핫초코 못지않게 인기가 많은 카페 음료이다. 특히 이디야 커피는 저렴한 가격과 풍부한 향으로 가성비가 좋기로 유명하다. 이디야 아메리카노의 올바른 분리배출 방법은 무엇일까?

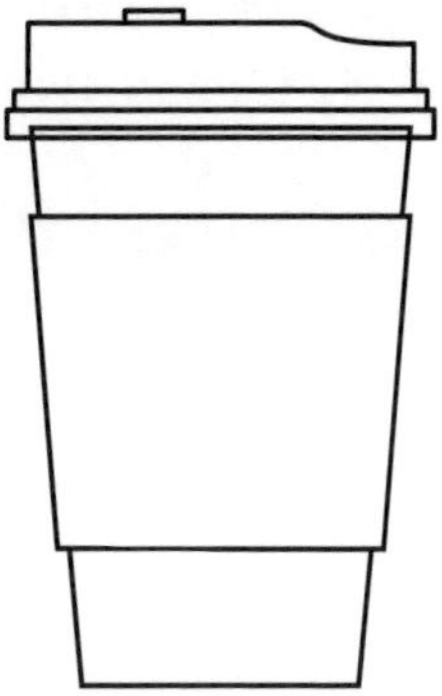

분리배출 요약

❶ 카페 음료 용기	일반팩
❷ 뚜껑	플라스틱
❸ 컵 홀더	종이

1

카페 음료 용기와 컵 홀더를 분리합니다.

2

분리한 컵 홀더는 종이로 배출합니다.

3

음료 용기와 뚜껑을 분리합니다.

4

음료 용기 내부에 내용물이 없도록 비웁니다.

종이에 오염된 부분이 있을 경우 오염된 부분을 잘라내고 배출하거나 종량제 봉투에 담아 배출해야 합니다.

크기가 작은 플라스틱의 경우 재활용 선별장에서 선별이 어렵기 때문에 일반 쓰레기로 분류될 수 있습니다.

종이컵은 종이컵끼리 모아 배출하는 것이 재활용에 용이하며, 종이와 일반팩은 다른 방식으로 재활용되므로 반드시 종이가 아닌 일반팩으로 분리 배출해야 합니다. 일반팩 전용 수거함이 없을 경우, 종이컵끼리 모아 종이로 배출합니다.

5

음료 용기와 뚜껑에 오염된 부분이 없도록 세척합니다.

6

세척한 용기는 일반팩으로 배출합니다.

7

뚜껑은 플라스틱으로 배출합니다.

297

공차 밀크티

공차는 2010년대 초반 밀크티 유행을 타고 꾸준한 인기를 누리고 있다. 다른 카페 음료와 달리 비닐 필름으로 실링 되어 흘릴 염려도 없다. 공차의 올바른 분리배출 방법은 무엇일까?

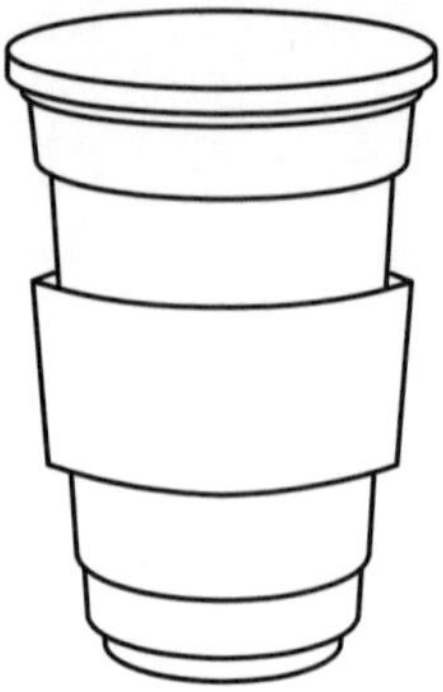

분리배출 요약

❶ 밀크티 용기	플라스틱
❷ 밀폐용 비닐	비닐류
❸ 컵 홀더	종이
❹ 빨대	종량제 봉투

1 빨대는 종량제 봉투에 담아 배출합니다.

2 카페 음료 용기와 컵 홀더를 분리합니다.

3 분리한 컵 홀더는 종이로 배출합니다.

4 음료 용기와 밀폐용 비닐을 분리합니다.

5 음료 용기 내부에 내용물이 없도록 비웁니다.

종이에 오염된 부분이 있을 경우 오염된 부분을 잘라내고 배출하거나 종량제 봉투에 담아 배출해야 합니다.

6

음료 용기와 밀폐용 비닐에 오염된 부분이 없도록 세척합니다.

7

세척한 용기는 플라스틱으로 배출합니다.

8

밀폐용 비닐은 비닐류로 배출합니다.

홍콩반점

이사하는 날 먹어줘야 하는 중식은 짜장면과 짬뽕이 양대산맥을 이루고 부먹, 찍먹으로 논란 중인 탕수육도 중식 메인 메뉴로 빼놓을 수 없다. 배달문화의 시작이라고 봐도 무방한 중식의 올바른 분리배출 방법은 무엇일까?

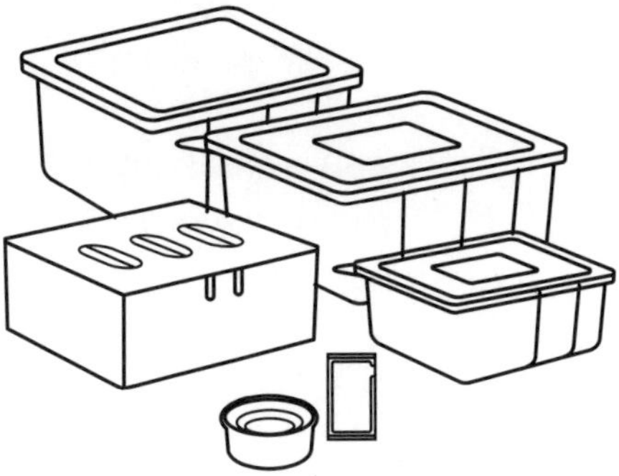

분리배출 요약

❶ 짜장면 외 포장 용기	플라스틱
❷ 뚜껑	플라스틱
❸ 단무지 용기	플라스틱
❹ 탕수육 용기	종량제 봉투
❺ 간장 포장재	비닐류
❻ 비닐랩	종량제 봉투
❼ 나무젓가락	종량제 봉투
❽ 나무젓가락 포장재	종이
❾ 고무줄	종량제 봉투

1 포장 용기와 뚜껑을 분리합니다.

2 포장 용기와 비닐랩을 분리합니다.

3 단무지 용기와 뚜껑을 분리합니다.

종이에 오염된 부분이 있을 경우 오염된 부분을 잘라내고 배출하거나 종량제 봉투에 담아 배출해야 합니다.

크기가 작은 플라스틱의 경우 재활용 선별장에서 선별이 어렵기 때문에 일반 쓰레기로 분류될 수 있습니다.

4 포장 용기 내부에 내용물이 없도록 비웁니다.

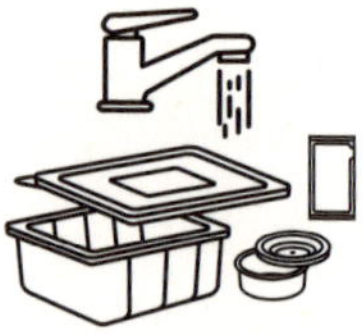

5 포장 용기와 단무지 용기, 뚜껑, 간장 포장재에 오염된 부분이 없도록 세척합니다.

6 세척한 포장 용기와 단무지 용기, 뚜껑은 플라스틱으로 배출합니다.

7 간장 포장재는 비닐류로 배출합니다.

8 나무젓가락 포장재는 종이로 배출합니다.

9 탕수육 용기와 비닐랩, 나무젓가락, 고무줄은 종량제 봉투에 담아 배출합니다.

플라스틱 PP

비닐류 PP

비닐류 HDPE

종량제 봉투

종이

귀한 족발

족발은 야식하면 떠오르는 대표 메뉴다. 막국수, 주먹밥 같은 다양한 사이드 메뉴와 함께 즐길 수 있다. 콜라겐이 함유되어 있어 피부미용에 좋아 여성들에게 인기가 많다. 족발의 올바른 분리배출 방법은 무엇일까?

분리배출 요약

❶ 족발 외 포장 용기	플라스틱
❷ 밀폐용 비닐	비닐류
❸ 단무지 외 포장 용기	플라스틱
❹ 뚜껑	플라스틱
❺ 채소 포장재	비닐류
❻ 나무젓가락	종량제 봉투
❼ 나무젓가락 포장재	종이
❽ 포장 비닐 커팅 칼	종량제 봉투
❾ 족발 뼈	종량제 봉투

1 족발 포장 용기와 밀폐용 비닐을 분리합니다.

2 단무지 포장 용기와 뚜껑을 분리합니다.

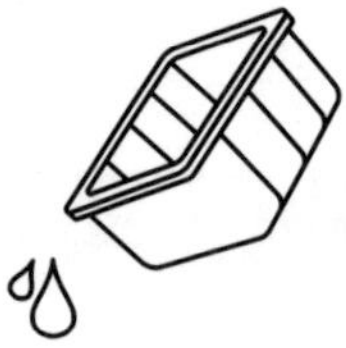

3 포장 용기 내부에 내용물이 없도록 비웁니다.

더 자세히 보기

분리배출 A to Z

종이에 오염된 부분이 있을 경우 오염된 부분을 잘라내고 배출하거나 종량제 봉투에 담아 배출해야 합니다.
크기가 작은 플라스틱의 경우 재활용 선별장에서 선별이 어렵기 때문에 일반 쓰레기로 분류될 수 있습니다.

4

내용물을 비운 포장 용기에 오염된 부분이 없도록 세척합니다.

5

세척한 포장 용기는 플라스틱으로 배출합니다.

6

채소 포장재와 밀폐용 비닐에 오염된 부분이 없도록 세척합니다.

7

세척한 채소 포장재와 밀폐용 비닐은 비닐류로 배출합니다.

8

나무젓가락 포장재는 종이로 배출합니다.

9

나무젓가락과 포장 비닐 커팅 칼과 족발 뼈는 종량제 봉투에 담아 배출합니다.

300

스티로폼

비닐류 OTHER

비닐류 LDPE

종량제 봉투

왕만두

왕만두는 길거리에서 모락모락 피어나는 김 사이로 큰 찜통에서 맛있게 익어가는 모습이 군침을 돌게 한다. 한두 개만 먹어도 포만감이 들고 맛도 좋아 식사 대용이나 간식으로 안성맞춤인 왕만두의 올바른 분리배출 방법은 무엇일까?

분리배출 요약

❶ 만두 용기	스티로폼
❷ 단무지 포장재	비닐류
❸ 간장 포장재	비닐류
❹ 나무젓가락	종량제 봉투
❺ 나무젓가락 포장재	종량제 봉투
❻ 고무줄	종량제 봉투

더 자세히 보기

분리배출 A to Z

스티로폼 컵라면 용기는 물로 세척한 후 햇빛에 말리면 용기에 오염된 자국이 사라집니다. 스티로폼은 플라스틱의 일종이지만 재활용 과정이 다르기 때문에 스티로폼 분리수거 장소로 배출합니다.

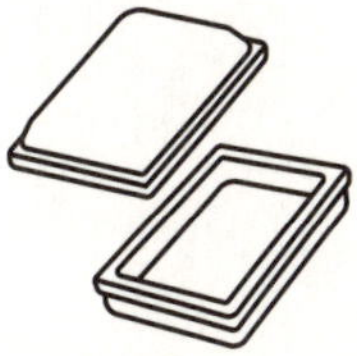

1

만두 용기와 뚜껑을 분리합니다.

2

분리한 만두 용기와 뚜껑, 단무지 포장재, 간장 포장재에 오염된 부분이 없도록 세척합니다.

3

세척한 만두 용기와 뚜껑은 스티로폼으로 배출합니다.

4

단무지 포장재와 간장 포장재는 비닐류로 배출합니다.

5

나무젓가락과 나무젓가락 포장재, 고무줄은 종량제 봉투에 담아 배출합니다.

분리배출 표시 제도

Separated discharge marking system

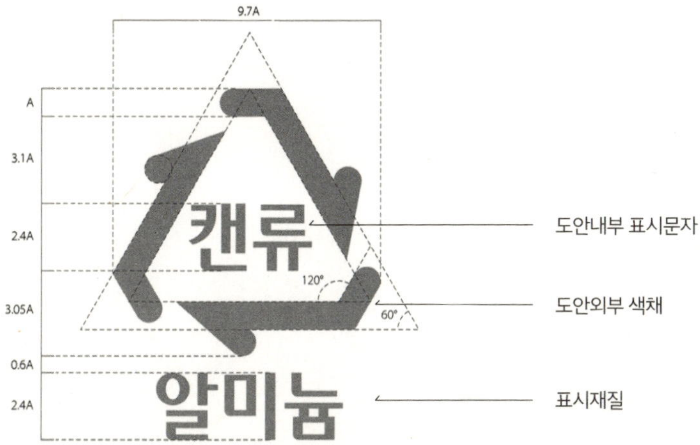

새로운 분리배출 표시와 적용

쓰레기 사전은 정부가 2021년 7월 9일에 고시한 「분리배출 표시에 관한 지침」에 따라 작성하였다. 해당 지침의 시행일은 2022년 1월 1일이고, 신규 출시되는 제품과 포장재부터 적용된다. 기존 출시된 제품·포장재는 2024년 1월 1일부터 분리배출 표시를 변경하는 것으로 시행을 유예했다. 2024년까지는 기존의 분리배출 표시와 새로운 분리배출 표시와의 혼동을 피하기는 어려울 것 같다. 업계의 경제적 부담을 위한 조치이긴 하지만 아쉬움이 남는다.

쓰레기 사전은 새로운 분리배출 표시 기준으로 분리배출 방법을 기술했고, 설명이 필요한 경우 '더 자세히 보기' 란을 활용하여 방법을 구체화했다. 최대한 분리배출하는 사람의 상황과 환경을 고려하려 했지만, 분리배출 방법이 지방자치단체나, 분리수거 업체에 따라 미세한 차이가 있어 우리의 방법과 해당 지자체의 방법이 다를 수 있다.

방법이 다른 상황에 맞닥뜨린다면 지체 말고 적극적인 참여를 부탁한다. 쓰레기 사전은 올바른 분리배출을 통해 더 많은 자원을 회수하여 지속가능한 지구를 유지하는 것이 목적이다. 그 길에 든든한 친구가 되어 주길 바란다.

도포·첩합 등 재질 분리가 불가능한 경우에는 빨강색 색채로 대각선이 표시되어 있다. 해당 표시가 붙은 경우에는 종량제 봉투에 담아 배출해야 한다.

무색 페트의 분리배출 표시는 도안내부 표시문자에 무색 페트라고 적혀있으며, 도안외부 색채는 노랑색이다.

* 표시재질 : - [1], 바이오[2], 종량제 배출[3]

플라스틱의 분리배출 표시는 도안내부 표시문자에 플라스틱이라고 적혀있으며, 도안외부 색채는 파랑색이다.

* 표시재질 : PET, HDPE, LDPE, PP, PS, OTHER[5], 바이오PET, 바이오HDPE, 바이오LDPE, 바이오PP, 바이오PS, 종량제 배출

비닐류[4]의 분리배출 표시는 도안내부 표시문자에 비닐류라고 적혀있으며, 도안외부 색채는 보라색이다.

* 표시재질 : PET, HDPE, LDPE, PP, PS, OTHER, 바이오PET, 바이오HDPE, 바이오LDPE, 바이오PP, 바이오PS, 종량제 배출

캔류의 분리배출 표시는 도안내부 표시문자에 캔류라고 적혀있으며, 도안외부 색채는 회색이다.

* 표시재질 : 철, 알루미늄(또는 알미늄)

종이의 분리배출 표시는 도안내부 표시문자에 종이라고 적혀있으며, 도안외부 색채는 검정색이다.

일반팩의 분리배출 표시는 도안내부 표시문자에 일반팩이라고 적혀있으며, 도안외부 색채는 녹색이다.

* 표시재질 : -, 종량제배출

멸균팩의 분리배출 표시는 도안내부 표시문자에 멸균팩이라고 적혀있으며, 도안외부 색채는 청록색이다.

* 표시재질 : -, 종량제배출

유리의 분리배출 표시는 도안내부 표시문자에 유리라고 적혀있으며, 도안외부 색채는 주황색이다.

1) "-" 는 공란을 의미한다.
2) 「환경표지대상제품 및 인증기준」에 따른 바이오매스 합성수지 제품의 경우 "바이오", "바이오PET", "바이오HDPE", "바이오LDPE", "바이오PP", "바이오PS"와 같이 그 재질명을 표시할 수 있다. 이 경우 각각 "PET(폴리에틸렌 테레프탈레이트)", "PET", "HDPE", "LDPE", "PP", "PS"와 물성이 동일하여 재활용을 저해하지 않는 경우에 한한다.
3) "종량제 배출"은 몸체 외의 구성부분(마개, 잡자재 등)이 제1호 (2) '도포 · 첩합 등'에 해당하는 경우로서, 그 구성부분의 명칭과 재질명을 일괄표시하는 경우에 한한다.
4) 도안내부 표시 문자의 "비닐류"는 "필름, 시트형 포장재"를 의미한다.
5) 표시재질 구분의 "OTHER"는 플라스틱 및 비닐류 표시재질에 표기되지 아니한 단일재질 및 2 이상의 플라스틱 재질이 복합된 복합재질[글리콜변성PET수지(PET-G)가 사용된 경우를 포함한다], 합성수지와 그 밖의 다른 재질(종이재질은 합성수지가 양면에 부착된 경우만 해당한다)이 부착 등의 방법으로 혼합사용된 경우(다만 제1호 (2) '도포 · 첩합 등' 에 해당하는 경우는 제외한다)를 말한다.

0-Z

ㄱ

ㄴ

ㄷ

ㄹ

ㅁ

ㅂ

ㅅ

ㅇ

ㅈ

ㅊ

ㅋ

ㅌ

ㅍ

ㅎ

찾아보기

ㅎ

쓰레기 사전 **지속가능한 지구를 지키는 유일한 방법**

초판 발행 2021년 10월 8일
2쇄 발행 2022년 2월 10일
3쇄 발행 2023년 9월 1일

지은이 안지훈
펴낸이 김중용
기획 박나연·서진솔
디자인 강현지·김유빈·노연희
정보분석 김광영·김혜린·김기현·김정은·장하나·손가현
표지 이혜원·김정경
편집 심성보·김인숙

펴낸곳 도서출판 정독
주소 경기도 고양시 일산서구 하이파크로 113, 102-204
등록 제 406-2014-000093호
전화 070-7550-3758
팩스 02-718-8554
홈페이지 www.jeongdok.co.kr
이메일 admin@jeongdok.co.kr
ISBN 979-11-90899-92-5 03030

정가 25,000원

정독 DEEP READING